中/青/文/库

本书得到中国青年政治学院出版基金资助

人力资本和社会资本视角下的大学生就业研究

黄敬宝◎著

中国社会科学出版社

图书在版编目（CIP）数据

人力资本和社会资本视角下的大学生就业研究／黄敬宝著．—北京：
中国社会科学出版社，2014.9
ISBN 978 - 7 - 5161 - 4507 - 4

Ⅰ.①人…　Ⅱ.①黄…　Ⅲ.①大学生—就业—研究
Ⅳ.①G647.38

中国版本图书馆 CIP 数据核字（2014）第 147439 号

出 版 人	赵剑英	
责任编辑	李炳青	
责任校对	王佳玉	
责任印制	王 超	

出　　版	中国社会科学出版社	
社　　址	北京鼓楼西大街甲 158 号（邮编 100720）	
网　　址	http://www.csspw.cn	
	中文域名:中国社科网　　010 - 64070619	
发 行 部	010 - 84083685	
门 市 部	010 - 84029450	
经　　销	新华书店及其他书店	

印　　刷	北京市大兴区新魏印刷厂	
装　　订	廊坊市广阳区广增装订厂	
版　　次	2014 年 9 月第 1 版	
印　　次	2014 年 9 月第 1 次印刷	

开　　本	710 × 1000　1/16	
印　　张	17.5	
插　　页	2	
字　　数	298 千字	
定　　价	56.00 元	

《中青文库》编辑说明

中国青年政治学院是在中央团校基础上于 1985 年 12 月成立的，是共青团中央直属的唯一一所普通高等学校，由教育部和共青团中央共建。中国青年政治学院成立以来，坚持"质量立校、特色兴校"的办学思想，艰苦奋斗、开拓创新，教育质量和办学水平不断提高。学校是教育部批准的国家大学生文化素质教育基地，中华全国青年联合会和国际劳工组织命名的大学生 KAB 创业教育基地。学校与中央编译局共建青年政治人才培养研究基地，与北京市共建社会工作人才发展研究院和青少年生命教育基地。

目前，学校已建立起包括本科教育、研究生教育、留学生教育、继续教育和团干部培训等在内的多形式、多层次的教育格局。设有中国马克思主义学院、青少年工作系、社会工作学院、法律系、经济系、新闻与传播系、公共管理系、中国语言文学系、外国语言文学系等 9 个教学院系，文化基础部、外语教学研究中心、计算机教学与应用中心、体育教学中心等 4 个教学中心（部），轮训部、继续教育学院、国际教育交流学院等 3 个教学培训机构。

学校现有专业以人文社会科学为主，涵盖哲学、经济学、法学、文学、管理学 5 个学科门类。学校设有思想政治教育、法学、社会工作、劳动与社会保障、社会学、经济学、财务管理、国际经济与贸易、新闻学、广播电视学、政治学与行政学、汉语言文学和英语等 13 个学士学位专业，其中社会工作、思想政治教育、法学、政治学与行政学为教育部特色专业。目前，学校拥有哲学、马克思主义理论、法学、社会学、新闻传播学和应用经济学等 6 个一级学科硕士授权点和 1 个专业硕士学位点，同时设有青少年研究院、中国马克思主义研究中心、中国志愿服务信息资料研究中心、大学生发展研究中心、大学生素质拓展研究中心等科研机构。

在学校的跨越式发展中，科研工作一直作为体现学校质量和特色的重要内容而被予以高度重视。2002年，学校制定了教师学术著作出版基金资助条例，旨在鼓励教师的个性化研究与著述，更期之以兼具人文精神与思想智慧的精品的涌现。出版基金创设之初，有学术丛书和学术译丛两个系列，意在开掘本校资源与迻译域外精华。随着年轻教师的剧增和学校科研支持力度的加大，2007年又增设了博士论文文库系列，用以鼓励新人，成就学术。三个系列共同构成了对教师学术研究成果的多层次支持体系。

十几年来，学校共资助教师出版学术著作百余部，内容涉及哲学、政治学、法学、社会学、经济学、文学艺术、历史学、管理学、新闻与传播等学科。学校资助出版的初具规模，激励了教师的科研热情，活跃了校内的学术气氛，也获得了很好的社会影响。在特色化办学愈益成为当下各高校发展之路的共识中，2010年，校学术委员会将遴选出的一批学术著作，辑为《中青文库》，予以资助出版。《中青文库》第一批（15本）、第二批（6本）出版后，有效展示了学校的科研水平和实力，在学术界和社会上产生了很好的反响。本辑作为第三批共推出六本著作，并希冀通过这项工作的陆续展开而更加突出学校特色，形成自身的学术风格与学术品牌。

在《中青文库》的编辑、审校过程中，中国社会科学出版社的编辑人员认真负责，用力颇勤，在此一并予以感谢！

序

自从 1999 年高校大规模扩招以来，我国高校毕业生人数逐年增加，2013 年达到了 699 万。与此同时，大学生就业困难问题日益明显，成为我国重要的失业群体。作为素质较高的人力资源，大学生失业或匹配不当，不仅影响大学生个人的职业发展和生活质量，还会影响我国国民经济的可持续发展。因而，大学生就业问题成为一个具有很强现实意义的宏观经济课题。

黄敬宝博士从 2003 年就开始关注并研究大学生就业问题，而且一直没有间断。2008—2013 年，每年 6 月对北京十多所高校毕业生的就业状况展开调查，已坚持做了六年，他的有关论著是大学生就业研究领域的重要文献，引起了较多的关注。其新著《人力资本和社会资本视角下的大学生就业研究》，将研究重心放在"导致不同的大学生获得不同就业结果的就业机制"这个问题上，试图揭示人力资本和社会资本在大学生就业机制中的作用及其效率。

在理论分析部分，首先论述了在大学生就业市场上，人力资本机制和社会资本机制存在与运行的现实基础，并通过四个核心问题构建了理论框架。第一个问题是，人力资本和社会资本对大学生就业是否有正面影响？以检验人力资本和社会资本是否成为大学生就业的重要驱动机制。第二个问题是，人力资本对大学生就业的影响力度更大还是社会资本的影响力度更大？检验当前的大学生就业机制是以人力资本机制为主还是以社会资本机制为主。第三个问题是，人力资本和社会资本对大学生就业的影响的关系如何？检验大学生如何运用人力资本和社会资本才能获得就业竞争优势。第四个问题是，人力资本和社会资本对大学生就业的影响是否具有稳定性？检验以上结论是否具有代表性。然后，分别提出了人力资本和社会资本对大学生能否就业、就业机会、就业地区、就业行业、就业性质、就业收入的影响的具体假设命题。

在实证分析部分，作者运用中国青年政治学院"北京大学生就业研究课题组"2008 年、2010 年、2012 年对北京高校大学毕业生就业所做的三次调查数据，采用回归模型分析和对比统计分析等方法，发现人力资本和社会资本对大学毕业生就业总体上有正面影响，但社会资本所起的作用超过了人力资本，而且从动态来看，人力资本、社会资本对大学生就业的影响具有稳定性。此外，该书还对现实中的一些热点问题，比如，内部招聘、"拼爹"、"萝卜招聘"、"吃空饷"、"读书无用论"、"寒门难以出贵子"等现象进行了很有价值的解析。

本书有四点值得肯定。第一，在研究内容方面，具有全面性和系统性。分别探讨了人力资本和社会资本对大学生能否就业、接收单位、就业地区、就业行业、就业性质、就业收入等的具体影响。而且，这种分析是基于相同问卷的三次调查，使得研究结论具有较强的连续性和可比性。第二，在研究方法方面，以实证分析为主。所有论证都建立在自己所做的调查基础上，保证了论据的可信度；逻辑回归分析和统计分析也确保了论证的说服力。第三，在学术创新方面，有一定的突破。系统探讨人力资本和社会资本对大学生就业的影响的稳定性，这是其他学者很少涉足的。作者还发现了三个趋势。一是人力资本对大学生就业的影响力与大学毕业生的供给呈反比，换句话说，随着大学毕业生日益增加，人力资本对大学生就业的影响力越来越小。二是社会资本对大学生就业的影响力与宏观就业形势呈反比，也就是说，就业形势越不好，社会资本的影响越大。三是人力资本和社会资本的替代关系与宏观就业形势呈反比，就业形势越不好，两者的替代性越大，表明社会资本越可能脱离人力资本而单独发挥作用。这些发现，在一定程度上推动了人力资本理论、社会资本理论和劳动力市场理论的发展。第四，在应用价值方面，为大学生就业、高校教育改革和政府宏观调控提供参考。尤其是提出政府要强化用人单位的经济硬约束和法律硬约束，建立人力资本为主、社会资本为辅的大学生就业机制，这有助于优化大学生人力资源配置，促进"人力资本—大学生就业—经济发展"的良性循环，大力积累人力资本和合理开发社会资本的建议，也有较强的建设意义。

大学生就业在未来一段时期仍将面临很大压力。希望敬宝博士能继续深入地开展这一问题的研究，产生更多更好的成果，这既益于自己的学术发展，更益于我国就业优先战略的实施，以及就业质量的提升。

北京师范大学经济与工商管理学院院长、教授　赖德胜

2014 年 1 月 10 日

目　　录

第一章　绪论

第一节　研究背景

自从 1999 年高校扩招以来，我国高校毕业生逐年增加。2002 年高等教育毛入学率首次达到 15%，进入大众化阶段，2003—2011 年分别达到了 17%、19%、21%、22%、23%、23.3%、24.2%、26.5%、26.9%，高校毕业生人数分别达到了 188 万、239 万、307 万、378 万、448 万、512 万、531 万、575 万、608 万。[①] 这样，我国大学生就业困难问题日益明显。根据教育部公布的数据，截止到每年 9 月 1 日，2006—2011 年我国高校毕业生初次就业率分别为 78.8%、78.1%、81.3%、74%、76.6%、77.8%。[②]

由于统计指标和统计口径的不合理以及存在"被就业"的现象，故实际的大学生就业率可能更低。为了更准确地描述我国大学生就业状况，很多学者做出了一些调查研究。

《2010 年中国大学生就业报告》是麦可思公司（MyCOS）对全国 2009 届毕业半年后的大学生所做的调查报告，覆盖 2599 所高校和 1182 个专业。211 院校毕业生的求职途径主要是通过大学招聘会，非 211 院校和高职院校主要是通过亲朋好友；211 院校、非 211 院校和高职院校大学生的求职花费分别为 1230 元、1138 元和 1061 元。毕业半年后的总体就业率为 86.6%；211 院校非失业率为 91.2%，非 211 本科院校、高职院校的就业率为 87.4% 和 85.2%；本科生就业率最高的专业是工学，最低的是法学。民营企业/个体是大学生就业最多的雇主类型。211

---

① 根据教育部《2003—2011 年全国教育事业发展统计公报》整理。
② 根据教育部公布的相关数据整理。

院校、非 211 本科院校和高职院校毕业生的月收入分别为 2756 元、2241 元和 1890 元，总体满意度分别为 83%、74% 和 68%。①

《2008—2010 年北京大学生就业与创业调查报告》显示，2008 年、2009 年和 2010 年，每个大学生的平均接收单位分别为 2 个、1.5 个和 1.7 个；以签订教育部统一印制的"三方协议"为准，狭义的就业率分别为 40.5%、35.1%、34%，以实际"找到工作"为准，广义就业率为 56.3%、55% 和 50.3%；就业地区为北京的大学生处于 48%—58% 之间，占绝对多数，其次是广东和上海；就业行业为金融保险业的最多，接下来是制造业、党政机关和社团、教育文化和传媒业；单位性质为国有企业的最多，其次是个体民营企业，再次是事业单位；平均的单位承诺月薪分别为 2801.5 元、3120.3 元和 3328.8 元。②

《2009 年上海高校毕业生就业状况》和《2009 届上海市高校毕业生就业情况调研报告》显示，截止到 9 月份，2009 届上海大学生总体就业率为 90.6%，研究生、本科生和高职生分别为 94.4%、90.7% 和 88.6%；留沪就业 12 万人，比 2008 年下降了 11%，而参加"三支一扶"、西部志愿者和村官计划的人数显著增加。211 高校毕业生的薪酬最高，平均为 3700 元，其次是市属高校，高职院校最低；博士、硕士、本科生的中值分别为 4750 元、4000 元和 2900 元。③ 2009 年对湖北、湖南等 12 省市大学生的调查表明，本科生是高校毕业生待就业者的主体，经管与法律类毕业生又是其中的主体。④ 对河北六所高校 2009 届本科生的调查发现，毕业生更期望在大中城市和经济发达地区就业，更期望进入国有单位、拿高工资；择业标准主要集中在薪酬和福利待遇、行业发展前景和兴趣方面；"先就业后择业"的动态择业意识得到了普

---

① 麦可思研究院：《2010 年中国大学生就业报告》，社会科学文献出版社 2010 年版，第 10—18 页。

② 黄敬宝：《2008—2010 年北京大学生就业与创业调查报告》，中国社会科学出版社 2012 年版，第 250—275 页。

③ 徐敏：《上海大学生就业呈现新特点》，《中国人才》2010 年第 5 期，第 58—59 页。"三支一扶"是指大学生在毕业后到农村基层从事支农、支教、支医和扶贫工作。国家人事部 2006 年颁布《关于组织开展高校毕业生到农村基层从事支教、支农、支医和扶贫工作的通知》，为高校毕业生基层单位就业问题提供保障。

④ 段敏芳、田恩舜：《我国高校毕业生待就业调查分析》，《统计研究》2010 年第 6 期，第 106—107 页。

遍认可。①

这些调查结果虽然反映了大学生就业状况的不同层面，但都揭示了一个共同的问题：大学生就业困难已经成为一个突出的社会问题。

对于大学生及其家庭而言，这意味着他们可能面临失业或就业质量较低、无法获得人力资本投资收益或收益较低等问题，将影响到他们毕业以后的生活质量，"蜗居"现象已引起社会的广泛关注。对于家庭经济条件不好的大学生，其上学费用可能是依靠全家或全村来支撑的，如果他们无法就业，将面临不少的麻烦。从国家层面，大量素质较高的大学生失业，既意味着人才资源的浪费，也意味着教育资源和经济资源的浪费，将不利于社会财富的创造。长期失业的大学生，如果得不到有效的引导和帮助，会积聚一定的"负能量"，一旦爆发，可能会影响到社会的和谐与稳定。因而，大学生就业问题是一个重要的宏观经济问题。

大学生就业困难，是伴随着我国高校扩招和就业体制由"国家分配"向"双向选择、自主择业"的转变而产生的，而就业体制的转变是我国市场化取向改革的必要环节，高校扩招，也是提高国民素质和促进国民经济可持续发展的需要。换句话说，大学生就业困难，是我国教育发展和经济改革过程中不可避免的现象。因而，我们不应该过多地关注我国的大学生就业困难本身。

关键的问题是，在整个大学生群体中，什么样的大学生存在就业困难？什么样的大学生不存在就业困难？他们存在困难或者不存在困难的原因何在？这种使不同的大学生获得不同的就业结果的大学生就业机制是什么？回答了这个根本性的问题，就可以解释很多现实中扑朔迷离的现象。比如，"读书无用论"是否成立？"寒门难以出贵子"是否成立？如何看待"拼爹"和"萝卜招聘"？本书试图从人力资本和社会资本的双重视角，揭示大学生就业机制及其效率问题。

第二节　文献综述

很多学者对大学生就业问题展开了探索与研究。其中，人力资本和

---

① 高玉峰、刘泽义：《地方高校本科毕业生择业趋向调查分析》，《国家教育行政学院学报》2010年第4期，第77—80页。

社会资本是两条重要的研究主线。

一 人力资本视角的大学生就业研究

（一）国外研究

20 世纪 60 年代初，舒尔茨（Schultz）发现教育、保健、在职培训、迁移等投入在经济增长中发挥着非常重要的作用，就把这些要素定义为人力资本，并认为它是投资的结果。[①] 1962 年贝克尔（Becker）建立了一套人力资本形成的理论体系，并对教育和培训的收益率进行了分析。[②] 1974 年，明瑟尔（Mincer）以学校教育年限 S、工作年限 X 及工作年限的平方作为解释变量，以个人收入的自然对数值 lnW 作为被解释变量，建立了收益率方程 $\ln W = \mu + \beta S + \gamma_1 X + \gamma_2 X^2 + \varepsilon$，通过 β 得到了教育收益率。[③] 总之，人力资本理论认为，教育是人力资本投资的主要形式，可提高受教育者的劳动生产率，进而提高个人收入，并促进经济增长。

20 世纪 70 年代，人力资本理论受到筛选理论（Screening Theory）和劳动力市场分割理论（Labor Market Segmentation Theory）的挑战。1973 年斯潘斯（Spence）创立了筛选理论。[④] 该理论认为，教育不能提高受教育者的劳动生产率，只是一种反映个人能力的信号装置。即受教育程度越高说明其生产能力越强，雇主可根据这一信号将雇员有效地分配到不同的工作岗位上；受教育程度的提高并不会直接增加劳动产量，只会对收入分配产生影响。同时期出现的劳动力市场分割理论认为，[⑤] 劳动力市场可以分为"主要劳动力市场"和"次要劳动力市场"，主要劳动力市场工资高，福利丰厚，工作和培训条件优越，就业有保

---

① Schultz T. W., "Investment in Human Capital", *American Economic Review*, Vol. 51, 1961, pp. 1 – 17.

② Becker G. S., "Investment in Human Capital: A Theoretical Analysis", *Journal of Political Economy*, Vol. 70, 1962, pp. 9 – 49.

③ Mincer J., "Schooling, Experience and Earnings", New York: *National Bureau of Economic Research*, 1974.

④ Spence M., "Job Market Signaling", *Quarterly Journal of Economics*, Vol. 87, 1973, pp. 355 – 374.

⑤ Doeringer P. and Piore M., "Internal Labor Markets and Manpower Analysis", Lexington, Massachusetts: *D. C. Health*, 1971, pp. 163 – 184.

障；而次要劳动力市场则工资较低，福利较少，培训和晋升机会少，工作条件差，易遭解雇；教育的功能不在于通过提高个人的认知技能而提高收入，而在于它决定一个人进入哪种劳动力市场工作。对主要劳动力市场而言，教育与工资收入存在正相关的关系，但对次要劳动力市场而言，却未必成立。尽管筛选理论和劳动力市场分割理论并不认同接受教育可以提高生产率的观点，但仍认为接受更高层次的教育，依然有利于就业。

　　人力资本理论也受到了来自实践方面的挑战。弗里曼（Freeman）发现，70 年代持有大学学历的工人不断增加，结果他们的收入水平下降了。[1] 拉姆伯格（Rumberger）的研究表明，增加的教育不一定能够提高生产力，也不一定能获得高收入。[2] 有些学者将毕业生从事低于其学历要求的职业或经济地位下降的现象称为过度教育（Overeducation），并做出了大量的研究。[3]

　　对于高校毕业生进入劳动力市场的过程的解释，主要有四种较有影响的理论模式，即工资竞争模式、工作竞争模式、工作配置理论和劳动力市场搜寻理论。工资竞争模式依据新古典主义劳动经济理论，认为劳动力市场是完全竞争的、工资水平随着市场供求关系的变化而变化。只要工资可以灵活调整，劳动力市场就能够持续吸收教育水平较高的劳动力。因此，高等教育发展并不会引起毕业生失业率的上升，只会导致工资水平的降低以及收入差距的缩小。在筛选理论的基础上，瑟罗和卢卡斯（Thurow and Lucas）提出了工作竞争模式。[4] 他们认为两组因素决定了个人的收入水平。第一组是经济中的工作结构；第二组是个人在工作队列中所处的位置。工作结构被认为是由技术决定的，教育程度越高的人在求职者队伍中就越靠前，越有可能获得较好的工作。高等教育大

---

① Freeman R., "The Facts about the Declining Economic Value of College", *Journal of Human Resources*, Vol. 15, 1980, pp. 124 – 142.

② Rumberger R. W., "The Impact of Surplus Schooling on Productivity and Earnings", *Journal of Human Resources*, Vol. 22, No. 1, 1987, pp. 24 – 50.

③ 武向荣：《西方过度教育的理论综述》，《外国教育研究》2006 年第 5 期，第 6—10 页。

④ Thurow L. C. and Lucas R. E. B., "The American Distribution of Income: A Structural Problem", Washington, D. C.: *Joint Economic Committee of the United States Congress*, 1972, pp. 1 – 50.

规模发展的直接后果将是文凭贬值和过度教育。丁博根（Tinbergen）[①]
和条林斯（Teulings）[②] 创建和发展了工作配置理论。这种理论将需求纳
入分析框架，他们认为某种职业与一定的教育水平之间有一个最优配置
的问题，个人收入部分由工作特征决定，部分由人力资本决定。当劳动
力市场上受教育工人的供给大于需求时，个人收入取决于教育与工作的
匹配程度；相反，个人收入则取决于受教育水平。劳动力市场搜寻理论
认为，[③④] 市场信息是不充分的，为了获得报酬满意的工作，求职者必
须不断地在劳动力市场上搜寻；搜寻时间越长越可能获得一份报酬较高
的职业；搜寻者脱离原工作岗位去寻找新工作比保留工作找新工作更有
效率，失业是寻找高报酬职位的一种投资。这对于解释摩擦性失业有较
强的说服力。

对于大学生就业问题的成因研究，很多学者从劳动力市场的需求、
供给以及供求匹配三个角度展开。从需求的角度，工作岗位的数量与结
构存在问题。工作岗位的缓慢增长与大学毕业生的迅速增加形成反差，
也存在大学生不愿意从事某些工作的情况。这为资本主义企业追求利润
最大化提供了条件，因为大学生失业有利于压低技术人才的工资，并提
高在岗大学生的生产力。[⑤] 从供给的角度，布劳格（Blaug）等人认
为，[⑥] 失业是大学毕业生不愿降低保底工资的结果。贝茨（Betts）关于
加利福尼亚大学 1269 名在校生收入预期的报告表明，收入预期受到性
别、家庭背景、学校、专业、年级、成绩、求职信息来源等因素的影响
而存在很大差异，本科生一般在大四才形成成熟的收入预期，学生通常

① Tinbergen J., "On the Theory of Income Distribution", *Weltwirtchaftliches Archiv*, Vol. 77, 1956, pp. 156 – 175.

② Teulings C. N., "The Wage Distribution in a Model of the Assignment of Skills to Jobs", *Journal of Political Economy*, Vol. 103, No. 2, 1995, pp. 280 – 315.

③ Stigler G., "Information in the Labor Market", *Journal of Political Economy*, Vol. 70, October 1962, pp. 94 – 105.

④ Mortensen D., "Job Search and Labor Market Analysis, in A Shenfelter and Layard (eds)", *Handbook of Labor Economics*, Amsterdam: North – Holland, 1986, pp. 849 – 920.

⑤ Carnoy C., "Education and Employment: A Critical Appraisal", Unesco: International Institute for Educational Planning, 1977.

⑥ Blaug M., Layard R. and Woodhall M., *The Causes of Graduate Unemployment in India*, Allen Lane: The Penguin Press, 1969.

都会高估自己的预期收入。[①]　温德兰德和瑞恰伦（Wendlandt and Roch-len）认为，就业能力无法满足雇主的要求，缺乏相应的工作经历、不准确的预期、不能适应工作环境成为毕业生的主要问题。[②]　曼森（Man-son）等的研究表明，实习经历有利于提高就业能力，显著地促进了从学校到工作的顺利转移。[③]　从供求匹配的角度，主要问题在于就业信息不对称、缺乏针对大学生的职业指导体系和专业的职业顾问等，改善就业服务是解决大学生就业问题的关键。

（二）国内研究

国内关于大学生就业问题的研究文献较多，主要集中在以下几个方面。

1. 人力资本对大学生就业的影响

（1）人力资本对大学生就业机会的影响。孟大虎、苏丽锋、李璐的研究表明，学习成绩、专业英语四级及其以上、获得职业资格证书、中共党员、学生干部及有兼职经历对大学生的就业机会有显著的正面影响。[④]　乔志宏、宋慧婷等的研究表明，学业、社会实践和工作实习等人力资本变量对大学生的录用通知个数、月收入、求职满意度以及半年之后的工作适应等就业结果都具有显著预测作用。[⑤]　然而，也有研究得出了相反的结论。陈成文和汪希发现学习成绩对就业机会的获得有显著的负向影响。[⑥]　黄敬宝发现，政治面貌、学习成绩、英语、计算机、学生干部、奖学金都有积极影响，而其他证书、发表论文和实习无益于提高

①　Julian R. Betts, "What Do Student Know about Wages? Evidences from a Survey of Under-graduates", *Journal of Human Resouces*, Vol. 7, 1995, pp. 1 – 42.

②　Wendlandt M. N. and Rochlen B. A., "Addressing the College – to – work Transition: Impli-cations for University Career Counselors", *Journal of Career Development*, Vol. 35, No. 2, 2008, pp. 151 – 165.

③　Manson G., Williams G. and Cranmer S., "Employability Skills Initiatives in Higher Educa-tion: What Effects Do They Have on Graduate Labour Market Outcomes?", *Education Economics*, Vol. 17, No. 1, 2009, pp. 1 – 30.

④　孟大虎、苏丽锋、李璐：《人力资本与大学生的就业实现和就业质量——基于问卷数据的实证分析》，《人口与经济》2012 年第 3 期，第 19—26 页。

⑤　乔志宏、宋慧婷、冯明礼、邵燕萍：《人力资本和社会资本与中国大学生就业的相关研究》，《中国青年研究》2011 年第 4 期，第 24—28 页。

⑥　陈成文、汪希：《就业储备对大学毕业生就业的影响——基于 2009 届大学毕业生的实证研究》，《高等教育研究》2009 年第 10 期，第 90—95 页。

大学生就业的概率。①

（2）人力资本对大学生就业质量的影响。岳昌君、文东茅、丁小浩的研究表明，学历层次、学校声望、学习成绩、英语四六级、实习经历、求职费用对大学毕业生的起薪水平有较显著的正面影响。② 孟大虎、苏丽锋、李璐的研究表明，学习成绩、英语六级、专业英语四级及其以上、获得托福水平证书对大学生的工资水平有显著的正面影响。③胡永远、马霖、刘智勇发现，学校类别、学历层次、专业类别、英语等级对起薪水平有显著的正向影响。④ 后来，胡永远和邱丹的研究发现，院校层次、成绩排名、获得奖学金、专业证书、实习经历对起薪水平有显著的正向影响。⑤ 高耀、刘志民、方鹏基于 2010 年高校毕业生网络调查发现，高校毕业生的学校层次、学科专业、学历层次、学业水平、兼职经历及政治面貌对其初次就业的单位性质、就业月薪及就业满意度都有显著影响。⑥ 很多指标对大学生能否就业和起薪水平的影响差异很大，表明目前大学生就业实现机制与工资决定机制不一致。⑦

2. 大学生就业问题的人力资本原因

（1）大学生方面的原因。大学生是大学生人力资本积累不足的内因。

①人力资本或就业能力不足。就业能力不足是人力资本不足在就业环节的体现。黄敬宝以人力资本理论为基础提出了就业能力假说，即从单个大学生的角度，就业结果取决于其就业能力，从大学生群体的角度，就业结果取决于其相对就业能力，就业能力对于就业结果的决定性

① 黄敬宝：《人力资本与大学生就业——基于 2010 年对北京 18 所高校毕业生的调查》，《中国流通经济》2012 年第 1 期，第 115—119 页。

② 岳昌君、文东茅、丁小浩：《求职与起薪：高校毕业生就业竞争力的实证分析》，《管理世界》2004 年第 11 期，第 53—61 页。

③ 孟大虎、苏丽锋、李璐：《人力资本与大学生的就业实现和就业质量——基于问卷数据的实证分析》，《人口与经济》2012 年第 3 期，第 19—26 页。

④ 胡永远、马霖、刘智勇：《个人社会资本对大学生就业市场的影响》，《中国人口科学》2007 年第 6 期，第 61—67 页。

⑤ 胡永远、邱丹：《个性特征对高校毕业生就业的影响分析》，《中国人口科学》2011 年第 2 期，第 66—75 页。

⑥ 高耀、刘志民、方鹏：《人力资本对高校学生初次就业质量的影响——基于 2010 年网络调查数据的实证研究》，《教育科学》2012 年第 2 期，第 77—85 页。

⑦ 孟大虎、苏丽锋、施璐璐：《人力资本、社会资本与大学生就业研究综述》，《经济学动态》2012 年第 1 期，第 86—90 页。

作用还受到学科专业和学历层次的影响而呈现一定的多样性,该假设得到了北京某高校 2000—2005 届毕业生典型调查的检验。① 曾湘泉指出,大学生就业难的深层次原因主要是,高校毕业生的就业能力与用人单位的实际需要有很大的差距。② 刘丽玲、吴娇对 2009 届大学生和用人单位的调查发现,沟通能力、问题解决和决策能力及自我管理能力是大学生必备的就业能力,决定着初次就业成功率和初期就业质量;就业能力普遍欠缺,但大学生普遍高估自己的就业能力。③ 宋国学基于在东北地区工作的毕业生和用人单位的调查表明,大学生具备的学习技能,包括创造性、理解技能、记忆力、逻辑思维以及专业技能,与"社会认可的职业能力"的匹配度较低。④

②大学生就业期望偏高。就业意愿和就业行为会影响人力资本价值的展示与实现。石永昌、林玳玳强调,大学生就业偏好与用人单位选择偏好不一致是导致大学生就业困难的重要原因。⑤ 赖德胜、孟大虎的研究表明,大学生就业偏好于城市、东部沿海地区、垄断产业和大企业,"极化"现象明显。⑥ 邓光平对 2009 届武汉七所高校的调研发现,大学生对于整体薪酬、行业薪酬、岗位薪酬、单位薪酬和区域薪酬的预期普遍高于实际状况,成为影响大学生成功就业的主要因素。⑦ 而曾湘泉指出,高校毕业生的就业观念受家人与老师的影响较大,就业压力部分源于过高的社会期待。⑧

---

① 黄敬宝:《就业能力与大学生就业——人力资本理论的视角》,经济管理出版社 2008 年版,第 58—215 页。

② 曾湘泉:《"双转型"背景下的就业能力提升战略研究》,中国人民大学出版社 2010 年版,第 215—254 页。

③ 刘丽玲、吴娇:《大学毕业生就业能力研究——基于对管理类和经济类大学毕业生的调查》,《教育研究》2010 年第 3 期,第 82—90 页。

④ 宋国学:《基于可雇佣性视角的大学生职业能力匹配性分析》,《现代教育科学》2011 年第 3 期,第 34—37 页。

⑤ 石永昌、林玳玳:《对用人单位选择偏好的调查与分析——一个大学生就业难问题的另解》,《生产力研究》2010 年第 3 期,第 117—120 页。

⑥ 赖德胜、孟大虎:《中国大学毕业生失业问题研究》,中国劳动社会保障出版社 2008 年版,第 87—91 页。

⑦ 邓光平:《大学生薪酬预期与实际支付的对接》,《江苏高教》2010 年第 1 期,第 105—106 页。

⑧ 曾湘泉:《"双转型"背景下的就业能力提升战略研究》,中国人民大学出版社 2010 年版,第 215—254 页。

③大学生就业行为不积极。赖德胜、孟大虎的研究表明，主动搜寻努力的增加将提高大学生就业成功的概率，主动联系单位与单位发出接收意向的相关系数为 0.873。① 张晓满、汪贤裕的分析表明，信息收集渠道和参加宣讲会次数对就业结果起积极作用，但求职费用的影响不显著。② 谢勇、王永义基于对南京高校的调查发现，就业成本与毕业生就业和起薪水平没有明显的关系，但在招聘会门票、交通费和简历制作等方面支出的收益相对较高。③ 求职行为不积极也成为大学生就业困难的重要原因。

（2）高校方面的原因。高校是培养大学生的载体，高校教育状况会影响大学生积累人力资本。

①扩招过快。吴慧芳、佘成认为，高校毕业生大规模增加成为城镇登记失业率上升的重要因素。④ 周必彧、翁杰对浙江 1990—2005 届大学生的调查发现，高等教育规模扩大后，所学专业和工作岗位匹配的比例明显降低。⑤ 黄敬宝的调查表明，与往届毕业生相比，目前大学生的就业状况与就业意愿的差距越来越大，就业地区、就业行业、单位性质以及承诺月薪都表明大学生的整体就业状况变差了。⑥

②培养模式不当。武毅英强调，高等教育的"精英定位"不符合社会的"大众需求"，"跨越式"发展不符合经济形态的"双重跨越"，高等教育结构单一，培养目标定位不清，课程改革滞后都是重要因素。⑦ 曾湘泉认为，高校培养中最突出的问题是教学脱离企业需求，导致大学

---

① 赖德胜、孟大虎：《中国大学毕业生失业问题研究》，中国劳动社会保障出版社 2008 年版，第 61—62 页。

② 张晓满、汪贤裕：《大学生就业行为对就业影响的实证分析》，《社会科学家》2010 年第 5 期，第 53—55 页。

③ 谢勇、王永义：《大学生就业成本的调研报告》，《国家教育行政学院学报》2009 年第 7 期，第 75—78 页。

④ 吴慧芳、佘成：《中国高等教育发展与就业增长相关性的实证分析》，《中国劳动关系学院学报》2010 年第 5 期，第 54—57 页。

⑤ 周必彧、翁杰：《大学生所学专业与工作岗位的匹配度及其对工资水平的影响》，《教育发展研究》2010 年第 13、14 期，第 87—90 页。

⑥ 黄敬宝：《就业能力与大学生就业——人力资本理论的视角》，经济管理出版社 2008 年版，第 115 页。

⑦ 武毅英：《转型期的大学生就业问题与对策》，广东高等教育出版社 2009 年版，第 135—166 页。

生所学的理论脱离实际。① 程远义、李英等对成都体育院校的调查表明,就业率偏低、就业领域狭窄的主要原因是专业设置与课程目标不尽合理,导致大学生的基本素质缺乏。②

③就业指导不足。宋志海、李鹏指出,校园就业市场存在经费不足、运行体制不成熟、信息交流不畅通和管理机制不完善等问题。③ 魏欣、潘勇慧、王立东认为,目前我国高校职业辅导存在重微观安排、轻宏观战略,重短期效益、轻全程规划,重职业兴趣、轻职业价值观等问题。④ 谭净对福建五所高校 2009 届毕业生的调查发现,职业生涯和创业教育欠缺,就业指导效果欠佳、毕业生的满意度偏低。⑤ 张育广指出,尽管 2010 年青年就业创业见习基地覆盖全国 31 个省市和 95.8% 的地级市,但见习岗位较少、质量不高,学生参与的热情受影响,创业见习少、创业指导性不强,"传、帮、带"的培训指导功能较弱。⑥

(3) 其他方面的原因。以下两方面,虽然不属于人力资本的范畴,但会影响人力资本作用的发挥。

①劳动力需求不足。杨观来认为,职工工资总额占 GDP 的比重一直偏低且呈下降趋势,阻碍了分工演进,不利于产业结构升级、工业化扩展和就业增长,这是我国大学生就业难的病根所在。⑦ 曹扬、邹云龙认为,知识不能被社会充分利用的原因在于"资源驱动"的经济发展方式。⑧ 薛泉、刘园园强调,中国经济发展增速放缓、产业结构不合

---

① 曾湘泉:《"双转型"背景下的就业能力提升战略研究》,中国人民大学出版社 2010 年版,第 215—254 页。

② 程远义、李英、杨爱化、张英:《四川省体育院系毕业生就业现状及影响因素研究》,《教育与职业》2008 年第 35 期,第 177—178 页。

③ 宋志海、李鹏:《高校毕业生校园就业市场运行现状、存在问题及对策》,《现代教育管理》2009 年第 7 期,第 114—116 页。

④ 魏欣、潘勇慧、王立东:《高校职业辅导改革与发展若干问题及思路》,《教育学术月刊》2010 年第 7 期,第 87—88 页。

⑤ 谭净:《从毕业生视角审视高校就业指导工作——基于福建省 5 所地方本科院校 2009 届毕业生的调查》,《国家教育行政学院学报》2010 年第 4 期,第 81—84 页。

⑥ 张育广:《就业创业见习基地服务——大学生就业的现状与对策》,《中国青年研究》2010 年第 8 期,第 43—45 页。

⑦ 杨观来:《收入分配失衡对分工演进和就业增长的影响——对我国大学生就业难的新解释》,《生产力研究》2010 年第 5 期,第 138—141 页。

⑧ 曹扬、邹云龙:《经济发展方式转变背景下的大学生创业与创新创业教育》,《东北师大学报》(哲学社会科学版)2012 年第 4 期,第 234—237 页。

理、第三产业的贡献率低、区域经济不平衡、处于全球产业链的低端、占主体的加工制造业很难创造出知识型岗位、就业环境不健全等都制约着大学生就业。[1] 袁霓认为，产业结构不合理、城乡二元结构、城市内部存在的"新二元"结构是用工荒与大学生就业难并存的内在原因。[2] 王保义认为，产业发展水平低导致了结构性失业，中小企业发展的不确定性导致了逆向性就业，收入差异增大导致了大学生择业中的"羊群效应"，发展前景不明朗导致大学生的自愿性失业。[3] 孟大虎认为，经济发展的不均衡导致了我国大学生就业分布的不均衡性。[4]

　　②劳动力市场不完善。赖德胜、田永坡认为"知识失业"在很大程度上是由劳动力市场的制度性分割引起的。[5] 赖德胜、孟大虎指出，劳动力市场分割以及分割性收益的存在，导致大学生一旦去了第二类市场工作，再离开就面临很高的成本，因而就业偏好于城市、东部地区、垄断产业和大企业。[6] 武毅英强调，就业受到指标限制，用人制度中残留的计划因素阻塞了毕业生的择业渠道，市场制度性分割导致毕业生流动困难。[7] 梁红梅、汤黎明认为，市场要素不完善，即市场主体不成熟、市场信息不对称，使市场机制缺乏稳定性；市场环境不健全，包括非均衡的社会保障体系损害公平的就业环境、不健全的金融市场体系影响了创业融资，都是导致大学生就业困难的重要原因。[8] 吴克明、肖聪认

---

① 薛泉、刘园园：《从我国经济发展的阶段性特征看大学生就业难问题》，《教育发展研究》2010 年第 13、14 期，第 82—86 页。

② 袁霓：《用工荒与就业难并存的经济学分析》，《改革与战略》2011 年第 1 期，第163—164 页。

③ 王保义：《宏观经济政策视角下的大学生就业难问题研究》，《教育探索》2010 年第 10期，第 131—134 页。

④ 孟大虎：《专用性人力资本研究：理论及中国的经验》，北京师范大学出版社 2009 年版，第 152 页。

⑤ 赖德胜、田永坡：《对中国"知识失业"成因的一个解释》，《经济研究》2005 年第11 期，第 111—119 页。

⑥ 赖德胜、孟大虎：《中国大学毕业生失业问题研究》，中国劳动社会保障出版社 2008年版，第 87—88 页。

⑦ 武毅英：《转型期的大学生就业问题与对策》，广东高等教育出版社 2009 年版，第135—166 页。

⑧ 梁红梅、汤黎明：《大学生就业的市场机制缺陷及其财税政策调节》，《财会研究》2010 年第 9 期，第 8—10 页。

为，我国日益突出的行业垄断，减少了大学生的就业机会。①

3. 大学生就业问题的人力资本对策

（1）大学生方面的对策建议。

①提升人力资本或就业能力。孟大虎、苏丽锋、李璐认为，在中国转轨的劳动力市场中，要想提高就业的概率，大学生必须扩展人力资本的宽度和广度，拥有一个合适的人力资本结构。要想获得更高的就业质量，大学生必须增强人力资本的深度，拥有一个更高的人力资本质量。② 葛建纲、涂明峰指出，解决大学生就业问题的关键是提高大学生就业能力，包括求职能力、工作能力、适应能力等。③ 宗晓武、周春平强调，大学生要注重专业知识学习，积极参加社团组织、社会实践、文体活动等，增加能力资本投资。④ 肖鹏燕认为，要建立以培训和实训为主要内容的大学生就业能力保险系统。⑤

②及时调整就业意愿。黄敬宝认为，在我国现有的劳动力市场环境下，不能消极等待，要树立积极、主动、灵活的就业观念，尤其是当就业预期远远高于客观现实时，要主动、及时地做调整，才能顺利地实现就业目标。⑥ 宋洁强调，大学生要主动把握发展机会，积极拓展身心素质，构建完善的职业生涯规划体系，强化就业意识的培养。⑦

③采取积极的就业行动。蒋瑞格、田立法指出，大学生要知道一些企业的人力资源管理思想，从战略视角审视自我，搞清楚自己的就业优

---

① 吴克明、肖聪：《论行业垄断对大学生就业的影响》，《教育发展研究》2012 年第 17 期，第 43—48 页。

② 孟大虎、苏丽锋、李璐：《人力资本与大学生的就业实现和就业质量——基于问卷数据的实证分析》，《人口与经济》2012 年第 3 期，第 19—26 页。

③ 葛建纲、涂明峰：《金融危机下的大学生就业力调查》，《中国青年研究》2010 年第 6 期，第 74—78 页。

④ 宗晓武、周春平：《人力资本对大学生就业能力的影响》，《江苏高教》2012 年第 1 期，第 97—98 页。

⑤ 肖鹏燕：《建立大学毕业生失业群体就业能力保险的思考》，《中国人力资源开发》2010 年第 1 期，第 93—95 页。

⑥ 黄敬宝：《就业能力与大学生就业——人力资本理论的视角》，经济管理出版社 2008 年版，第 211—212 页。

⑦ 宋洁：《90 后大学生就业意识的调查分析》，《高等工程教育研究》2012 年第 2 期，第 63—69 页。

势与不足，提前做好充分的就业准备和求职准备。① 易世志提出，运用营销理论进行科学的就业市场细分、目标市场选择和就业定位，并采用合适的就业营销组合策略，帮助大学生顺利实现就业。②

（2）高校方面的对策建议。

①控制招生规模。苗国指出，国民教育素质要与经济发展、产业结构相适应，将宏观人口发展战略纳入教育投入与发展规划。③ 赖德胜、孟大虎认为，在确定高等教育发展规模时要考虑劳动力市场的发育状况。④ 武毅英提出，调整高等教育的层次、类型和专业结构，以解决结构性就业困难问题。⑤ 吴克明、凌媛的微观层面研究认为，教育与被解雇之间是负相关的关系，个人增加教育投资是降低失业风险的有效途径，人们不应因当前大学生就业难问题而放弃大学教育机会。⑥

②创新培养模式。曾湘泉指出，要以培养就业能力和创业能力为目标推动高等教育改革。⑦ 朱新秤建议，高校要把就业能力纳入培养目标、促进教育教学改革，加强与用人单位的联系，共同开发大学生的就业能力。⑧ 梁妙荣认为，高校要改进人才培养模式，加强校园文化建设，开展社会实践，提高大学生的就业软实力。⑨ 宗晓武、周春平强调，高等教育应拓宽专业口径、加强通识教育，高校课程设置应加强实践性教学和研究性教学。⑩ 黄勇荣强调，高校必须构建"订单式"人

---

① 蒋瑞格、田立法：《大学生解决就业问题的自身途径研究》，《华中师范大学学报》（人文社会科学版）2012 年第 2 期，第 122—125 页。

② 易世志：《大学生运用市场营销理论进行就业营销的策略探析》，《江苏商论》2010 年第 4 期，第 76—78 页。

③ 苗国：《生育率下降背景下高等教育扩张与大学生就业困难——从"98 亚洲金融危机"到 2008"次贷金融危机"》，《人口与发展》2010 年第 4 期，第 86—91 页。

④ 赖德胜、孟大虎：《中国大学毕业生失业问题研究》，中国劳动社会保障出版社 2008 年版，第 7—187 页。

⑤ 武毅英：《转型期的大学生就业问题与对策》，广东高等教育出版社 2009 年版，第 1—272 页。

⑥ 吴克明、凌媛：《教育与被解雇的关系》，《财经科学》2010 年第 8 期，第 74—82 页。

⑦ 曾湘泉：《"双转型"背景下的就业能力提升战略研究》，中国人民大学出版社 2010 年版，第 215—254 页。

⑧ 朱新秤：《论大学生就业能力培养》，《高教探索》2009 年第 4 期，第 124—127 页。

⑨ 梁妙荣：《对大学生就业软实力问题的探讨》，《前沿》2010 年第 12 期，第 176—178 页。

⑩ 宗晓武、周春平：《人力资本对大学生就业能力的影响》，《江苏高教》2012 年第 1 期，第 97—98 页。

才培养模式，即企业开具订单，高校照单培养，中介协调培训，基地提升能力。[1]　胡永远、邱丹认为，高校要努力营造育人环境，塑造大学生的良好的个性特征。[2]

③加强就业指导。陈啸、董承军、李小晨提出，要建立研究、教学、服务、指导、咨询"五位一体"的高校就业工作新体系，提高大学生就业指导与服务的水平。[3]　司懿敏认为，以全程化就业指导理论为基础，以就业基地建设和市场开发为保障，以高素质的专业化教师队伍建设为保证，以就业实践和就业反馈为拓展，构建更加完善的全程化、专业化、信息化的就业指导体系。[4]　岳瑞凤建议引入职业体验行为示范教学，以提高学生的自主意识，激发学习原动力。[5]　张育广从政府、企业、学校及学生四个角度提出促进青年就业创业见习基地建议。[6]

（3）其他方面的对策建议。

①增加劳动力需求。曾湘泉指出，优化经济结构是解决大学生就业难的根本之策。[7]　许秀群主张，破解大学生就业困局的出路在于优化制度安排，构建资本积累与劳动效益的平衡机制，创新产业政策，强化就业制度的激励功能。[8]　邹治、陈万明强调，政府应完善财政税收、人事管理等制度，开发志愿者项目，强化非营利组织发展对大学生就业的吸纳作用。[9]　蔡杨主张将岗位由"工作分配"转变为"职业选择"，选拔

---

[1]　黄勇荣：《提升区域性就业能力："订单式"人才培养模式的构建》，《成人教育》2010年第5期，第19—20页。

[2]　胡永远、邱丹：《个性特征对高校毕业生就业的影响分析》，《中国人口科学》2011年第2期，第66—75页。

[3]　陈啸、董承军、李小晨：《"五位一体"的高校就业发展教育工作体系的创新研究》，《教育与职业》2010年第29期，第93—94页。

[4]　司懿敏：《农业高校就业能力全程指导体系的构建》，《安徽农业科学》2010年第22期，第12271—12273页。

[5]　岳瑞凤：《大学生职业体验行为示范式教学探索——以"低年级大学生求职体验"案例教学为例》，《教育探索》2010年第5期，第64—65页。

[6]　张育广：《就业创业见习基地服务——大学生就业的现状与对策》，《中国青年研究》2010年第8期，第43—45页。

[7]　曾湘泉：《"双转型"背景下的就业能力提升战略研究》，中国人民大学出版社2010年版，第215—254页。

[8]　许秀群：《优化制度安排破解大学生就业困局》，《改革与战略》2010年第6期，第182—185页。

[9]　邹治、陈万明：《非营利组织：政府应对高校毕业生就业困境的路径选择》，《中国行政管理》2010年第3期，第104—107页。

由"组织选拔"转变为"志愿服务",退出机制从"就业安置"转变为"货币补偿",以促进大学生村官项目的发展。①

②完善劳动力市场。武毅英提出,加强市场整治,形成法律制度健全、用工制度合理、劳动力市场统一、就业信息公开、市场监督到位的局面,规范劳动力市场行为,促进毕业生就业。② 段敏芳、田恩舜认为,完善就业市场、畅通就业通道,建立大学生失业保险制度和大学生就业援助制度。③ 曾湘泉指出,要做好岗位信息采集和发布工作,建立科学的大学生就业能力评价和跟踪机制。④ 赖德胜、孟大虎认为,要逐步消除劳动力市场分割,鼓励大学生到西部和农村等次要劳动力市场上就业。⑤ 吴克明、肖聪认为,解决大学生就业难问题的有效途径在于打破行业垄断,建立公平的就业竞争机制。⑥ 张源源、刘善槐认为,要加强职业准入制度建设,提高职业的专业化水平。⑦

二 社会资本视角的大学生就业研究

(一) 国外研究

20 世纪 70 年代,布迪厄(Bourdieu)提出社会资本(Social Capital)概念,成为一个与物质资本和人力资本相对应的资本概念。他将社会资本定义为一种通过拥有一定的制度化的社会关系网络而带来的实际或潜在的资源。⑧ 科尔曼(Coleman)认为,社会资本就是个人拥有

① 蔡杨:《"大学生村官"制度的改革与创新——基于北京市百位"大学生村官"的调查》,《华中师范大学学报》2010 年第 4 期,第 149—153 页。

② 武毅英:《转型期的大学生就业问题与对策》,广东高等教育出版社 2009 年版,第 1—272 页。

③ 段敏芳、田恩舜:《我国高校毕业生待就业调查分析》,《统计研究》2010 年第 6 期,第 106—107 页。

④ 曾湘泉:《"双转型"背景下的就业能力提升战略研究》,中国人民大学出版社 2010 年版,第 215—254 页。

⑤ 赖德胜、孟大虎:《中国大学毕业生失业问题研究》,中国劳动社会保障出版社 2008 年版,第 113—117 页。

⑥ 吴克明、肖聪:《论行业垄断对大学生就业的影响》,《教育发展研究》2012 年第 17 期,第 43—48 页。

⑦ 张源源、刘善槐:《大学生就业不公平问题探析》,《教育研究》2011 年第 9 期,第 51—55 页。

⑧ Bourdieu, P., "Le Capital Social: Notes Provisioires", *Actes de la Recherche en Sciences Sociales*, Vol. 3, 1980, pp. 2—3.

的、表现为社会结构资源的资本资产，主要存在于人际关系之中，并为结构内部的个人行动提供便利。①

格兰诺维特（Granovetter）1973 年提出了"弱关系的强度"理论。基于人们之间的互动频率、感情强度、亲密程度和互惠交换等，人们的关系划分为强关系和弱关系，强关系一般存在于本群体内部，而弱关系存在于不同的群体之间。他认为，"弱关系"能帮助人们获取工作信息，从而帮助人们实现就业。② 后来，格兰诺维特从社会网络和职业之间的联系来分析社会资本对个人获得一份工作的重要性，并指出通过家族圈获得的密集网络在找工作时最为有效。③

20 世纪 70 年代末，林南（Lin Nan）提出了社会资源理论，其核心有三个命题。④ 第一个命题是社会资本命题，即在社会网络中获得的优质嵌入性社会资源，有助于获得更好的地位；第二个命题是地位强度命题，指初始的结构性位置，包括先赋位置和自致位置越好，获得的地位越高；第三个命题是弱关系强度命题，与格兰诺维特的理论相似。另外，林南还将社会资本分为接近的社会资本和动员的社会资本两种类型，前者是指社会关系网络中所拥有的潜在社会资源，后者指实际动用的社会资源。后来，林南、沃恩和恩赛尔（Lin Nan，Vaughn and Ensel）的调查证实，在美国，联系人的地位对行动者地位的获得确实有重要影响。⑤

费尔南德斯（Fernandez）等从雇主的角度分析了通过现有员工推荐招募新员工的原因。具体包括扩大应聘者的范围，被推荐的求职者和企业更全面、更深入地了解对方，现有员工为了个人声誉会推荐好的候选

---

① Coleman, James S. , *Foundations of Social Theory*, Cambridge：Harvard University Press, 1990, p. 302.

② Granovetter M. , "The Strength of Weak Ties", *American Journal of Sociology*, Vol. 78, 1973, pp. 1360 – 1380.

③ Granovetter M. , *Getting a Job, A Study of Contacts and Careers*, Chicago：University of Chicago Press, 1995, pp. 10 – 20.

④ 林南：《社会资本：关于社会结构与行动的理论》，世纪出版集团、上海人民出版社 2005 年版，第54—59 页。

⑤ Lin Nan, W. N. Vaughn and J. C. Ensel, "Social Resources and Strength of Ties", *American Sociological Review*, Vol. 46, 1981, pp. 393 – 405.

人，并帮助他们胜任新的工作岗位。[①]

另外，鲍尔斯和金蒂斯（Bowles and Gintis）认为，[②] 某阶层背景的学生的教育和他们最终被雇佣的劳动力市场之间存在着"一致的原则"。来自低收入家庭的年轻人更多地被纳入注重次要劳动力市场工作所需的观念和行为特征的学校中，与那些高收入家庭的学生所在学校所注重的行为和观念相去甚远。这种"前市场分割"使现存的社会经济等级合理化，限制了大学生毕业后的就业机会选择。

事实上，即使在发达市场经济国家，社会资本在青年就业中也发挥着重要作用。1982 年，美国劳工部所做的全国青年跟踪调查显示，在已实现就业的人群中，35.2% 的白人和 32.9% 的黑人青年是通过亲戚朋友实现就业的，远远高于通过正式渠道实现就业的比重。[③] 与现实相对应，社会资本也成为研究大学生就业问题的一个重要视角。波茨（Portes）指出，"被用来解释就业、职业选择等"是对社会资本关注的三大功能之一。[④] 蒙特格麦瑞（Montgomery）[⑤]、厚泽（Holzer）[⑥] 的研究表明，通过社会资本或社会网络去寻找工作，成本较低，且具有更高的工作匹配程度。同时，波茨也指出社会资本可能产生排斥外人、限制成员的自由以及对成员向上发展形成压制等消极影响。[⑦]

（二）国内研究

1. 社会资本对大学生就业机会的影响

很多学者发现，社会资本对大学生就业机会有很强的正面影响。刘宏伟、王晓璐强调，由先赋地位决定的社会阶层，不但决定了大学生的

① Fernandez R. M., E. Castilla and P. Moore, "Social Capital at Work: Networks and Hiring at a Phone Center", *American Journal of Sociology*, Vol. 105, 2000, pp. 1288 – 1356.

② Bowles S. and Gintis H., "Schooling in Capitalist America: Educational Reform and the Contradictions of Economic Life", New York: *Basic Books*, 1976, pp. 10 – 340.

③ Holzer, Harry J., "Informal Job Search and Black Youth Unemployment", *American Economic Review*, Vol. 77, 1987, pp. 446 – 452.

④ Portes A., "Social Capital, Its Origins and Application in Modern Sociology", *Annual Review of Sociology*, Vol. 24, 1998, pp. 1 – 24.

⑤ Montgomery, James D., "Social Networks and Labor – market Outcomes: Toward an Economic Analysis", *American Economic Review*, Vol. 5, 1991, pp. 1408 – 1418.

⑥ Holzer, Harry J., "Search Methods Use by Unemployed Youth", *Journal of Labor Economics*, Vol. 6, 1988, pp. 1 – 20.

⑦ Portes A., "Social Capital, Its Origins and Application in Modern Sociology", *Annual Review of Sociology*, Vol. 24, 1998, pp. 1 – 24.

家庭人际圈，还影响大学生在校园内的交往圈，造成了社会资本的差异，影响大学生就业机会及就业成功率。[1] 陈成文、邝小军的调查显示，"熟人推荐"、"学校推荐"在最佳的求职渠道中占 30.3%。[2] 郑美群、于卓、刘大维基于长春三所高校的调查发现，42% 的被调查大学生认为社会关系对就业有很大的作用，52% 的大学生认为对就业有一定的作用。[3] 北京师范大学"我国大学生就业问题研究"课题组基于 2002 年全国 14 个省的调查显示，在影响就业的因素中，社会关系排在第 2 位；在成功就业的学生中，有 18.6% 的人承认社会资本是其落实单位的原因之一，而在尚未落实单位的学生中，19.2% 的人认为初次就业失利与社会资本有关。[4] 赖德胜、孟大虎的研究表明，家庭社会经济地位高的毕业生，独立求职的努力程度更低，但实现就业的概率更大。[5] 郑晓涛、李旭旦、相正求通过对 175 名应届大学生的调查表明，通过社会关系实现就业的占 44.6%。[6] 黄敬宝基于 2011 年中国青年政治学院对北京 18 所高校的调查表明，生源地、父母为机关或事业单位负责人、高收入家庭、男生等社会资本变量对大学生能否就业都有正面影响。[7]

而有些研究表明，社会资本的影响并没有那么大。胡永远、马霖、刘智勇基于 2005 年湖南、江西等三十余所高校的研究显示，就业的前三位影响因素都是非社会资本因素，甚至发现找熟人帮忙越多，越无助于就业，表明社会网络的作用不大。[8] 宋严、宋月萍、李龙的研究表

---

① 刘宏伟、王晓璐：《社会分层视角下社会资本对大学生就业的影响》，《现代教育管理》2010 年第 12 期，第 114—116 页。

② 陈成文、邝小军：《就业制度改革过程中社会资本与大学生地位获得研究》，《黑龙江高教研究》2004 年第 10 期，第 47—50 页。

③ 郑美群、于卓、刘大维：《大学生就业社会资本的开发与利用》，《东北师大学报》（哲学社会科学版）2005 年第 3 期，第 138—142 页。

④ 郑洁：《家庭社会经济地位与大学生就业——一个社会资本的视角》，《北京师范大学学报》（社会科学版）2004 年第 3 期，第 111—118 页。

⑤ 赖德胜、孟大虎：《中国大学毕业生失业问题研究》，中国劳动社会保障出版社 2008 年版，第 51—54 页。

⑥ 郑晓涛、李旭旦、相正求：《社会资本和人力资本对大学生就业的影响》，《高等教育研究》2006 年第 8 期，第 20—25 页。

⑦ 黄敬宝：《社会资本对大学生就业的影响：假设与检验》，《企业经济》2012 年第 9 期，第 110—113 页。

⑧ 胡永远、马霖、刘智勇：《个人社会资本对大学生就业市场的影响》，《中国人口科学》2007 年第 6 期，第 61—67 页。

明，女大学生社会资本存量及其对社会资本的利用程度并不弱于男大学生，但就业率明显更低。[①] 可见，不同研究结论的差异很大。

社会排斥描述的是指由于缺乏平等就业权利而在劳动力市场处于劣势地位的状态。肖云、邹力[②] 和吴立保、乐青[③] 分析了社会资本排斥对大学生就业的负面影响。

2. 社会资本对大学生就业质量的影响

徐莉、郭砚君通过武汉高校的调查表明，社会资本与整体就业质量的相关系数为 0.521，显著正相关。[④] 陈宏军、李传荣、陈洪安的研究发现，拥有的社会网络资源与就业成本负相关、与就业质量正相关；实际使用的社会资本与就业成本和就业质量均正相关。[⑤] 刘新华、杨艳基于 2012 年江西某高校的调查研究表明，家庭社会资本越大的大学生，其就业质量越高，即家庭社会资本的"差序"在一定程度上造成了大学生就业质量的"差序"。[⑥] 马莉萍、岳昌君发现，家庭收入高、父亲受教育程度高的毕业生进入主要劳动力市场的可能性更大。[⑦]

北京大学"高等教育规模扩展与劳动力市场"课题组发现，家庭经济条件和社会关系对大学毕业生找到高薪工作有显著的影响，但父母的受教育程度、工作状况以及家庭所在地的影响却不明显。[⑧] 胡永远、马霖、刘智勇发现，家庭所在地对毕业生的初始工资有显著正影响，但父

① 宋严、宋月萍、李龙：《高等教育与社会资本：性别视角下的审视》，《人口与发展》2012 年第 6 期，第 48—54 页。

② 肖云、邹力：《大学生就业社会排斥问题研究》，《中国青年研究》2009 年第 7 期，第 80—83 页。

③ 吴立保、乐青：《大学生就业中社会排斥的影响因素及矫正策略》，《江苏高教》2012 年第 3 期，第 110—112 页。

④ 徐莉、郭砚君：《大学生就业质量与社会资本关系研究——以武汉高校为例》，《中南民族大学学报》2010 年第 5 期，第 85—88 页。

⑤ 陈宏军、李传荣、陈洪安：《社会资本与大学毕业生就业绩效关系研究》，《教育研究》2011 年第 10 期，第 21—31 页。

⑥ 刘新华、杨艳：《家庭社会资本与大学生差序就业》，《教育学术月刊》2013 年第 5 期，第 66—68 页。

⑦ 马莉萍、岳昌君：《我国劳动力市场分割与高校毕业生就业流向研究》，《教育发展研究》2011 年第 3 期，第 1—7 页。

⑧ 岳昌君、丁小浩：《2005 年高校毕业生就业情况的调查分析》，《高等教育研究》2006 年第 1 期，第 31—38 页。

亲是"科级以上干部"的影响为负。[1] 后来，胡永远和邱丹发现，父亲的受教育程度为本科以上的，大学毕业生的起薪水平更高。[2]

姜继红、汪庆尧发现，求职者的社会资本越高，他们的就业满意程度也越高。[3] 郑茂雄证实，父母职位越高，就业满意度越高。[4] 李瑾、彭建章的调研表明，女大学生就业率与就业满意度都低于男生。[5]

3. 关系强度对大学生就业的影响

格兰诺维特提出的"弱关系的强度"理论在中国得到广泛的印证。郑茂雄强调，人脉成为人们网罗重要信息、疏通人际关系、节约就业成本的重要砝码。[6] 郑晓涛、李旭旦、相正求的调查发现，大学生社会网络内的弱联系越多，越可能通过关系获取工作。[7] 陈成文、谭日辉认为，社会资本可以弥补大学毕业生就业信息的不对称，92.8%的大学毕业生通过社会资本获得就业信息，90.1%的毕业生认为社会关系对就业影响相当大。[8]

与格兰诺维特的"弱关系的强度"理论相对应，边燕杰提出了"找回强关系"的观点。他认为，在我国的社会文化背景下，社会网络不再是信息桥，而是人情网，人情关系越强，得到照顾的可能性越大，获得工作的可能性也越大，证明了"强联系假设"。[9] 胡永远、马霖、刘智勇的调查发现，在利用社会资本寻找工作的毕业生中，54.5%是通

---

① 胡永远、马霖、刘智勇：《个人社会资本对大学生就业市场的影响》，《中国人口科学》2007年第6期，第61—67页。

② 胡永远、邱丹：《个性特征对高校毕业生就业的影响分析》，《中国人口科学》2011年第2期，第66—75页。

③ 姜继红、汪庆尧：《社会资本与就业行为的实证研究》，《扬州大学学报》（人文社会科学版）2007年第6期，第70—76页。

④ 郑茂雄：《家庭社会资本与大学生就业满意度关系研究》，《高教探索》2012年第2期，第131—136页。

⑤ 李瑾、彭建章：《女大学生就业难影响因素及对策研究》，《河北师范大学学报》（教育科学版）2011年第2期，第104—108页。

⑥ 郑茂雄：《家庭社会资本与大学生就业满意度关系研究》，《高教探索》2012年第2期，第131—136页。

⑦ 郑晓涛、李旭旦、相正求：《社会资本和人力资本对大学生就业的影响》，《高等教育研究》2006年第8期，第20—25页。

⑧ 陈成文、谭日辉：《社会资本与大学生就业关系研究》，《高等教育研究》2004年第4期，第29—32页。

⑨ Bian Yanjie, "Bringing Strong Ties Back: Indirect Tie, Network Bridges, and Job Searches in China", *American Sociological Review*, Vol. 62, 1997, pp. 366-385.

过父母家人找到工作的①，证实了边燕杰的观点。蔡小慎、刘存亮认为，随着我国就业形势日益严峻，强关系对大学生就业产生了明显的内部正效应和外部负效应。②

在我国经济体制转轨的过程中，边燕杰、张文宏还提出了以下两种假设。第一，机制共存假设。市场规则和权力规则同时支配着资源配置，求职者不但要通过弱关系收集职位信息，还必须通过强关系与决策人进行人情交换。第二，市场化假设，即中国的改革取向是市场化，关系作为信息桥的使用频率上升，作为人情网的作用下降。1999 年对天津市劳动力流动的调查部分地证明了以上假设。③

4. 社会资本的影响的合理性

张源源、刘善槐认为，大学生就业不公平容易导致社会阶层固化。就形成机理而言，教育筛选功能失效为其发生前提，行业、职业间待遇不公平为外部条件，社会资本有利群体对高收益工作岗位的追逐为内部动力，而社会资本有利群体利用"社会屏蔽"使招聘程序合法化是其实现路径。④王革、景琴玲、陶艳梅认为，社会资本在降低就业信息不对称、获取就业机会、降低就业成本、大学生自主创业等方面都起到了重要的促进作用，也有滋长"权力崇拜"和"关系崇拜"心理、滋长依赖思想、削减大学生基层就业的热情等消极影响。⑤ 周晓桂剖析了社会资本在就业信息获取、就业机会的获得、资金供给保证、职业地位获得等方面的积极作用，以及滋长"权力崇拜"心理、排外性等方面的消极作用。⑥

5. 合理开发利用社会资本

（1）大学生开发社会资本。郑美群、于卓、刘大维指出，大学生

---

① 胡永远、马霖、刘智勇：《个人社会资本对大学生就业市场的影响》，《中国人口科学》2007 年第 6 期，第 61—67 页。

② 蔡小慎、刘存亮：《对大学生就业的正负效应及对策》，《现代教育管理》2012 年第 2 期，第 106—110 页。

③ 边燕杰、张文宏：《经济体制、社会网络与职业流动》，《中国社会科学》2001 年第 2 期，第 77—89 页。

④ 张源源、刘善槐：《大学生就业不公平问题探析》，《教育研究》2011 年第 9 期，第 51—55 页。

⑤ 王革、景琴玲、陶艳梅：《社会资本与大学生就业》，《中国高教研究》2007 年第 9 期，第 30—33 页。

⑥ 周晓桂：《基于经济学视角对社会资本在社会流动中的作用的分析——以职业流动为例》，《经济问题》2009 年第 12 期，第 17—19 页。

要积极开发血缘关系中的社会资本，利用校友资源，发挥老乡会、俱乐部等非正式组织的作用，加强社会实践，提高社会资本的存量。① 李玉峰强调，大学生要通过编织社会网络和敛聚前摄经验开发结构性社会资本，通过建立信任和广施利他行为开发关系性社会资本，通过体悟网络中共享"顶层概念"开发认知性社会资本，敏锐捕获就业机会，积极驱动职业行为，寻获优质的职业。②

（2）高校开发社会资本。刘亚辉、刘翔认为，高校要通过体制改革、明确定位、提高人员素质、建立社会网络关系，获得有价值的信息和一些实质性的就业帮助。③ 郑美群、于卓、刘大维指出，高校要加强与用人单位、上级部门的联系与沟通，并通过往届毕业生拓展社会资本。④ 付嫦娥以长沙理工大学的实践探索为例，强调要推进就业关系网络的多元化和立体化，构建基于社会资本增值的高校毕业生就业服务模式。⑤ 王国枫指出，学校开设就业指导课使学生尽早树立积累社会资本的意识，创建丰富多彩的校园文化活动，营造健康和谐的互动环境。⑥

（3）政府营造合理利用社会资本的环境。蔡小慎、刘存亮认为，要健全公平就业的政策制度、加强信用管理，构建起现代社会新型的社会网络关系，以促进大学生充分就业。⑦ 莫税英提出，构建以两性全面和谐发展为目标的先进性别文化，促进家务劳动的社会化，将女性就业列入全民就业战略，实行男女同龄退休，生育成本社会化，借鉴国外经

---

① 郑美群、于卓、刘大维：《大学生就业社会资本的开发与利用》，《东北师大学报》（哲学社会科学版）2005年第3期，第138—142页。

② 李玉峰：《大学生职业寻获中社会资本的三维向开发》，《黑龙江高教研究》2011年第2期，第101—103页。

③ 刘亚辉、刘翔：《从高校社会资本的视角探求大学生就业工作新思路》，《中国成人教育》2010年第16期，第10—11页。

④ 郑美群、于卓、刘大维：《大学生就业社会资本的开发与利用》，《东北师大学报》（哲学社会科学版）2005年第3期，第138—142页。

⑤ 付嫦娥：《基于社会资本增值的高校毕业生就业服务模式构建——以长沙理工大学的实践探索为例》，《中国高教研究》2009年第8期，第70—71页。

⑥ 王国枫：《社会资本理论视野下的大学生就业研究》，《黑龙江高教研究》2005年第6期，第67—68页。

⑦ 蔡小慎、刘存亮：《对大学生就业的正负效应及对策》，《现代教育管理》2012年第2期，第106—110页。

验完善相关法规。① 针对大学生就业的社会排斥，薛在兴认为，应建立完善生育保障制度，实现生育成本社会化，改革户籍制度，对不同生源的大学生实行"国民待遇"，修订《劳动法》，平衡用人单位和劳动者的权利义务关系；② 吴立保、乐青提出的制度设计基于人力资本竞争，以就业政策促进公平就业，关注大学生的就业保障。③

三 人力资本和社会资本双重视角的大学生就业研究

1. 人力资本起主导作用

风笑天基于全国 12 个城市在职青年的调查表明，青年自己应聘就业的占一半左右，学校分配的约占 20%，通过各种社会关系实现就业的大约只占 25%，④ 说明人力资本在青年求职过程中处于主导地位。

周必彧、翁杰、韩翼祥基于 19 所浙江省高校 2006—2007 届大学生的调查表明，对大学生的就业实现有显著决定作用的是人力资本，而不是家庭社会经济背景，人力资本机制是主导性机制，社会资本机制仅处于辅助性地位。⑤ 杜桂英和岳昌君的研究表明，学习成绩、奖学金、辅修专业或双学位、党员、担任学生干部对大学生就业率的正面影响更大，即人力资本更为重要。⑥

薛在兴的研究表明，社会资本能否发挥积极作用很大程度上取决于社会资本的社会地位，而人力资本对大学生就业及其质量的影响要显著得多。⑦ 后来，胡永远、马霖、刘智勇发现，个人社会资本对大学生就业概率和初始工资有一定的显著正影响，而个人人力资本则是决定性的

---

① 莫税英：《从社会性别视角分析女大学生就业问题》，《广西社会科学》2010 年第 7 期，第 130—132 页。

② 薛在兴：《就业排斥还是就业歧视——大学毕业生就业制度障碍分析》，《中国青年研究》2007 年第 12 期，第 58—62 页。

③ 吴立保、乐青：《大学生就业中社会排斥的影响因素及矫正策略》，《江苏高教》2012 年第 3 期，第 110—112 页。

④ 风笑天：《城市在职青年的就业途径及相关因素分析》，《南京师大学报》（社会科学版）2012 年第 5 期，第 62—69 页。

⑤ 周必彧、翁杰、韩翼祥：《大学生就业和劳动力市场效率研究》，《高等工程教育研究》2010 年第 1 期，第 46—52 页。

⑥ 杜桂英、岳昌君：《高校毕业生就业机会的影响因素研究》，《中国高教研究》2010 年第 11 期，第 67—70 页。

⑦ 薛在兴：《打开大学生就业之门的钥匙——社会资本、人力资本与大学生就业》，中国社会科学出版社 2011 年版，第 150—273 页。

影响因素。[①] 后来，胡永远和邱丹发现对起薪水平影响最大的是人力资本因素。[②]

2. 社会资本起主导作用

肖云、邹力的调研表明，81.2%的用人单位会优先考虑同事、朋友和亲戚推荐的大学生，实际能力则处于第二位。[③] 陈卓认为，在当今大学毕业生求职的过程中，在超社会资本面前，教育处于"失灵"状态，超社会资本的作用远远大于文化资本。[④] 田虎、姬建锋、贾玉霞认为，当前我国大学生就业与学业属于弱相关，就业过程中社会资本的差异淡化甚至掩盖了学业成就的差异，弱化学生学习的自觉性，导致高校教育质量去优化、教育产品同质化和质量管理形式化。[⑤]

杜桂英和岳昌君发现，学业成绩对大学生的起薪水平的影响程度小于家庭背景的影响程度。[⑥] 郑晓涛、李旭旦、相正求的调查发现，在通过劳动力市场获取工作的大学生中，男性的收入水平显著高于女性；在通过关系获取工作的大学生中，人力资本越大，工作满意度越低，而强联系越多，收入水平越高，网络资源跨度越大，收入水平也越高。[⑦]

3. 人力资本和社会资本都很重要

钟云华的实证结果发现，在大学生求职的过程中，人力资本是基石，是获得就业机会的"敲门砖"，社会资本是桥梁，是人力资本得以展示的中介，

---

① 胡永远、马霖、刘智勇：《个人社会资本对大学生就业市场的影响》，《中国人口科学》2007年第6期，第61—67页。

② 胡永远、邱丹：《个性特征对高校毕业生就业的影响分析》，《中国人口科学》2011年第2期，第66—75页。

③ 肖云、邹力：《大学生就业社会排斥问题研究》，《中国青年研究》2009年第7期，第80—83页。

④ 陈卓：《教育对社会分层的影响——基于职业获求的视角》，《教育发展研究》2009年第19期，第12—16页。这里的"超"是指两个"超级"，一是指它本身蕴含的能量无比强大，超出一般人的想象，二是指它产生的效果远远超出社会允许的范围。超社会资本的运作与总体性精英集团的形成密不可分。

⑤ 田虎、姬建锋、贾玉霞：《学业与就业强相关：高校教育质量的给力保障》，《现代教育科学》2011年第3期，第25—29页。

⑥ 杜桂英、岳昌君：《高校毕业生就业机会的影响因素研究》，《中国高教研究》2010年第11期，第67—70页。

⑦ 郑晓涛、李旭旦、相正求：《社会资本和人力资本对大学生就业的影响》，《高等教育研究》2006年第8期，第20—25页。

两者的"合力"共同影响大学生求职，并形成共生关系。①

胡永远和邱丹认为，人力资本和社会资本对大学生就业概率的影响同等重要。②

岳昌君、杨中超的研究表明，高学历和学习成绩好的学生更容易获得高起薪的工作，担任班干部的毕业生更容易找到满意的工作并获得较高的收入；家庭背景好，也有助于提高就业满意度。③ 岳昌君的另一项研究表明，学习成绩居前25%、获得奖学金、党员、学生干部、获得英语证书、辅修或双学位的毕业生也更容易找到"满意度高的工作"，来自高收入家庭、父母平均受教育程度高、家庭社会关系广泛的毕业生也更容易找到"满意度高的工作"。④ 夏仕武通过对全国10所民族院校的统计分析表明，缺乏知识技能的毕业生不易在稳定性好的部门实现就业，缺乏实习经历和应对能力的毕业生难在政府机关和外资企业就业；户籍为东部地区的毕业生在政府机关和外资企业的就业比例较高，户籍为中部地区的毕业生在私营企业就业的比例较高，⑤ 也反映出人力资本和社会资本都很重要。黄敬宝的统计分析表明，人力资本对北京大学生就业地区、就业行业、单位性质和承诺月薪的影响力分别为3.1%、10.4%、2.9%和12.4%；社会资本的影响力分别为17.6%、3.5%、3.5%和1.8%，人力资本和社会资本成为大学生就业质量的双轮驱动力。⑥ 康小明的研究表明，基础课成绩、兼职经历、英语水平、就读高校、专业等人力资本要素，以及社会资本要素，对职业发展成就都有显著性的影响。⑦

---

① 钟云华：《人力资本、社会资本与大学毕业生求职》，《高教探索》2011年第3期，第140—146页。

② 胡永远、邱丹：《个性特征对高校毕业生就业的影响分析》，《中国人口科学》2011年第2期，第66—75页。

③ 岳昌君、杨中超：《我国高校毕业生的就业结果及其影响因素研究》，《高等教育研究》2012年第4期，第35—44页。

④ 岳昌君：《中国高校毕业生就业满意度的影响因素分析》，《北京大学教育评论》2013年第2期，第84—97页。

⑤ 夏仕武：《民族院校大学生就业资本与就业效果的实证分析》，《民族教育研究》2012年第3期，第32—37页。

⑥ 黄敬宝：《人力资本、社会资本对大学生就业质量的影响》，《北京社会科学》2012年第3期，第52—58页。

⑦ 康小明：《人力资本、社会资本与职业发展成就》，北京大学出版社2009年版，第166—171页。

曾湘泉认为，人力资本和社会资本是对毕业生就业以及就业质量最有帮助的两大因素。[1] 赖德胜、孟大虎、苏丽锋的研究发现，在提高顺利就业概率方面，人力资本和社会资本都不可或缺，决定大学毕业生起薪水平的因素是人力资本，决定能否进入国有部门工作的因素是社会资本。[2] 钟云华的实证结果发现，人力资本和社会资本对大学生就业机会获得均有重要作用，人力资本对大学生起薪水平起决定性作用，社会资本对大学生起薪水平有一定的正向影响，但不显著。[3]

4. 人力资本和社会资本的作用关系

徐晓军分析了我国大学生就业过程中的双重机制，以人力资本积累的本科毕业为临界值，在本科以下，由于社会资本的运作空间较大，就业贡献率大于人力资本，而在本科以上则相反，本科水平是人力资本与社会资本双重并重的状态。随着整个社会学历层次的提高，人力资本临界值也由本科向研究生转化。[4]

孟大虎、曾凤婵、杨娟利用 Probit 模型的分析表明，人力资本越低，选择家人或亲朋作为求职渠道的可能性越大。[5] 黄敬宝的典型调查表明，学历层次相同，北京生源毕业生在北京城六区就业的比例、在北京就业的比例和在东部地区就业的比例较高，变化幅度较小，非北京生源毕业生则较低，变化幅度较大；社会资本的作用大小与学历高低成反比。[6] 黄敬宝的另一项抽样调查还发现，随着就业形势变差，人力资本的作用弱化，社会资本的作用强化。[7]

[1] 曾湘泉：《"双转型"背景下的就业能力提升战略研究》，中国人民大学出版社2010年版，第215—254页。
[2] 赖德胜、孟大虎、苏丽锋：《替代还是互补——大学生就业中的人力资本和社会资本联合作用机制研究》，《北京大学教育评论》2012年第1期，第13—31页。
[3] 钟云华：《人力资本、社会资本与大学毕业生求职》，《高教探索》2011年第3期，第140—146页。
[4] 徐晓军：《大学生就业过程中的双重机制：人力资本与社会资本》，《青年研究》2002年第6期，第9—14页。
[5] 孟大虎、曾凤婵、杨娟：《人力资本、社会资本与大学毕业生求职渠道的选择》，《中南财经政法大学学报》2011年第6期，第38—43页。
[6] 黄敬宝：《人力资本和社会资本：大学生就业地区分布的双重驱动》，《青年研究》2008年第10期，第12—18页。北京城六区是指北京市内的东城区、西城区、海淀区、朝阳区、丰台区、石景山区，即北京城的核心区域。
[7] 黄敬宝：《我国大学生就业的影响因素探究——对人力资本和社会资本作用的考察》，《中国人力资源开发》2009年第12期，第6—8页。

马莉萍和丁小浩的经验研究结果表明，人力资本与社会资本在起薪方面的影响具有互补性。[①] 而赖德胜、孟大虎、苏丽锋的研究发现，在获取就业机会和起薪决定方面，二者存在替代关系；在决定能否进入国有部门工作方面，二者具有较强的互补关系。[②]

通过对研究文献的梳理，我们会发现这些研究成果的基本特征。

（1）总体特征。第一，研究成果丰富。从研究成果的数量来看，从人力资本和社会资本视角的大学生就业研究的专著和论文，尤其是论文非常可观。从研究内容来看，几乎涉及大学生就业问题的所有方面。第二，以实证分析为主。从研究方法来看，很多学者改变了抽象推理的传统做法，通过问卷调查或者访谈的方式来考查大学生就业现状，并检验人力资本和社会资本对大学生就业的影响，说服力较强。

（2）个体特征。第一，研究内容相对零散。尽管大学生就业问题的总体研究成果丰富，但就单个成果来看，则较为零散。从成果形式来看，专著较少，论文较多；从成果内容来看，大多数仅仅涉及大学生就业的某一个方面，缺乏系统性；从动态的角度来看，很多成果缺乏连续性，从而使不同成果的可比性较差。第二，实践与理论结合度不高。尽管实证分析成为研究的一个突出亮点，但实证结果与理论的结合程度总体上不够。有些学者做出了大规模的调查，但缺乏必要的理论分析；有些学者做出了很好的理论剖析，但实证数据显得不足。第三，研究结论差异很大。基于指标体系和调查样本的选择不同，不同学者的研究结论差异很大，甚至相反。人力资本、社会资本对大学生就业的影响到底是什么样子，没有一个公认的答案。

显然，这些不足恰恰为学者提供了进一步研究的空间。本书拟从人力资本和社会资本的两重视角，对大学生就业的不同层面展开系统的研究，并通过北京十余所高校三次调查进行动态检验，以全面展现人力资本和社会资本在大学生就业机制的作用。

---

① 马莉萍、丁小浩：《高校毕业生求职中人力资本与社会关系作用感知的研究》，《清华大学教育研究》2010 年第 1 期，第 84—92 页。

② 赖德胜、孟大虎、苏丽锋：《替代还是互补——大学生就业中的人力资本和社会资本联合作用机制研究》，《北京大学教育评论》2012 年第 1 期，第 13—31 页。

第三节　研究意义、方法与基本框架

一　研究意义

本书将构建人力资本和社会资本对大学生就业的理论分析框架，围绕人力资本和社会资本的影响的方向、力度、关系和稳定性四个核心问题提出了假设命题，并通过2008年、2010年和2012年北京十余所高校毕业生调查加以检验，最终揭示人力资本和社会资本对大学生就业的作用机制。

从学术层面，本书将完善大学生就业的相关理论。第一，完善人力资本理论。传统人力资本理论认为接受高等教育可以获得更好的就业结果，而事实上，很多大学生并没有就业优势，甚至出现与农民工同薪的趋势，[①] 本研究试图解释或解决理论与现实的这一对矛盾。第二，完善社会资本理论。沿着社会资本的视角，很多学者做出一些探索，但比较零散，本研究试图加以完善。第三，完善劳动力市场理论。劳动力市场状况及其运行机制决定着大学生人力资源的配置效率，进而决定国民素质的提高和国民经济的可持续发展。通过研究，揭示目前劳动力市场的运行效率，并做出完善劳动力市场的理论探索。

从应用层面，本书将促进大学生就业的相关实践。第一，从微观方面，本书为大学生如何增强就业优势、实现就业并获得较好的就业质量提供参考。第二，从微观方面，为高校如何推行高等教育改革提供依据，以便为大学生更好地积累人力资本创造条件。第三，从宏观方面，为政府建立合理、高效的大学生就业机制提供借鉴，以优化大学生资源配置，促进我国教育和经济的快速、协调发展。

二　研究方法

本书采用规范分析和实证分析相结合，以实证分析为主的研究方法。规范分析部分主要是构建理论分析框架，提出假设命题；实证分析部分以2008年、2010年和2012年北京十余所高校三次调查数据为基

---

① 吴克明、王平杰：《大学毕业生与农民工工资趋同的经济学分析》，《中国人口科学》2010年第3期，第67—76页。

础，进行 Logistic 回归模型分析，并考察三次调查的回归系数的变化，以检验假设命题。

实证分析以实地调查为基础，并做出如下设计。第一，调查内容包括大学生就业及相关状况，具体包括就业数量和就业质量两方面，就业数量包括能否就业、接收单位数量，就业质量包括就业地区、就业行业、就业性质和就业收入以及人力资本状况和社会资本状况等方面。第二，调查对象为应届本科大学毕业生，即大四毕业生，为了保证学历的可比性，研究生和高职生不在研究范围之内。第三，调查高校为校址在北京的普通高等学校。从高校层次来看，既包括 985 高校，也包括 211 高校和北京市属高校。从高校类型来看，综合类高校包括北京大学、清华大学、中国人民大学和北京师范大学，理工类高校包括中国地质大学、北京邮电大学、北京航空航天大学、北京交通大学、北京理工大学、北京科技大学、北京建筑工程学院，财经类高校包括对外经济贸易大学、中央财经大学和北京工商大学，农林类高校选择中国农业大学，师范类高校选择首都师范大学，政法类高校选择中国青年政治学院，民族类高校选择中央民族大学，共 18 所高校。第四，在学科结构上，以理工类、经济类和管理类学科为主。目前我国的高校在校大学生中，工学、管理学和经济学的比重较大，本调查在抽样时，尽量与在校生的学科专业的分布比例相对应，同时，学科专业尽量多元化。第五，其他特征。不同性别、地区生源、城乡生源的大学生等，都要占有一定的比重，尤其是地区生源，争取在我国大陆 31 个省市均有分布。第六，调查时间选择为 2008 年、2010 年和 2012 年的 6 月份。这个时点临近大学生毕业，如果调查的时间太早，不能反映最新的就业状况；如果晚了，大学生已毕业离校，调查的实施难度很大。第七，调查方式主要是问卷调查和部分访谈。要保证一定的样本容量，预计每年发放 2000 份问卷。基于以上设计，使得这三次抽样调查都具有较强的代表性，为本书研究提供翔实可靠的第一手数据资料。

三　研究思路与基本框架

本书研究人力资本和社会资本对大学生就业的影响，揭示大学生就业机制，为大学生增强就业优势、政府优化大学生人力资源配置提供参考。笔者在梳理中外文献的基础上，提出研究假设命题，包括人力资本和社会资本对大学生就业的影响方向、影响大小、影响关系和影响稳定性等方面，然后通过 2008 年、2010 年和 2012 年北京十余所高校大学毕业生调查数据加以检验，再对结论进行探讨，最后提出相应的对策建议。

本书的研究框架分为五个部分。

第一部分，构建理论分析框架和理论假设命题。首先，剖析了在劳动力市场上，人力资本和社会资本对大学生就业的作用机制。其次，从人力资本和社会资本对大学生就业的影响方向、影响大小、影响关系、影响稳定性四个方面，提出了七大假设命题。与大学生就业数量和就业质量的六个层面相对应，分别提出了人力资本和社会资本对大学生能否就业、就业机会、就业地区、就业行业、就业性质、就业收入的影响的假设命题，即假设命题 A、B、C、D、E、F；然后提出了假设命题 G，以揭示人力资本和社会资本对大学生就业影响的稳定性。最后，界定了人力资本、社会资本、大学生就业的指标体系，为后面的定量分析做准备。

第二部分，通过三次调查数据检验假设命题。通过 2008 年、2010 年和 2012 年对北京高校大学生就业状况的调查数据，运用 Logistic 回归模型展开分析，以检验第一部分提出的假设命题的正确与否。首先，检验人力资本和社会资本的具体指标对于大学生就业的影响方向和大小。作为自变量，人力资本主要通过综合素质、就业意愿和就业行为三个方面来反映，综合素质由 9 个指标反映，是人力资本存量的核心体现，就业意愿和就业行为均由 5 个指标反映，会影响人力资本价值的实现；社会资本由 6 个指标来反映。因变量仍为大学生能否就业、就业机会、就业地区、就业行业、就业性质、就业收入 6 个指标。其次，检验人力资本指数和社会资本指数对大学生就业的影响方向和大小。我们把每个指标进行量化，然后取平均数，得到人力资本指数和社会资本指数，作为自变量，因变量相同，做回归分析。最后，检验人力资本指数和社会资本指数对大学生就业影响的相互关系。运用人力资本指数和社会资本指数的交互项作为因变量，做回归分析。

第三部分，通过三次回归结果的变化检验命题。在不同的年份，人力资本和社会资本对大学生就业的影响可能是不同的。我们通过三次回归系数 B 的比较，以揭示人力资本和社会资本对大学生就业影响的变化。本部分主要通过各年的相关回归数据的对比统计分析来完成。

第四部分，基本结论与相关问题的探讨。人力资本和社会资本对大学生就业的不同层面均有不同程度的影响，人力资本和社会资本的总体影响为正还是为负？人力资本的总体影响力度大于还是小于社会资本的总体影响力度？人力资本与社会资本总体上是否相关？如果相关，是替代关系还是互补关系？人力资本和社会资本对大学生就业的影响是否具有稳定性？首先，要回答以上这些问题，验证假设命题是否正确，并做出总结。其次，对这些基本结论展开合理性评价，并结合现实问题展开讨论。

第五部分，提出促进大学生就业的对策建议。在大学生就业机制中，如何处理人力资本和社会资本的关系？如何利用人力资本和社会资本对大学生就业的正面影响，以促进大学生就业？如何限制社会资本的负面影响？与大学生就业密切相关的几类主体，大学生、高校、政府应该怎么做？

第二章　人力资本、社会资本与
大学生就业:理论分析

第一节　人力资本、社会资本与大学生就业机制

大学生就业,实质上,就是大学毕业生走出高校校园,进入社会工作岗位的过程。对于大学生来说,通过就业环节,找到一个能运用知识和技能创造社会财富的工作场所,并获得人力资本投资的收益;对于用人单位来说,通过招聘环节,获得了一种重要的生产要素——劳动力,为扩大生产经营创造条件。

一　劳动力市场与大学生就业

随着大学生就业体制由"国家分配"向"双向选择、自主择业"的转变,除了很少的大学生仍由国家分配以外,比如,北京理工大学的国防生,绝大多数的大学生都必须进入劳动力市场求职。了解大学生就业市场的运作,有助于更清晰地分析大学生就业机制。

1. 大学生就业市场需求

大学生就业市场作为一种劳动力市场,它与产品市场有很多的共性。不同的是,人们对产品市场上的产品的需求,源于这些产品能够满足人们的某方面需要,如面包可以满足饥饿的需要,旅游可以满足人们娱乐休闲的需要,而用人单位对劳动力市场上的大学生的需求,则源于大学生的工作能力,是一种引致需求。也就是说,面包店招聘大学生,不是为了直接消费大学生本人,而是让他做面包或卖面包,通过为顾客服务而带来更多的利润,面包店招多少大学生,取决于产品市场上的顾客对面包的需求量。在产品市场中,人们对产品的需求量的大小取决于消费者的偏好和支付能力;而在大学生就业市场中,雇主对大学生的需

求量不仅取决于个人偏好和支付能力，更关键的是产品市场所决定的工作量大小。因而，大学生就业市场的需求，不仅受劳动力市场上雇主行为的直接影响，还受到产品市场的间接影响，更为复杂。

具体来说，大学生就业市场需求的影响因素有以下几种。直接影响因素包括雇佣大学生的价格，即薪酬待遇，相关生产要素的价格，市场薪酬待遇的变化，支付能力和个人偏好。显然，在其他条件不变的前提下，当大学生的薪酬待遇下降，意味着劳动力成本下降，雇主会增加对大学生的需求。当某工作的替代机器设备的价格较低时，雇主就可能用更多的机器来替代大学生，降低大学生需求。当大学生的市场薪酬水平呈下降趋势，雇主会尽量减少当期大学生的雇佣量。当用人单位经营出现困难，为了缓解资金困难，也会减少大学生需求。相对于以技能见长的高职学生来说，如果某雇主不喜欢本科生，就会减少对本科生的需求；如果雇主有歧视，姓"裴"、属"虎"的大学生的需求量也可能下降。间接影响因素主要是产品市场的变化。当经济危机来临时，产品滞销可能带来大幅裁员，也会减少大学生需求。

大学生就业市场作为劳动力市场的重要组成部分，具有劳动力市场的一般属性，不同的是大学生就业市场上的劳动力具有较高的综合素质和工作技能。

2. 大学生就业市场供给

与产品市场相同，大学生作为劳动力市场的供给方，之所以愿意提供劳动，是为了获得收益。不同的是，实现交易后，产品进入需求方，他可以自由处置，供给方得到了相应的收益就不再过问；而大学生提供的劳务与供给主体是分不开的，大学生不仅要考虑薪酬待遇水平，还要考虑雇主的风格和工作环境。比如，如果某大学生不喜欢海鲜产品，即使工资很高，也不会去海鲜批发公司工作。因而，大学生是否愿意提供劳动，不仅取决于劳动力市场上的供给主体的选择，还受到产品市场和工作条件的影响。

大学生就业市场供给的影响因素也包括直接因素和间接因素两个方面。直接因素主要包括劳动力市场的价格，即薪酬水平，相关生产要素的价格，劳动力市场薪酬水平的变化，生产技术和生产成本。一般来说，薪酬高低与大学生供给呈正比，当薪酬水平下降，大学生可能退出劳动力市场而成为自愿失业者，或者提供的劳动时间更短。当可替代的生产要素的价格较低,劳动力的价格相对较高,大学生的供给量会增加。当预期的市场薪酬待遇呈下降趋势,现在增加劳动供给是合算的。只有经过"千军万马过独木桥"的高考竞争,才能成为一名大学生,上学期间,还支付了较大的人力资本和投资成本,大学生供给的增加是有一定难度的。当工资太低,远远不能弥补上学的花费,大学生就可能拒绝接收,以减少劳动供给。

3. 大学生就业市场机制

大学生就业市场也是一种市场,市场机制同样发挥作用。市场机制就是"看不见的手"原理,这是亚当·斯密理论的核心,是指市场供求双方根据市场行情进行交易,从而配置社会资源的一种机理。市场机制具体通过价格机制、供给机制和竞争机制来实现。价格高低是一种风向标,会调整大学生的需求和供给,供求关系的变化会引起竞争程度的变化以及价格的变化,共同形成一个完整的作用机理系统,从而决定均衡数量和均衡价格,即最优的大学生雇佣量和符合市场行情的薪酬水平。比如,随着高校扩招,大学毕业生增加,如果大学生需求不变,就业竞争加剧,从而会出现就业困难或者就业收入下降的现象。也就是说,市场机制对于进入劳动力市场的每个大学生都发挥作用,只是在完全竞争市场的背景条件下,大学生素质是无差异的,因而,不同大学生的就业结果也是无差异的。

而完全竞争市场的条件较为严格,在现实中是不存在的。大学生就业市场的需求者和供给者不够多,大学生素质有差异,资源不完全流动,信息不充分,即大学生就业市场是一个不完全竞争市场,这会对市场机制的作用产生影响。比如,由于信息不充分,提高了大学生的求职成本以及用人单位的搜寻成本,可能的结果是,最优秀的大学生没找到好工作;由于我国经济发展不均衡,西部地区尽管人才供给较少,但由于经济不发达和就业需求不足,其就业压力并不轻。换句话说,市场机制在不完全竞争的市场环境中发挥作用,使不同的大学生的就业结果出现了较大的差异。我们关注的重点是,什么样的机制把不同的大学生分配到不同的工作岗位之上?这时,分析大学生就业机制的重点就转到了什么样的大学生拥有就业优势,从而更可能得到单位的认可而获得较好的就业结果。

二 人力资本、社会资本与大学生就业机制

必须从大学生存在的差异方面来寻找大学生的就业竞争优势。他们的学历相同，面临的宏观经济形势和劳动力市场环境也相同，不同的主要是他们拥有的人力资本和社会资本状况。

1. 人力资本机制

人力资本是大学生就业的一种重要驱动机制。人力资本理论已经证实，接受高等教育对于就业和获得较高收益的重要价值。对于本科毕业生来说，他们的学历相同，从粗线条来看，他们的人力资本存量是相同的。但仔细观察，会发现不同大学生的综合素质和工作技能不同。这种差异有三个来源。一是高校教育服务的差异，教学内容较少、质量较低的高校，会限制该校大学生的人力资本积累。二是大学生自身学习的状态及其结果的差异，不认真学习的大学生的人力资本存量较低。三是大学生就业意愿和就业行为的差异，期望太高或求职不积极的大学生，没能充分展示自身的人力资本存量的价值，或者说，他所展示出来的人力资本存量较低。在相同的四年大学学习中，学费和时间成本相同，而部分学生获得了较多的知识和技能，显然他们的人力资本投资的效率较高。也就是说，人力资本存量较高的大学生不仅拥有更多可能转化为现实生产力的知识和技能，还显示较高的学习能力，因而，拥有较强的就业竞争优势。

从用人单位也就是大学生就业市场的需求方来看，不论它是企业还是机关或者事业单位，不论它是生产销售型企业还是服务型企业，招聘大学生都是为了让大学生通过工作为单位创造更多的价值或利润；随着市场竞争加剧，员工作为单位的第一资源的地位日益凸显，用人单位都希望能够争夺到更多的优秀员工。而人力资本存量较高的大学生，可以更好地满足用人单位的这种需求，从而具备了使大学生潜在的就业优势转为现实的基础。

总之，如果大学生就业市场的供给方与需求方都符合"理性人"假定，人力资本可以成为大学生就业的一种重要驱动力量，促使人力资本存量较高的大学生找到质量较高的工作单位。或者说，人力资本机制的存在，会促进人力资本存量的大学生配置到较好的工作岗位。

2. 社会资本机制

社会性是人们区别于其他动物的重要区别,人们在日常生活和工作中或多或少要与别人发生联系。市场经济就是以交易为目的的经济形态,不与别人交往、不为别人创造价值,将无法获得自己生活所需要的各种资源。顾客忠诚度,也是基于认同和忠诚为核心所建立起来的一种关系,是市场营销的重要手段。也就是说,现代的生活与工作离不开社会关系,但当这种社会关系为当事人带来利益时,就转化为一种社会资本。大学生可以认真学习、积极参加集体活动、乐于助人等,以赢得同学和老师的好感,也可以通过学生干部工作、社会实习实践等与校外建立一定的联系,都可能带来一定的就业机会。更多的情况是,父母、亲朋等社会关系网络可能在提供就业信息、推荐就业等方面为大学生带来一些竞争优势。

从大学生就业市场的需求方来看,用人单位考虑大学生的社会资本也是合理的。第一,通过熟人介绍或推荐可以扩大招聘的范围,以挑选到更好的员工。第二,弥补信息不充分的市场局限,以便更全面地了解对方,实现优化配置。第三,在人力资本存量相等的条件下,优先考虑其社会资本,算是给"关系户"一个面子,以便以后得到对方的帮助。第四,作为一种交易,录用该大学生后,其社会资本可以为单位带来等值的或更大价值的收益。

这样,拥有更多的社会资本的大学生,可能更受用人单位的欢迎,即社会资本存量较高的大学生找到质量较高的工作单位的渠道是畅通的,就证明了社会资本机制的存在并发挥作用。

3. 大学生就业机制

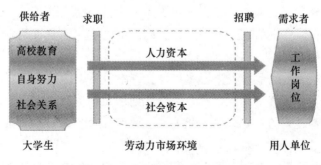

图 2—1 大学毕业生的就业机制

大学生就业机制，就是指不同的大学生如何被配置到不同工作岗位上的机理。在劳动力市场上，通过大学生的求职环节和用人单位的招聘环节，人力资本机制和社会资本机制是驱动大学生就业的两种重要力量。聚焦于大学生，其人力资本存量的大小与接受高等教育的效果有关，而社会资本存量主要受其家庭社会关系的影响。人力资本机制和社会资本机制对大学生就业发挥作用的大小还受到就业市场环境的影响。这些影响因素及其相互作用的机理，一同构成了大学生就业机制，如图2—1 所示。

第二节　人力资本、社会资本对大学生就业的影响：理论假设

本节主要在分析大学生就业机制的基础上，提出本书的理论分析框架和假设命题。

一　理论分析框架

本书研究主要围绕四个核心问题展开，也就构成了理论分析框架的四个部分。

第一个核心问题，人力资本和社会资本对大学生就业是否有正面影响？如果证明了人力资本和社会资本对大学生就业都有正面影响，说明人力资本和社会资本都是大学生就业的重要驱动机制。相反，如果没有证明，则说明了人力资本和社会资本没有成为大学生就业的重要机制。

第二个核心问题，人力资本对大学生就业的影响力度更大还是社会资本的影响力度更大？这是在证明了第一个核心问题的基础上的一个问题。如果人力资本机制的影响更大，则说明大学生就业机制以人力资本为主而以社会资本机制为辅，反之亦然。

第三个核心问题，人力资本和社会资本对大学生就业的影响的关系如何？既然人力资本和社会资本都是有助于大学生就业的因素，就需要考查这两者之间的关系。如果相关，还要考查它们是替代关系还是互补关系。如果是替代关系，表明只要拥有其中的一个就可以实现就业或获得更好的就业质量；如果是互补关系，则意味着只有同时拥有两个，才能实现就业或获得更好的就业质量。

第四个核心问题，人力资本和社会资本对大学生就业的影响是否具有稳定性？不同年份的检验结果可能不同。如果差异很大，表明这种回归分析的结论具有很大的偶然性；如果差异不大，则表明这种结论具有很强的稳定性、必然性和规律性。

二　假设命题

基于以上理论分析框架，本部分依次提出七个假设命题，并通过2008年、2010年和2012年北京十余所高校的大学生就业状况调查加以检验。

1. 假设命题 A

假设命题 A 从大学生就业数量层面入手，探讨人力资本、社会资本对大学生能否就业的影响。其具体内容分解为以下三个部分，即命题 A1、A2 和 A3。

（1）命题 A1：人力资本、社会资本对大学生能否就业都具有正面影响。

（2）命题 A2：人力资本对大学生能否就业的影响力大于社会资本的影响力。

命题 A2 是在检验命题 A1 的基础上，探讨人力资本、社会资本对大学生能否就业的影响力的大小关系。换句话说，在对大学生能否就业的影响中，人力资本机制还是社会资本机制起主导作用？根据本命题 A2，人力资本机制起主导作用，社会资本机制只发挥辅助作用。

（3）命题 A3：人力资本、社会资本对大学生能否就业的作用具有相关性。

正是人力资本和社会资本对大学生就业可能都有正面影响，我们需要探讨这两种作用的关系。正如都能满足人们的饥饿一样，当有些人吃了黄瓜就不需要再吃米饭，则黄瓜和米饭是替代关系，两者只要其一就可以满足人们的饥饿需求；而当有些人只有把黄瓜和米饭搭配在一起才能吃下去，否则无法下咽，则这两者就是互补关系。命题 A3 主要揭示人力资本和社会资本在对大学生能否就业的作用中到底是什么关系？无关还是相关？进一步，如果相关，它们是替代关系还是互补关系？因此，该命题通过两个子命题来体现。

子命题 A3—1：人力资本和社会资本对大学生能否就业的作用是替

代关系。

子命题 A3—2：人力资本和社会资本对大学生能否就业的作用是互补关系。

只要验证了子命题 A3—1 或者子命题 A3—2，就等于证明了命题 A3；相反，如果子命题 A3—1 和 A3—2 都无法被证明，则说明命题 A3 不成立。

通过对 A1、A2、A3 这三个命题的检验，我们可以发现人力资本和社会资本对大学生能否就业的全面的具体影响。

2. 假设命题 B

假设命题 B 也从大学生就业数量层面，探讨人力资本、社会资本对大学生的接收单位数量的影响。其具体内容分解为以下三个部分，即命题 B1、B2 和 B3。

（1）命题 B1：人力资本、社会资本对大学生的接收单位都具有正面影响。

（2）命题 B2：人力资本对大学生的接收单位的影响力大于社会资本的影响力。

命题 B2 在检验命题 B1 的基础上，探讨人力资本、社会资本对大学生接收单位的影响力的大小关系。也就是说，在对大学生接收单位的影响中，人力资本机制还是社会资本机制起主导作用？根据本命题 B2，人力资本机制起主导作用，社会资本机制只起辅助作用。

（3）命题 B3：人力资本、社会资本对大学生接收单位的作用具有相关性。

命题 B3 进一步探讨了人力资本和社会资本对大学生接收单位的作用的关系，无关还是相关？如果相关，它们是替代关系还是互补关系？因此，该命题通过两个子命题来体现。

子命题 B3—1：人力资本和社会资本对大学生接收单位的作用是替代关系。

子命题 B3—2：人力资本和社会资本对大学生接收单位的作用是互补关系。

只要验证了子命题 B3—1 或者子命题 B3—2，就等于证明了命题 B3；相反，如果子命题 B3—1 和 B3—2 都无法被证明，则说明命题 B3 不成立。

通过对 B1、B2、B3 这三个命题的检验，全面展现人力资本和社会资本对大学生接收单位的影响。

3. 假设命题 C

假设命题 C 从大学生就业质量层面入手，探讨人力资本、社会资本对大学生就业地区的影响，具体分解为以下三个部分，即命题 C1、C2 和 C3。

（1）命题 C1：人力资本、社会资本对大学生能否在北京就业都具有正面影响。

（2）命题 C2：人力资本对大学生能否在北京就业的影响力大于社会资本的影响力。

命题 C2 在检验命题 C1 的基础上，探讨人力资本、社会资本对大学生能否在北京地区就业的影响力的大小关系。根据本命题，人力资本机制起主导作用，社会资本机制起辅助作用。

（3）命题 C3：人力资本、社会资本对大学生能否在北京就业的作用具有相关性。

命题 C3 进一步探讨了人力资本和社会资本对大学生能否在北京地区就业的作用的关系，无关还是相关？如果相关，它们是替代关系还是互补关系？因此，该命题通过两个子命题来体现。

子命题 C3—1：人力资本和社会资本对大学生能否在北京地区就业的作用是替代关系。

子命题 C3—2：人力资本和社会资本对大学生能否在北京地区就业的作用是互补关系。

只要验证了子命题 C3—1 或者子命题 C3—2，就等于证明了命题 C3；相反，则否定了命题 C3。

通过对 C1、C2、C3 这三个命题的检验，我们可以从就业地区层面，全面展现人力资本和社会资本对大学生就业质量的影响。

4. 假设命题 D

假设命题 D 从大学生就业质量层面，探讨人力资本、社会资本对大学生能否在高工资行业就业的影响，具体分解为命题 D1、D2 和 D3。

（1）命题 D1：人力资本、社会资本对大学生能否在高工资行业就业都具有正面影响。

（2）命题 D2：人力资本对大学生能否在高工资行业就业的影响力

大于社会资本的影响力。

命题 D2 在检验命题 D1 的基础上，探讨人力资本、社会资本对于大学生能否在高工资行业就业的影响力的大小关系。本命题认为，人力资本机制起主导作用，社会资本机制起辅助作用。

（3）命题 D3：人力资本、社会资本对大学生能否在高工资行业就业的作用具有相关性。

命题 D3 进一步探讨了人力资本和社会资本对大学生能否在高工资行业就业的作用的关系，该命题通过两个子命题来体现。

子命题 D3—1：人力资本和社会资本对大学生能否在高工资行业就业的作用是替代关系。

子命题 D3—2：人力资本和社会资本对大学生能否在高工资行业就业的作用是互补关系。

只要验证了子命题 D3—1 或者子命题 D3—2，就等于证明了命题 D3。

通过对这三个命题的检验，从就业行业层面展现人力资本和社会资本对大学生就业质量的影响。

5. 假设命题 E

假设命题 E 从大学生就业质量层面，探讨人力资本、社会资本对大学生能否在体制内单位就业的影响，分为命题 E1、E2 和 E3。

（1）命题 E1：人力资本、社会资本对大学生能否在体制内单位就业都具有正面影响。

（2）命题 E2：人力资本对大学生能否在体制内单位就业的影响力大于社会资本的影响力。

命题 E2 探讨人力资本、社会资本对于大学生能否在体制内单位就业的影响力的大小关系。本命题假定，人力资本机制起主导作用，社会资本机制起辅助作用。

（3）命题 E3：人力资本、社会资本对大学生能否在体制内单位就业的作用具有相关性。

命题 E3 探讨了人力资本和社会资本对大学生能否在体制内单位就业的作用的关系，该命题通过两个子命题来体现。

子命题 E3—1：人力资本和社会资本对大学生能否在体制内单位就业的作用是替代关系。

子命题 E3—2：人力资本和社会资本对大学生能否在体制内单位就业的作用是互补关系。

只要验证了子命题 E3—1 或者子命题 E3—2，就等于证明了命题 E3。

通过对这三个命题的检验，可以展现人力资本和社会资本对大学生就业单位性质的影响。

6. 假设命题 F

假设命题 F 从大学生就业质量层面，探讨人力资本、社会资本对大学生能否在高月薪单位就业的影响，具体分为命题 F1、F2 和 F3。

（1）命题 F1：人力资本、社会资本对大学生能否在高月薪单位就业都具有正面影响。

（2）命题 F2：人力资本对大学生能否在高月薪单位就业的影响力大于社会资本的影响力。

命题 F2 探讨人力资本、社会资本对于大学生能否在高月薪单位就业的影响力的大小关系。本命题假定，人力资本机制起主导作用，社会资本机制起辅助作用。

（3）命题 F3：人力资本、社会资本对大学生能否在高月薪单位就业的作用具有相关性。

命题 F3 通过两个子命题来体现。

子命题 F3—1：人力资本和社会资本对大学生能否在高月薪单位就业的作用是替代关系。

子命题 F3—2：人力资本和社会资本对大学生能否在高月薪单位就业的作用是互补关系。

只要验证了子命题 F3—1 或者子命题 F3—2，就等于证明了命题 F3。

通过对这三个命题的检验，可以展现人力资本和社会资本对大学生承诺月薪的影响。

7. 假设命题 G

假设命题 G 从动态的角度，探讨人力资本、社会资本对大学生就业的总体影响的稳定性，具体分为命题 G1、G2 和 G3。

（1）命题 G1：人力资本、社会资本对大学生就业的具体影响具有稳定性。

根据 2008 年、2010 年、2012 年三次检验结果的动态变化，探讨人力资本、社会资本对大学生就业的具体影响力的大小的变化。本命题认为，人力资本和社会资本对大学生就业的具体影响的变化幅度不大。

由于大学生就业结果分为六个方面，命题 G1 可以分解为六个子命题，即 G1—1 至 G1—6。

子命题 G1—1：人力资本、社会资本对大学生能否就业的具体影响具有稳定性。

本子命题又分解为两个二级子命题 G1—1—1 和子命题 G1—1—2。

子命题 G1—1—1：人力资本对大学生能否就业的具体影响具有稳定性。

子命题 G1—1—2：社会资本对大学生能否就业的具体影响具有稳定性。

如果能证明了这两个二级子命题 G1—1—1 和 G1—1—2，也就证明了子命题 G1—1。以下同理。

子命题 G1—2：人力资本、社会资本对大学生接收单位的具体影响具有稳定性。

子命题 G1—2—1：人力资本对大学生接收单位的具体影响具有稳定性。

子命题 G1—2—2：社会资本对大学生接收单位的具体影响具有稳定性。

子命题 G1—3：人力资本、社会资本对大学生就业地区的具体影响具有稳定性。

子命题 G1—3—1：人力资本对大学生就业地区的具体影响具有稳定性。

子命题 G1—3—2：社会资本对大学生就业地区的具体影响具有稳定性。

子命题 G1—4：人力资本、社会资本对大学生就业行业的具体影响具有稳定性。

子命题 G1—4—1：人力资本对大学生就业行业的具体影响具有稳定性。

子命题 G1—4—2：社会资本对大学生就业行业的具体影响具有稳定性。

子命题 G1—5：人力资本、社会资本对大学生就业性质的具体影响具有稳定性。

子命题 G1—5—1：人力资本对大学生就业性质的具体影响具有稳定性。

子命题 G1—5—2：社会资本对大学生就业性质的具体影响具有稳定性。

子命题 G1—6：人力资本、社会资本对大学生承诺月薪的具体影响具有稳定性。

子命题 G1—6—1：人力资本对大学生承诺月薪的具体影响具有稳定性。

子命题 G1—6—2：社会资本对大学生承诺月薪的具体影响具有稳定性。

如果从总体上证明以上六个子命题，也就证明了命题 G1，即人力资本、社会资本对大学生就业的具体影响具有稳定性。

（2）命题 G2：人力资本、社会资本对大学生就业的总体影响具有稳定性。

命题 G2 根据这三次检验结果的动态变化，探讨人力资本、社会资本对大学生就业的总体影响力的大小的变化。本命题假定，人力资本和社会资本的总体影响的变化幅度不大。

同理，大学生就业结果分为六个层面，本命题分解为六个子命题。

子命题 G2—1：人力资本、社会资本对大学生能否就业的总体影响具有稳定性。

子命题 G2—2：人力资本、社会资本对大学生接收单位的总体影响具有稳定性。

子命题 G2—3：人力资本、社会资本对大学生就业地区的总体影响具有稳定性。

子命题 G2—4：人力资本、社会资本对大学生就业行业的总体影响具有稳定性。

子命题 G2—5：人力资本、社会资本对大学生就业性质的总体影响具有稳定性。

子命题 G2—6：人力资本、社会资本对大学生承诺月薪的总体影响具有稳定性。

当从总体上证明了这六个子命题，也就证明了命题 G2。

（3）命题 G3：人力资本、社会资本对大学生就业的总体作用的相关性具有稳定性。

命题 G3 根据三次检验结果的动态变化，探讨人力资本、社会资本对大学生就业的总体作用的关系的变化。该命题也相应地分解为六个子命题。

子命题 G3—1：人力资本、社会资本对大学生能否就业的总体作用的相关性具有稳定性。

子命题 G3—2：人力资本、社会资本对大学生接收单位的总体作用的相关性具有稳定性。

子命题 G3—3：人力资本、社会资本对大学生就业地区的总体作用的相关性具有稳定性。

子命题 G3—4：人力资本、社会资本对大学生就业行业的总体作用的相关性具有稳定性。

子命题 G3—5：人力资本、社会资本对大学生就业性质的总体作用的相关性具有稳定性。

子命题 G3—6：人力资本、社会资本对大学生承诺月薪的总体作用的相关性具有稳定性。

当从总体上证明了以上子命题，就证实了命题 G3。

最终，通过对命题 G1、G2、G3 的检验，我们可以从动态变化的角度，全面展现人力资本和社会资本对大学生就业的影响的变化程度。

第三节　指标体系的构建

指标体系是理论分析的重要组成部分，也是进行定性分析和定量分析的基本前提。

一　人力资本的指标体系

人力资本和社会资本都作为自变量出现，它们都是抽象的概念。出于建立模型的需要，要构建一个完整的指标体系和具体的标准体系，将这两个指标量化。本节主要是构建人力资本、社会资本和就业结果的指标体系，量化标准的问题将在第三章展开论述。

舒尔茨创立的人力资本理论认为，人力资本是凝结在人身上体现为知识和技能等形式的资本。大学生接受高等教育的目的，是积累更多的人力资本并获得相应的投资收益。对于大学生来说，人力资本由人力资本存量和人力资本价值的实现两部分构成，前者主要通过大学生的综合素质来体现，后者主要由就业意愿和就业行为来体现。

1. 综合素质

综合素质反映了大学生学习的努力程度以及接受高等教育的成果是人力资本存量的核心体现。我们采用九个指标加以量化。

第一个指标是政治面貌。它反映了大学生的思想进步状态。中国共产党是无产阶级的先锋队组织，代表先进的生产力和社会发展方向。加入中国共产党成为大学生思想进步的重要体现。

第二个指标是成绩名次。它反映该生学习成绩的相对位置，名次越靠前，说明该生获得了更多的知识和技能，就业竞争优势更强。

第三个指标是英语等级水平。通过国家级考试的等级越高，说明了他的英语水平越高。

第四个指标是计算机等级水平。通过国家级考试的等级越高，反映了他的计算机水平越高。英语等级代表着该生在国际经济背景下的语言表达能力，计算机等级代表在信息时代的基本办公能力，这是现代劳动者都要具备的基本能力。这两个指标反映了通识性知识和贝克尔所谓的一般人力资本（General Human Capital）的多少。

第五个指标是其他证书。[1] 它是指除了英语国家四、六级和计算机国家二、三级之外的证书，往往包含着特定的专业技能和专有性人力资本（Special Human Capital），可能会更好地满足某些用人单位的具体需求。

第六个指标是发表论文。它反映了大学生的思考问题、分析问题、解决问题、书面表达和创新等能力，曾公开发表学术论文，说明该生在这方面的能力较强。

第七个指标是学生干部。它反映了大学生的组织协调能力和管理

---

[1] 其他证书是指除了英语国家四、六级和计算机国家二级、三级之外的其他证书。例如，证券从业资格证、会计从业资格证、造价员证、秘书证、人力资源管理师、全国信息化工程师、汽车维修证、普通话等级证、驾照、篮球裁判、国家运动员、优秀团员、优秀学生干部、优秀志愿者等。

能力。

第八个指标是实习经历。它反映了大学生的社会实践情况以及动手能力和创新精神等。

第九个指标是奖学金。它反映了某学生是否得到学校的认可和奖励，这种奖励既可能源于学习等某一方面的突出表现，也可能源于其综合能力的总体评价。

2. 就业意愿

就业意愿是大学生在找工作之前，基于就业形势和自身情况的基本判断而对未来工作职位的设想，这种设想与现实的匹配程度会影响到大学生能否实现就业以及具体的就业质量。

一般而言，就业意愿越高，实现就业的难度也越大。[①] 我们通过以下五个指标来反映。

第一个指标是就业地区预期。我国经济发展很不平衡，不同地区的经济发展和社会发展状况不同，东部沿海地区,[②] 尤其是北京、上海和广东，即"北上广"地区，经济发达，社会保障相对健全，商业文化和生活设施成熟，发展机会较多，发展空间较大。就业地区预期通过"你最希望的就业地区是什么?"来体现。显然，北京的就业环境较好、竞争也更激烈，选择北京的就业意愿较高、实现就业的难度也较大，而期望为其他地区则就业地区期望较低，一般更容易实现就业。

第二个指标是城乡预期。我国二元经济结构突出，城乡之间的差异很大，城乡预期通过"你是否愿意去农村就业?"来体现。"愿意去农村"表明其城乡预期较低，扩大了职业搜寻的范围，应该更容易就业。

第三个指标是就业行业预期。不同行业的工资差异较大，面临的市场压力和未来的发展潜力也不同。我们可以根据不同的标准划分为不同的行业类别。岳昌君、丁小浩曾基于国家统计局"中国城市住户调查"，使用"垄断程度"来描述就业行业的差异,[③] 这种做法非常可

---

① Mortensen D. , "Job Search and Labor Market Analysis, in A shenfelter and Layard (eds)", *Handbook of Labor Economics*, Amsterdam: North—Holland, 1986, pp. 849—920.

② 东部地区包括北京、福建、广东、海南、河北、江苏、辽宁、山东、上海、天津、浙江11个省市。

③ 岳昌君、丁小浩:《影响高校毕业生就业的因素分析》,《国家教育行政学院学报》2004年第2期,第80—86页。

取;但随着改革开放的不断深入,不同行业的垄断程度发生了较大的变化,比如,房地产行业、科学研究和综合技术服务业不再属于"完全垄断"的范畴。也可以根据行业的整体技术水平,分为传统行业和高科技行业,但有些行业将很难归类。为了简化,我们以"平均工资"作为统一标准进行行业划分。根据《中国统计年鉴》中"各地区按行业分城镇单位就业人员平均工资"的高低,以年均收入 35000 元为界,把大学生所进入的 16 个行业划分为高工资行业和低工资行业。[①] 而就业行业预期通过"你最希望的就业行业是什么?"来体现,并将其选择对应于高工资行业或者低工资行业。就业行业预期较高,可能更难以实现就业。

第四个指标是就业单位性质预期。不同性质的单位不仅有工资差异,还存在户口、社会保障方面的差异,表现为求职门槛、社会保障、子女入学等非货币性的待遇差别。可以将大学生的就业单位性质分为体制内单位和体制外单位两种类型。[②] 前者主要是机关、事业单位和国有企业,一般能解决户口,并能提供"三险一金"或"五险一金";[③] 后者主要是个体企业、私营企业和外资企业,一般不能解决户口和社会保障问题。就业单位性质预期通过"你最希望的就业单位性质是什么?"来体现。显然,体制内单位的稳定性强,被裁员的风险较小,因而,竞争更加激烈,实现就业的难度也较大。

第五个指标是期望薪酬。薪酬水平直接决定大学生的工作收入,进而影响生活质量。期望月薪通过"你希望的每个月的工资薪酬是多少?"来体现。显然,期望月薪越高,一般越难以就业。

3. 就业行为

就业行为体现了大学生在求职过程中的实际行动和努力状态。一般

① 根据《中国统计年鉴 2011》中的"各地区按行业分城镇单位就业人员平均工资",将 2008—2010 年数据取平均值再排序,依次是金融保险业,科学研究和综合技术服务业,交通运输、仓储和邮电通信业,电力、煤气及水的生产和供应业,采掘业,地质勘查业,水利管理业,卫生体育和社会福利业,教育文化和广播电影和电视业,国家机关、党政机关和社会团体,房地产业,社会服务业,制造业,批发零售贸易和餐饮业,建筑业,农林牧渔业。以年均收入 35000 元为界,"国家机关、党政机关和社会团体"及以前的为高工资行业,房地产业及以后的为低工资行业。由于现在的《中国统计年鉴》的行业分类过细,有所归类调整。

② 赖德胜:《论劳动力市场的制度性分割》,《经济科学》1996 年第 6 期,第 19—23 页。

③ "三险"是指医疗保险、失业保险、养老保险,"五险"是在此基础上再加上工伤保险和生育保险,"一金"是指住房公积金。这些为员工提供了基本的社会保障。

来说，就业行为越积极，便更充分地展示自身的人力资本的价值，也就越可能找到工作。[①] 就业行为由五个指标构成。

第一个指标是收集就业信息。收集职位信息是求职者寻找工作的基本前提，收集就业信息的时间，体现了大学生寻找工作的努力程度，会影响就业结果。

第二个指标是投递简历数量。简历一般是求职者给用人单位留下第一印象的载体，直接影响到求职者能否进入招聘流程的下一个环节，要认真对待。制作求职简历是重要的方面，而投递简历的数量在更大程度上体现了大学生找工作的用心程度和搜寻范围的大小。

第三个指标是主动联系次数。主动联系用人单位，表达了他希望进入该单位工作的诚意，也可以避免由于工作失误而被遗漏的情况，可能会提高求职的成功率。

第四个指标是参加面试次数。参加面试单位的数量既反映了前期寻找工作的效果，也体现了为参加面试所做准备工作量的大小。面试单位越少，意味着可供他选择的就业机会越少，实现就业的难度也就越大。

第五个指标是求职费用数量。收集岗位信息、制作求职简历、购买相关的书籍和服装、购买招聘会的门票、交通、住宿等都需要一定的费用支出，便构成了求职费用。求职费用并不直接算作求职行为，但求职费用的多少反映出求职行为的状态，而且会影响职业搜寻的范围以及最终的就业结果。

二　社会资本的指标体系

由于社会关系能给人们带来收益，因而被称为社会资本。本书所指的社会资本主要通过大学生的家庭拥有的社会关系网络，以及运用的社会关系资源两部分来体现，前者包括生源地的地区分布、生源地的城乡分布、父母职业状况、家庭收入水平等社会背景，后者主要是指在寻找工作的过程中是否"找过关系、走过后门"。社会资本采用六个指标加以量化。

---

① 黄敬宝：《就业能力与大学生就业——人力资本理论的视角》，经济管理出版社 2008 年版，第 48 页。

第一个指标是地区生源。我国不同地区的经济发展很不平衡，生产的社会化程度也存在着很大的差异，东部沿海地区，尤其"北上广"地区的经济水平较高，人们的社会联系也较广泛，而广大中西部地区的经济发展水平较低，人们相对封闭。生源地一般是大学生父母长期生活和工作的地方，形成了较强的人际关系网络，而且可能延伸到附近地区；同时，很多单位招聘时又要求本地生源。[①] 对于北京生源的毕业生来说，他们一般更愿意选择在沿海地区，尤其是北京地区就业，因而，北京生源的大学生一般拥有更多的社会资本，也就更容易实现就业。

第二个指标是城乡生源。我国二元经济结构问题突出，城市的生产力水平和专业化程度较高，生产关系较开放，城市居民的经济地位和社会地位也较高，社会关系网络更广泛；而农村的发展水平较低，农村居民较为封闭，故来自农村的大学生的社会资本一般较少。

第三个指标是父母职业。父母是大学生最亲密的人，构成了社会关系圈层的最核心层，父母职业反映了他们的社会地位和拥有的社会资源。父母职业越好、层次越高，如国家机关或事业单位的负责人以及国有企业负责人，越可能拥有更多的权力和更广泛的社会关系网络，其子女就可能获得较好的就业结果。[②]

第四个指标是人均家庭收入。人均家庭收入反映该大学生家庭的富裕程度，高收入家庭占有更多的社会财富，更有实力打通各种社会关系，为大学生就业创造更好的条件。

第五个指标是运用社会关系。以上四个指标是从侧面反映了他们拥有的社会资本的状况；在寻找工作的过程中，是否找过他人帮助，则更直接地反映了大学生在找工作中利用社会资本的状况。

第六个指标是性别。性别是先天的，但由于存在性别歧视这个突出的社会现象，也会影响就业结果和人力资本投资收益。作为一个特例，也归入社会资本的研究范畴。

---

① 黄敬宝：《人力资本和社会资本：大学生就业地区分布的双重驱动》，《青年研究》2008 年第 10 期，第 12—18 页。

② 陈海平：《人力资本、社会资本与高校毕业生就业》，《青年研究》2005 年第 11 期，第 8—15 页。

三 就业结果的指标体系

作为因变量，还要界定一下大学毕业生的就业结果的指标体系。我们从就业数量和就业质量两个方面展开阐述。就业数量是针对所有准备就业的大学生而言的，主要通过以下两个指标来体现。

1. 就业数量层面

第一个指标是能否就业。能否就业或者是否就业，是描述该大学生最终有没有找到工作的状态。它成为大学生就业数量的第一层次。对于准备就业而又积极寻找工作的大学生来说，如果签订了"三方协议"或"劳动合同或临时合同"，① 就算实现就业了；否则，包括"尚未有接收单位"或者"有接收单位而没有签订合同还在寻找更好的"两种情况，都纳入"没能实现就业"的范畴。

第二个指标是接收单位数量。接收单位是指"同意录用某大学生的单位"，如果该大学生同意接受，即结束搜寻过程而实现了就业。接收单位的数量是指同意录用该大学生的用人单位数量。显然，某大学生的接收单位越多，表明他找工作的效果越好，在就业市场上也拥有更大的主动权和选择权。

2. 就业质量层面

就业质量是专门针对已经实现就业的大学生而言的。对于已经找到工作的大学毕业生来说，他们仅仅签订了就业协议或劳动合同，并没有真正进入工作岗位，其就业质量主要体现为单位承诺的工资收入和宏观的就业环境两个方面，具体通过以下四个指标来体现。

第一个指标是就业地区。我们将大学生的所有就业地区粗略地分为北京地区和非北京地区。显然，北京地区的就业环境较好，就业质量也较高。

第二个指标是就业行业。不同行业的工作待遇、盈利能力和发展前景不同。如前所述，我们根据《中国统计年鉴》中"各地区按行业分城镇单位就业人员平均工资"的高低，以年均收入 35000 元为界，把大

---

① 三方协议是《全国普通高等学校毕业生就业协议书》的简称，由教育部统一印制，明确毕业生、用人单位、学校三方在毕业生就业工作中的权利和义务的书面表现形式，能解决应届毕业生户籍、档案、保险、公积金等相关问题。如民营企业、个体企业等无独立的人事权，无法解决毕业生的户口、社会保障等问题，只能签订劳动合同或临时合同。

学生所进入的 16 个行业划分为高工资行业和低工资行业。高工资行业的整体工资水平较高，既可能来自垄断，也可能来自先进的技术水平，它反映了整个行业的经济实力和发展前景。显然，进入高工资行业，意味着他的就业质量较高。

第三个指标是就业性质。单位性质更多地反映了该就业单位的稳定性。进入体制内单位而非体制外单位，说明其工作岗位的稳定性较好，就业质量较高。

第四个指标是承诺月薪。承诺月薪是指在签订三方协议或劳动合同时，用人单位承诺给该大学生的每个月的工资待遇。我们以 4000 元为界，把所有大学生的承诺月薪分为高承诺月薪和低承诺月薪，简称高月薪和低月薪。如果说高工资行业描述的是大学生求职单位所处的宏观环境，承诺月薪则体现了具体用人单位的盈利能力和薪酬管理策略，是微观经济主体的一种行为，直接会影响求职者未来的收入水平和生活质量。显然，找到了高月薪单位，表明他的就业质量较高。

第三章　人力资本、社会资本与大学生就业：2008 年数据检验

第二章提出了七大命题假设。至于这些假设是否正确，还需要通过现实来验证。本章主要运用 2008 年的调查数据进行检验。数据来源于2008 年 6 月中国青年政治学院"北京大学生就业研究课题组"对北京12 所高校应届大学毕业生就业状况展开的抽样调查。回收问卷 1844份，其中有效问卷 1749 份。

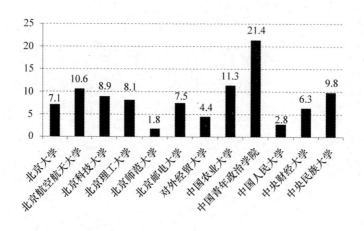

图 3—1　2008 年调查的高校分布（%）

从高校类型来看，包括综合类、理工类、农林类、财经类、政法类、民族类共 12 所高校，如图 3—1 所示，北京大学、中国人民大学、北京师范大学分别占 7.1%、2.8%、1.8%，北京理工大学、北京科技大学、北京邮电大学和北京航空航天大学分别占 8.1%、8.9%、7.5% 和 10.6%，

中国农业大学占11.3%，对外经贸大学和中央财经大学占4.4%、6.3%，中国青年政治学院占21.4%，中央民族大学占9.8%。

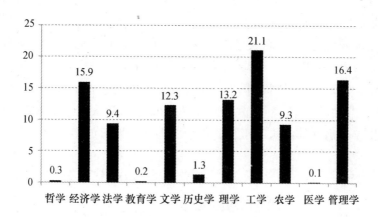

图3—2　2008年调查的学科分布（%）

从学科门类来看，如图 3—2 所示，哲学占 0.3%，经济学占15.9%，法学占 9.4%，教育学占 0.2%，文学占 12.3%，历史学占1.3%，理学占 13.2%，工学占 21.1%，农学占 9.3%，医学占 0.1%，管理学占16.4%，共11个学科门类。

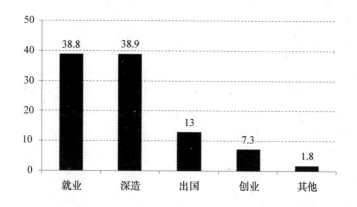

图3—3　2008年调查的毕业去向（%）

他们来自我国 31 个省市自治区和香港地区，其中，北京生源最多，占 12.1%，其次是河北，占 4.5%，其他省份比较分散。农村、城镇和城市分别占 27.2%、36.8% 和 31%，男生和女生分别占 52.6% 和 45.8%。①②

在被调研的 1749 名大学毕业生中，对于毕业后的打算，如图 3—3 所示，678 人选择了"就业"，占 38.8%，680 人选择了"深造"，占 38.9%，227 人选择"出国"，占 13%，127 人选择"自主创业"，占 7.3%，其他项包括飞行员、从军、不知道，37 人，占 1.8%。可见，大学生毕业后并非都去找工作，就业去向呈现明显的多样化态势。

第一节　人力资本、社会资本与 2008 年北京大学生能否就业的回归分析

准备就业又积极寻找工作的 761 人，成为第一节研究的样本量。在这 761 名应届毕业生中，无接收单位的有 160 名，占 21%；有单位尚未签协议或合同的有 115 名，占 15.1%；已签三方协议的有 350 名，占 46%；已签劳动合同或临时合同的有 136 名，占 17.9%。

一　人力资本、社会资本对 2008 年大学生能否就业的具体影响

本部分采用 Logistic 回归模型进行分析，"是否就业"作为因变量，人力资本和社会资本的具体指标作为自变量。

1. 变量量化

（1）人力资本指标的赋值。人力资本包括综合素质、就业意愿和就业行为三个方面，前者体现了大学生在高校积累的人力资本存量，后两者体现了大学生为了实现人力资本价值而付出的努力及其工作量。

①综合素质。综合素质通过以下八个指标加以量化。第一个指标是政治面貌，将中共党员赋值为 1，其他情况赋值为 0。第二个指标是成绩名次，将成绩排名处于后 30% 的大学生作为基准变量，赋值为 0，分

---

① 空缺项是指被调研者没有填写的情况，由于空缺项的比例没计入，各项比例之和可能不足 100%。下同。

② 黄敬宝：《2008—2010 年北京大学生就业与创业调查报告》，中国社会科学出版社 2012 年版，第 39—61 页。

别将处于最前 30% 的优秀大学生和 31%—70% 的中等大学生，作为两个虚拟变量。第三个指标是英语，将没通过英语国家四级作为基准变量，将通过四级和通过六级作为两个虚拟变量。第四个指标是计算机，将没通过国家二级作为基准变量，将通过二级和通过三级作为两个虚拟变量。第五个指标是其他证书，① 拥有其他证书的赋值为 1，没有的赋值为 0。第六个指标是学生干部，包括曾经做班干部、院系和学校干部、社团干部等，是赋值为 1，否则为 0。第七个指标是实习经历，有两个月以上的实习经历赋值为 1，否则为 0。第八个指标是奖学金，有为 1，无为 0。

②就业意愿。就业意愿通过以下五个指标来反映。第一个指标是就业地区预期。将最希望的就业地区为北京，作为基准变量，赋值为 0，而将最希望在其他沿海地区就业，以及最希望在中西部地区就业分别作为两个虚拟变量。第二个指标是城乡预期。愿意去农村就业的赋值为 1，不愿意去的为 0。第三个指标是就业行业预期。我们将大学生的就业行业分为低工资行业和高工资行业两类，而把大学生就业行业期望分为期望低工资行业和期望高工资行业，并分别赋值为 1 和 0。第四个指标是单位性质预期。将期望为体制外单位和体制内单位分别赋值为 1 和 0。第五个指标是期望月薪，我们将月薪期望分为 4000 元以下和 4000元以上两种情况，并分别赋值为 1 和 0。

③就业行为。就业行为由以下三个指标来体现。第一个指标是投递简历的数量。将投 19 份及其以下作为基准变量，将 20—49 份和 50 份以上作为两个虚拟变量。第二个指标是参加面试次数。将面试五次及其以下作为基准变量，将 6—9 次和 10 次以上作为两个虚拟变量。第三个指标是求职费用数量。将 999 元及其以下作为基准变量，将 1000—2999 元和 3000 元以上作为两个虚拟变量。

（2）社会资本指标的赋值。社会资本用四个指标加以量化。第一个

① 2008 年的其他证书包括英语口语，剑桥商务英语（BEC），托福英语考试（TOEFL），美国研究生入学考试（GRE），国际交流英语考试（TOEIC），国外工商管理硕士入学考试（GMAT），日语、俄语、法语、普通话等级；证券从业资格证，期货从业资格证，会计从业资格证，注册会计师，保险代理人，人力资源管理师，秘书证，调查分析师，公务员资格证；软件设计师，思科认证网络工程师（CCNA），种子加工员，急救证；排球裁判，足球裁判，手风琴等级；优秀志愿者；驾驶证等。

指标是地区生源。我们把地区生源为中西部地区的作为基准变量，赋值为0，而将北京生源和其他沿海地区生源作为两个虚拟变量。第二个指标是城乡生源。分别将来自城镇和农村的赋值为1和0。第三个指标是人均家庭收入。将人均家庭月收入在2999元及其以下的作为基准变量，而将3000—4999元和5000元以上看作中等收入家庭和高收入家庭，分别作为两个虚拟变量。第四个指标是性别。将男生和女生赋值为1和0。

作为因变量，将实现就业的情况赋值为1，未实现就业的赋值为0。由于因变量"是否就业"是一个二分变量，就构建了一个双变量逻辑回归模型（Binary Logistic Regression Model），方程式如式（1）。

$$\text{Logit}\ (p)\ = B_0 + B_1 x_1 + B_2 x_2 + B_3 x_3 + \cdots\cdots B_n X_n \qquad 式（1）$$

把数据录入SPSS17.0，回归结果如表3—1所示。

2. 计量结果

（1）人力资本指标的影响。

根据非标准化回归系数 B 和发生比率 EXP（B），可以看出各指标对于大学生能否实现就业的影响及其程度。[①] B 为 -0.055，表明政治面貌对大学生就业的影响是负面的；[②] 根据 EXP（B），与非党员大学生相比，具有党员身份的大学生实现就业的概率是 0.947 倍；p 值为 0.865，表明这种影响不显著，即这种结论的代表性不强。以学习成绩较差的大学生为基准，成绩中等的大学生的 B 值为 0.293，他们实现就业的概率为 1.341 倍，有一定的正面影响，不显著；成绩优秀的大学生的 B 值为 0.966，他们实现就业的概率为 2.628 倍，在 $p < 0.05$ 的情况下显著，说明学习成绩优秀对大学生能否就业有很强的正面影响。与没通过英语国家四级的大学生相比，通过四级和通过六级的大学生实现就业的概率分别是 3.168 倍和 3.078 倍，即英语等级证书将有助于实现就业，影响很强，都在 $p < 0.1$ 的情况下显著；但通过四级比通过六级的

---

① 考虑自变量单位不同，比较各变量的相对作用，应看自变量的非标准化回归系数，也称为偏回归系数 B 值。当 $B > 0$ 时，自变量对因变量的影响是正向的，数值越大，变量的影响就越大，这种影响也可以通过发生比率 EXP（B）反映出来。参见郭志刚《社会统计分析方法——SPSS软件应用》，中国人民大学出版社1999年版，第177—214页。

② 从 B 值或 EXP（B）的大小都可以看出各因素的影响程度大小，因为这两者是正相关的。比如，$B < 0$，则 EXP（B）< 1，都表明了影响为负。为了描述的方便，我们对各因素的影响程度做出界定。当 EXP（B）< 1，没有正面影响；$1 \leq$ EXP（B）< 1.25，有微弱的正面影响；$1.25 \leq$ EXP（B）< 1.5，有一定的正面影响；$1.5 \leq$ EXP（B）< 1.75，有较强的正面影响；EXP（B）≥ 1.75，有很强的正面影响。

影响力度更大，表明通过英语四级之后再通过六级的意义相对较小。与没通过计算机国家二级的大学生相比，通过二级的大学生实现就业的概率为1.207倍，表明计算机对大学生能否就业有微弱的正面意义，但不显著；通过三级的大学生实现就业概率为1.045倍，有微弱的正面意义，不显著；而且，通过计算机二级与三级的作用的关系，与英语的情况相似。其他证书的影响是负面的，也不显著。仔细分析大学生拥有的其他证书情况，英语类占22%，日、法、俄语占6.6%，普通话占14.3%，计算机类占5.5%，加起来总共占48.4%，而其功能已经被英语等级和计算机等级所包含；而证券从业证、会计证、秘书证和人力资源管理师等专业资格证书的比重很小，未超过8%；急救证、裁判、手风琴等的适用面较窄，因而其他证书总体上没显示出积极作用。与非学生干部相比，学生干部实现就业的概率为1.422倍，有一定的正面影响，也不显著。实习经历具有很强的正面影响，有实习经历的大学生的就业概率是没有实习经历的大学生的1.905倍，很显著。奖学金没有积极作用，但不显著，这可能与有些高校的奖学金评定不规范有关。[①]　综上所述，学习成绩、英语等级、计算机等级、学生干部、实习经历都有积极影响，根据EXP（B）力度最强的三大指标分别是英语四级、英语六级和成绩优秀，但政治面貌、其他证书和奖学金没有正面作用。综合来看，综合素质有明显的正面影响。[②]

表3—1　　人力资本、社会资本对2008年大学生能否就业的影响

自变量	偏回归系数 B	发生比率 EXP（B）
综合素质变量		
中共党员	−0.055（0.323）	0.947
成绩中等	0.293（0.447）	1.341
成绩优秀	0.966**（0.487）	2.628

---

　　① 根据访谈，有些高校的奖学金评定缺乏标准，完全由学生干部做主，这样，奖学金的获得者可能不是最优秀的学生。

　　② 在第二部分的"具体影响"阐述中，重点是分析各种人力资本指标和社会资本指标的具体影响；而探讨"综合素质"、"就业意愿"、"就业行为"、"社会资本"的综合影响，主要是基于具有正面影响的指标个数及其影响程度的大小，以及显著性水平所做出的模糊判断。人力资本和社会资本的总体影响，将在第三部分做出精确分析。下同。

续表

自变量	偏回归系数 B	发生比率 EXP（B）
英语四级	1.153 * （0.629）	3.168
英语六级	1.124 * （0.629）	3.078
计算机二级	0.188（0.304）	1.207
计算机三级	0.044（0.607）	1.045
其他证书	−0.367（0.501）	0.693
学生干部	0.352（0.312）	1.422
实习经历	0.644 * * （0.319）	1.905
奖学金	−0.311（0.342）	0.733
就业意愿变量		
期望其他沿海地区	0.326（0.343）	1.385
期望中西部地区	0.909 # （0.568）	2.483
愿意去农村	−0.452 # （0.310）	0.636
期望低工资行业	−0.357（0.319）	0.700
期望体制外单位	0.000（0.285）	1.000
期望四千元以下	−0.678 * * （0.329）	0.508
就业行为变量		
投递简历 20—49 份	0.727 * （0.372）	2.069
投递简历 50 份以上	0.096（0.446）	1.101
参加面试 6—9 次	0.985 * * （0.430）	2.677
参加面试 10 次以上	1.109 * （0.583）	3.031
费用 1000—2999 元	0.420（0.379）	1.521
费用 3000 元以上	0.067（0.645）	1.069
社会资本变量		
北京生源	0.160（0.442）	1.173
其他沿海生源	−0.162（0.319）	0.850
城镇生源	0.269（0.302）	1.308
人均收入 3000—4999 元	0.550 * （0.395）	1.734
人均收入 5000 元以上	0.314（0.509）	1.369
男生	0.314（0.291）	1.368
常量	−1.823 * * （0.824）	0.162
−2 对数似然值	358.371	
Nagelkerke R 方	0.243	
N	761	

说明：括号内为标准误差 S. E,$^{\#}p < 0.2$，$^{*}p < 0.1$，$^{**}p < 0.05$，$^{***}p < 0.01$。

与期望在北京地区就业相比，最希望在其他沿海地区就业的 B 值为 0.326，他们实现就业的概率为 1.385 倍，具有一定的正面影响，不显著；最希望在西部地区的 B 值为 0.909，实现就业的概率为 2.483 倍，影响很强，在 $p<0.2$ 的情况下显著，[①] 表明降低就业地区期望，对提高大学生的就业概率具有一定或很强的影响。愿意去农村的期望无助于提高就业的成功率，即降低城乡期望没有太大意义。与期望为高工资行业相比，期望在低工资行业就业，其实现就业的概率并不高，也不显著。期望在体制内单位和体制外单位就业的实际就业概率相同，表明就业单位性质期望没有影响，但不显著。与期望月薪为 4000 元以上相比，期望月薪在 4000 元以下的影响为负，而且这种影响是显著的，表明不存在大学生总体性期望月薪偏高问题。可见，大学生的就业意愿对能否就业的正面影响，主要体现在就业地区期望方面；但综合影响的方向不确定。

与投求职简历 19 份以下的情况相比，投 20—49 份的大学生实现就业的发生比率为 2.069 倍，影响很强，在 $p<0.1$ 的情况下显著；投 50 份以上的实现就业的发生比率为 1.101 倍，有微弱的正面影响，不显著。表明多投简历对于大学生充分展现人力资本的价值具有作用，但存在着边际收益递减的现象。与面试 5 次以下相比，面试 6—9 次和 10 次以上的大学生的就业概率分别为 2.677 倍和 3.031 倍，都显著，参加面试的作用很强，而且表现出边际收益递增的现象。与求职费用在 999 元以下相比，求职费用为 1000—2999 元，实现就业的概率为 1.521 倍，有较强的正面影响，不显著；费用在 3000 元以上，实现就业的概率为 1.069 倍，有微弱的正面影响，很不显著，也存在边际收益递减的现象。可见，就业行为越积极，越可能实现就业，力度最强的三大指标分别是面试 10 次以上、面试 6—9 次、投简历 20—49 份，正面影响明显。

（2）社会资本指标的影响。

与广大中西部生源的大学生相比，来自北京地区的大学生的 B 值为 0.16，实现就业的发生比率为 1.173 倍，有微弱的正面影响；来自其他

---

① 按照不同的标准，可以对不同层次的显著性水平做出判断。第一个是 $p<0.01$，用 ＊＊＊标示，表示在 99% 以上的概率上显著。第二个是 $p<0.05$，用 ＊＊标示，表示在 95% 以上的概率上显著。第三个是 $p<0.1$，用 ＊标示，表示在 90% 的概率上显著。第四个是 $p<0.2$，表示在 80% 的概率上显著，用#标示。

沿海地区的 B 值为 -0.162，实现就业的发生比率为 0.85 倍，地区生源体现出来的社会资本优势主要集中于北京地区，但均不显著。与来自农村的大学生相比，来自城镇的大学生的就业概率为 1.308 倍，有一定的竞争优势，但不太显著。与家庭人均收入在 2999 元以下的低收入家庭相比，人均收入为 3000—4999 元的中等收入家庭，实现就业的概率为 1.734 倍，影响较强，在 $p < 0.2$ 的情况下显著；人均收入在 5000 元以上的高收入家庭，实现就业的概率为 1.369 倍，有一定的影响，不显著。就两者的数值大小可以看出，家庭收入水平不是越高越有利。与女生相比，男生的就业概率为 1.368 倍，性别差异体现出来的社会资本有一定的正面影响。综合来看，北京生源、城镇生源、家庭富裕程度、性别都有一定的正面影响，力度最强的三大指标分别是人均收入 3000—4999 元、人均收入 5000 元以上、男生，即社会资本对大学生能否就业的综合影响为正。

二 人力资本、社会资本对 2008 年大学生能否就业的总体影响

以上我们分析了人力资本和社会资本的各指标对大学生能否就业的具体影响。那么，人力资本和社会资本的总体影响如何呢？接下来，我们做一个总体性分析。

1. 变量量化

由于因变量不变，我们的重点任务是如何合成自变量——人力资本指数和社会资本指数。第一步，通过既定的标准将每个人力资本和社会资本指标量化为具体数值。第二步，通过取平均值来合成人力资本指数和社会资本指数。

（1）具体指标量化。二分变量的指标量化比较简单，这些指标赋值要么是 0，要么是 1，已经量化了，无须再处理。对于三分变量，则需要进一步处理。在综合素质部分，对于学习成绩，成绩较差的取值为 0，成绩中等的取值为 0.6，优秀的取值为 1，对于每个大学生，其学习成绩的量化取值范围都是 [0，1]；对于英语等级考试，没通过国家四级的取 0，通过四级的取 0.6，通过六级的取 1；对于计算机等级考试，没通过国家二级的取 0，通过二级的取 0.6，通过三级的取 1。在就业意愿部分，对于就业地区意愿，期望为北京地区取 0，期望为其他地区取 1。在就业行为部分，对于投递简历，19 份及其以下的取值为 0，20—

49 份的取 0.6，50 份以上的取 1；对于参加面试，5 次及其以下的取 0，
6—9 次的取 0.6，10 次以上的取 1；对于求职费用，999 元及其以下的
取 0，1000—2999 元取 0.6，3000 元以上的取 1。社会资本部分，对于
地区生源，北京生源取 1，非北京生源取 0；对于父母职业，父母为党
政机关、事业单位或者国有企业的负责人的取值为 1，其他情况取值为
0；对于家庭人均收入，2999 元及其以下的取值为 0，3000—4999 元的
取 0.6，5000 元以上的取 1。这样，每个指标的量化取值范围均
为[0，1]。

（2）合成总体指数。将政治面貌、学习成绩、英语等级、计算机
等级、其他证书、学生干部、实习经历、奖学金这八个指标的量化数值
相加再除以 8，得到平均值，即为综合素质指数。将就业地区期望、城
乡期望、就业行业期望、就业单位性质期望、月薪期望这五个指标的量
化数值相加再除以 5，就得到就业意愿指数。将投递简历、参加面试、
求职费用这三个指标的量化数值相加再除以 3，得到就业行为指数。然
后，将综合素质指数、就业意愿指数和就业行为指数相加再除以 3，就
得到人力资本指数。同理，将地区生源、城乡生源、人均家庭收入和性
别这四个指标的量化数值相加再除以 4，就得到社会资本指数。人力资
本指数和社会资本指数的取值范围也是 [0，1]。

为了说明问题的方便，我们将人力资本指数的取值范围小于 0.5 的
情况，称为人力资本较低，统一赋值为 0，而将大于或等于 0.5 的情
况，称为人力资本较高，统一赋值为 1。同理，社会资本指数的取值范
围小于 0.5 的情况，称为社会资本较低，统一赋值为 0，而将大于或等
于 0.5 的情况，称为社会资本较高，统一赋值为 1。这样，人力资本指
数和社会资本指数最终演变为一个二分变量。

2. 计量结果

仍以"是否就业"作为因变量，构建一个双变量逻辑回归模型，回
归结果如表 3—2 的上半部分所示。①

人力资本指数的偏回归系数 B 为 0.567，人力资本指数较高的大学
生实现就业的概率为人力资本指数较低的大学生的 1.763 倍，在 $p <$

---

① 第二部分的"总体影响"分析与第三部分的"影响的关系"分析共用同一个模型，
回归结果也反映在同一张表格中。为了使分析的逻辑性更为清晰，分为两部分展开阐述。

0.05 的情况下显著，表明人力资本对大学生能否就业的总体影响很强。社会资本指数的偏回归系数 B 为 0.264，社会资本指数较高的大学生实现就业的概率为社会资本指数较低的大学生的 1.302 倍，表明社会资本对大学生能否就业也具有一定的正面影响，在 $p < 0.2$ 的情况下显著，也具有一定的代表性。这证明了命题 A1 的正确性，即人力资本和社会资本对大学生能否实现就业都具有正面影响。

比较人力资本指数和社会资本指数的影响，人力资本指数的 B 值比社会资本指数的 B 值高出 0.303，人力资本指数的 EXP（B）高 0.461，较为显著，都表明人力资本对大学生能否就业的影响力度大于社会资本的影响力度，这证实了命题 A2 的正确性。即在对大学生能否就业的影响中，人力资本起主导作用，而社会资本起辅助作用。[1]

表 3—2　人力资本指数、社会资本指数对 2008 年大学生能否就业的影响

自变量	回归系数 B	发生比率 EXP（B）
人力资本指数	0.567 * *（0.233）	1.763
社会资本指数	0.264 *（0.173）	1.302
交互项	-0.327（0.372）	0.721
常量	0.343 * * *（0.118）	1.41
-2 对数似然值	987.801	
Nagelkerke R 方	0.014	
N	761	

说明：括号内为标准误差 S.E，#$p < 0.2$，*$p < 0.1$，* *$p < 0.05$，* * *$p < 0.01$。

三　人力资本、社会资本对 2008 年大学生能否就业的影响的关系

前面，我们已经分析了在大学生就业的过程中，人力资本和社会资本是否有正面影响？哪个因素的影响更大，或者说起主导作用。接下来，我们需要探讨的一个问题是，在对大学生能否实现就业的作用中，人力资本和社会资本的关系如何？也就是说，人力资本和社会资本的作

---

[1]　"具体影响"部分的重点是分析各具体指标的具体影响，虽然对"综合素质"、"就业意愿"、"就业行为"、"人力资本"、"社会资本"的影响也有综合评价，但那是一种模糊判断；而"总体影响"部分，通过各指标合成人力资本指数、社会资本指数以及回归模型得到的结论，是一种准确判断。两种判断的结果应该是一致的，可能也会出现一定的偏差。

用是相关的还是无关的？如果相关，它们是替代关系还是互补关系？当两者是替代关系，就说明大学生只要拥有其中一个，就可以达到实现就业的目的，换句话说，大学生只要拥有较高的人力资本或者只要拥有较高的社会资本，就可以实现就业。如果两者是互补关系，说明大学生只拥有一种资本还不够，只有同时拥有较高的人力资本和较高的社会资本才能顺利实现就业。

1. 变量量化

为了检验人力资本、社会资本对大学生能否就业的作用的关系，我们引入交互项模型。在前面的论述中，我们设置了人力资本指数和社会资本指数这两个自变量，在此基础上，再合成一个新的自变量——交互项。它反映的是当一种资本增加时与另一种资本的替代或者互补的关系。由于人力资本指数和社会资本指数均为二分变量，因而，可以分成四种情况。（1）人力资本较高，社会资本较高。（2）人力资本较高，社会资本较低。（3）人力资本较低，社会资本较高。（4）人力资本较低，社会资本较低。比如，对比（1）和（2），交互项的含义为，在人力资本较高的大学生群体中，随着社会资本的增加，两者是替代还是互补的关系。对比（1）和（3），交互项的含义为在社会资本较高的大学生群体中，随着人力资本的提升，两者是替代还是互补的关系。

交互项在数值上就是人力资本指数和社会资本指数的乘积。具体分为四种情况：（1）当人力资本指数为 1，即意味着人力资本较高，社会资本指数为 1，即意味着社会资本较高，则交互项的值就为 1；（2）当人力资本指数为 1，即意味着人力资本较高，社会资本指数为 0，即意味着社会资本较低，则交互项的值为 0；（3）当人力资本指数为 0，即人力资本较低，社会资本指数为 1，即社会资本较高，则交互项的值为 0；（4）当人力资本指数为 0，即人力资本较低，社会资本指数为 0，即社会资本较低，则交互项的值为 0。因而，交互项作为一个虚拟的自变量，取值要么是 0，要么是 1，也是一个二分变量。

2. 计量结果

仍以是否就业作为因变量，而把人力资本指数、社会资本指数和交互项作为三个自变量，构建一个双变量逻辑回归模型，回归结果如表

3—2 的下半部分所示。交互项的偏回归系数为 - 0.327，表明人力资本的作用与社会资本的作用是负相关的，也就是说，随着人力资本作用的提高，社会资本的作用会降低，或者说，随着社会资本的作用提高，人力资本的作用会降低，两者的作用是一个此消彼长的关系。

两者作用的替代程度大小可以从 B 值的绝对值看出，也可以由 EXP (B) 的大小看出。由于 EXP (B) 为 0.721，人力资本指数和社会资本指数的替代性所表现出来的相互之间的负作用，会使就业概率降低为原来的 0.721 倍。当然，这个数字主要反映了两者的替代程度大小，并没有实际的经济含义。为了与前面的分析保持一致，我们仍通过 EXP (B) 的大小来表示替代或互补程度的大小，而且判断标准相同。当两者为替代关系时，EXP (B) 是小于 1 的，而且，这种替代关系越强，EXP (B) 与 1 的差距越大。因而，我们使用两者差距的绝对值来表示替代关系的强弱。由于 EXP (B) 为 0.721，故它与 1 的差额的绝对值为 0.279，大于 0.25、小于 0.5，故有一定的替代关系。[①] 由于 p 值较大，这种影响不显著。

可见，在对大学生能否就业的作用中，人力资本的作用与社会资本是互相替代的，即证明了子命题 A3—1，也就证实了命题 A3。对于大学生来说，如果人力资本积累较少，可以通过较高的社会资本来实现就业；如果社会资本较少，也可以通过更多的人力资本积累来实现就业。两者只要拥有其一，就可以实现就业目标。

第二节 人力资本、社会资本与 2008 年北京大学生接收单位的回归分析

是否就业只是大学生就业数量的一个层面，另一个层面是接收单位的数量，即有多少用人单位同意录用你。显然，某大学生的接收单位越

---

① 前面已经界定，当 EXP (B) <1，没正面影响；1≤EXP (B) <1.25，有微弱的正面影响；1.25≤EXP (B) <1.5，有一定的正面影响；1.5≤EXP (B) <1.75，有较强的正面影响；EXP (B) ≥1.75，有很强的正面影响。当两者为互补关系时，仍可以使用此标准。而两者为替代关系时，则需要重新界定。与上述界定相对应，0≤ | EXP (B) -1 | <0.25，有微弱的替代关系；0.25≤ | EXP (B) -1 | <0.5，有一定的替代关系；0.5≤ | EXP (B) -1 | <0.75，有较强的替代关系； | EXP (B) -1 | ≥0.75，有很强的替代关系。下同。

多，表明他拥有的就业机会越大，自主选择的空间也越大。

在本节，笔者将探讨人力资本和社会资本对大学生接收单位数量的影响。在原有积极找工作的 761 个样本的基础上，删除"接收单位数量"选项空缺的情况 39 份，还有 722 个样本。其中，没有接收单位的有 126 人，占 17.5%；只有 1 家接收单位的 247 人，占 34.2%；有 2—5 家接收单位的 316 人，占 43.8%；有 6—10 家接收单位的 21 人，占 2.9%，10 家以上的有 12 人，占 1.7%。

一　人力资本、社会资本对 2008 年大学生接收单位的具体影响

关于人力资本指标，包括综合素质、就业意愿、就业行为和社会资本的指标赋值，处理方法同本章第一节。在 2008 年调查中，2 个及其以下的接收单位大约占一半，我们就以 2 个接收单位为界，将接收单位为 2 个及其以上的情况赋值为 1，而将接收单位为 1 个及其以下的赋值为 0。因变量"接收单位"是一个二分变量，就构建了一个双变量逻辑回归模型。回归结果如表 3—3 所示。

1. 人力资本指标的影响

（1）综合素质的影响。B 为 0.576，表明政治面貌对大学生接收单位数量的影响为正，根据 EXP（B），与非党员大学生相比，具有党员身份的大学生实现就业的概率是 1.779 倍，表明政治面貌对接收单位的正面影响很强；在 $p < 0.1$ 的情况下显著，即这种结论的代表性较强。以学习成绩较差的大学生为基准，成绩中等和优秀的大学生的 B 值分别为 0.473 和 0.452，他们实现就业的概率分别为 1.605 倍和 1.572 倍，表明学习成绩具有较强的正面影响，即学习成绩较好获得 2 个及其以上接收单位的概率较大，但学习优秀与学习中等相比，没显示出优势，但这种影响不显著。与没通过英语国家四级的大学生相比，通过四级的大学生实现就业的概率是 1.316 倍，有一定的影响，不显著；通过六级的大学生获得 2 个及其以上单位的概率是 1.851 倍，影响很强，但也不显著。而且，通过六级比通过四级具有更强的优势。与没通过计算机国家二级的大学生相比，通过二级无正面影响，而通过三级的大学生获得更多接收单位的概率为 1.421 倍，有一定的正面影响，不显著。其他证书有微弱的正面影响，也不显著。与没有实习经历的大学生相比，拥有实习经历的大学生获得 2 个以上接收单位的概率为 2.075 倍，影响很强，

显著。学生干部和奖学金没有积极作用，但不显著。综上所述，政治面貌、学习成绩、英语等级、计算机三级、其他证书、实习经历都有积极的影响，力度最强的三大指标分别是实习经历、英语六级和政治面貌，但计算机二级、学生干部、奖学金无正面影响。综合素质对大学生接收单位的数量的综合影响明显为正。

表3—3　　　人力资本、社会资本对 2008 年大学生能否获得 2 个及其以上
接收单位的影响

自变量	偏回归系数 B	发生比率 EXP（B）
综合素质变量		
中共党员	0.576 * （0.308）	1.779
成绩中等	0.473 （0.460）	1.605
成绩优秀	0.452 （0.496）	1.572
英语四级	0.275 （0.645）	1.316
英语六级	0.616 （0.647）	1.851
计算机二级	−0.283 （0.289）	0.753
计算机三级	0.352 （0.542）	1.421
其他证书	0.085 （0.488）	1.088
学生干部	−0.288 （0.311）	0.750
实习经历	0.730 ** （0.334）	2.075
奖学金	−0.090 （0.337）	0.914
就业意愿变量		
期望其他沿海地区	−0.215 （0.312）	0.807
期望中西部地区	−0.201 （0.536）	0.818
愿意去农村	−0.175 （0.299）	0.839
期望低工资行业	−0.313 （0.316）	0.731
期望体制外单位	0.035 （0.274）	1.036
期望四千元以下	0.086 （0.298）	1.090
就业行为变量		
投递简历 20—49 份	−0.072 （0.330）	0.931
投递简历 50 份以上	−0.601# （0.442）	0.549
参加面试 6—9 次	1.655 *** （0.380）	5.233
参加面试 10 次以上	2.084 *** （0.547）	8.034

续表

自变量	偏回归系数 B	发生比率 EXP（B）
费用 1000—2999 元	0.451[#]（0.349）	1.570
费用 3000 元以上	1.643[**]（0.677）	5.172
社会资本变量		
北京生源	0.331（0.421）	1.393
其他沿海生源	0.114（0.302）	1.120
城镇生源	0.330（0.295）	1.391
人均收入 3000—4999 元	−0.100（0.348）	0.905
人均收入 5000 元以上	−0.098（0.453）	0.907
男生	0.254（0.277）	1.289
常量	−2.303[***]（0.850）	0.100
−2 对数似然值	387.551	
Nagelkerke R 方	0.253	
N	722	

说明：括号内为标准误差 S.E，[#]$p<0.2$，[*]$p<0.1$，[**]$p<0.05$，[***]$p<0.01$。

（2）就业意愿的影响。与期望在北京地区就业相比，最希望在其他沿海地区和西部地区就业的 B 值均为负，表明降低就业地区期望并不能获得更多的接收单位，这可能与非北京地区，尤其是中西部地区的经济不发达、就业机会有限相关，但不显著。愿意去农村、期望在低工资行业就业，也无法获得更多的接收单位，也不显著。与期望在体制内单位就业相比，期望在体制外单位就业，获得较多接收单位的概率为1.036 倍。与期望月薪为 4000 元以上相比，期望月薪为 4000 元以下的获得较多接收单位的概率为 1.09 倍，均有微弱的正面影响，但都不显著。可见，就业意愿对大学生的接收单位的正面影响主要体现在就业单位性质和月薪方面，但综合影响为负。

（3）就业行为的影响。与投简历 19 份以下的情况相比，投 20—49 份和 50 份以上的影响都是负的，不太显著，表明多投简历并不能获得更多的接收单位。与面试 5 次以下相比，面试 6—9 次和 10 次以上的大学生获得较多接收单位的概率分别为 5.233 倍和 8.034 倍，说明认真地参加更多的面试，在很大程度上可以获得更多的接收单位，而且，呈现

69

边际收益递增的现象，都非常显著。与求职费用在 999 元以下相比，求职费用为 1000—2999 元的大学生获得较多接收单位的概率为 1.57 倍，有较强的影响，在 $p < 0.2$ 的情况下显著；费用为 3000 元以上的获得较多接收单位的概率为 5.172 倍，在 $p < 0.05$ 的情况下显著，表明物质投入对获得较多的接收单位有很强的正面影响，而且呈边际收益递增的态势。综上，就业行为的积极影响主要体现在参加面试和增加求职费用方面，力度最强的三大指标分别是面试 10 次以上、面试 6—9 次、求职费用 3000 元以上，综合影响明显为正。

2. 社会资本指标的影响

与广大中西部生源的大学生相比，来自北京地区的大学生获得 2 个以上接收单位的概率为 1.393 倍，地区生源体现出来的社会资本有一定的正面影响；来自其他沿海地区的大学生获得较多接收单位的概率为 1.12 倍，有微弱的影响，但都不显著。与来自农村的大学生相比，来自城镇的大学生的就业概率为 1.391 倍，有一定的竞争优势，但不显著。与家庭人均收入在 2999 元以下的低收入家庭相比，人均收入为 3000—4999 元的中等收入家庭、5000 元以上的高收入家庭的影响均为负，无正面影响，也不显著。与女生相比，男生获得 2 个及其以上单位的概率为 1.289 倍，即性别差异体现出来的社会资本有一定的影响，也不显著。总体上，地区生源、城乡生源、性别都有一定的正面影响，但都不显著。力度最强的三大指标分别是北京生源、城镇生源和男生。社会资本对大学生接收单位的数量的综合影响为正。

二 人力资本、社会资本对 2008 年大学生接收单位的总体影响

前面，我们分析各个人力资本指标和社会资本指标对大学生获得 2 个以上接收单位的具体影响。下面，我们探讨一下人力资本指数和社会资本指数的总体影响。人力资本和社会资本的各指标的量化，以及人力资本指数和社会资本指数的合成，处理方法同本章第一节。仍以接收单位作为因变量，构建一个双变量逻辑回归模型，回归结果如表 3—4 的上半部分所示。

人力资本指数的偏回归系数 B 为 0.877，与人力资本指数较低的大学生相比，人力资本指数较高的大学生获得 2 个以上接收单位的概率为 2.404 倍，在 $p < 0.01$ 的情况下显著，表明人力资本对大学生接收单位

数量的总体影响很强。社会资本指数的偏回归系数 B 为 0.238，社会资本指数较高的大学生获得较多接收单位的概率为社会资本指数较低的大学生的 1.269 倍，在 $p < 0.2$ 的情况下显著，表明社会资本也具有一定的影响。这证明了命题 B1 的正确性，即人力资本和社会资本对于大学生能否获得更多的接收单位都具有正面的影响。

表 3—4　　　　人力资本指数、社会资本指数对 2008 年大学生
能否获得 2 个及其以上接收单位的影响

自变量	回归系数 B	发生比率 EXP（B）
人力资本指数	0.877＊＊＊（0.226）	2.404
社会资本指数	0.238＊（0.175）	1.269
交互项	－0.051（0.364）	0.95
常量	－0.393＊＊＊（0.122）	0.675
－2 对数似然值	974.841	
Nagelkerke R 方	0.046	
N	722	

说明：括号内为标准误差 S. E，$^{\#}p < 0.2$，$^{*}p < 0.1$，$^{**}p < 0.05$，$^{***}p < 0.01$。

比较人力资本指数和社会资本指数的影响，人力资本指数的 B 值比社会资本指数的 B 值高 0.639；人力资本指数的 EXP（B）高 1.135；前者显著，后者不显著，都表明人力资本对大学生能否获得较多单位的影响力度大于社会资本的影响力度，证实了命题 B2 的正确性。

三　人力资本、社会资本对 2008 年大学生接收单位的影响的关系

接下来，我们要探讨在对大学生能否获得较多的接收单位的作用中，人力资本和社会资本的关系如何？这两者的作用是相关的还是无关的？如果相关，它们是替代关系还是互补关系？同样，我们引入交互项模型。作为自变量的交互项的设置及赋值方法，同本章第一节。仍以接收单位数量作为因变量，构建一个双变量逻辑回归模型，回归结果如表 3—4 的下半部分所示。

交互项的偏回归系数为 －0.051，表明人力资本的作用与社会资本的作用是负相关的。也就是说，随着人力资本作用的提高，社会资本的

作用会降低，或者说，随着社会资本的作用提高，人力资本的作用会降低。EXP（B）为0.95，表明人力资本指数和社会资本指数相互之间的负作用，会使就业概率降低为原来的0.95倍。B值的绝对值很小，EXP（B）与1的差额的绝对值为0.05，都表明这种替代关系很微弱。由于p值较大，接近1，表明这种影响十分不显著，即这种结论的代表性不强。

但从偏回归系数的符号可以看出，在对大学生接收单位的影响中，人力资本的作用与社会资本的作用是替代关系，即在一定程度上证明了子命题B3—1，也就证实了命题B3。大学生只要拥有较多的人力资本或者较多的社会资本，都可能获得较多的接收单位。

第三节　人力资本、社会资本与 2008 年北京大学生就业地区的回归分析

是否就业和接收单位的多少，只是反映了大学生就业数量的层面，下面，我们进一步研究已经实现就业的大学生的就业质量状况及其影响因素。由于我们的调查对象是应届毕业生，他们只是签订了就业协议或合同，并没有真正进入工作岗位，因而，对其就业质量的研究主要侧重于宏观层面。具体来说，包括就业地区分布、就业行业分布、就业单位性质分布和承诺月薪分布四个方面。如果这些方面较好，就表明该大学生的就业质量较高。本节首先从就业地区层面展开，探讨人力资本和社会资本对大学生就业地区分布的影响。

已经实现就业的大学生共486人，删除就业质量填写不完整的70人，还有416人，构成第三节至第六节研究的样本。从就业地区来看，北京有216人，占51.9%；上海有20人，占4.8%；广东有52人，占12.5%；其他沿海地区有60人，占14.4%；中部地区有35人，占8.4%；西部地区有33人，占7.9%。

一　人力资本、社会资本对 2008 年大学生就业地区的具体影响

自变量的赋值方法同本章第一节。由于北京高校毕业生在北京地区就业的比重较大，作为因变量，我们将大学生的就业地区粗略地分为北京地区和非北京地区，并分别赋值为1和0。这样，就业地区也是一个

二分变量，就构建一个双变量逻辑回归模型，回归结果如表3—5所示。

1. 人力资本指标的影响

（1）综合素质的影响。B 为 0.424，表明政治面貌对大学生能否在北京地区就业有正面影响，与非党员大学生相比，具有党员身份的大学生在北京实现就业的概率是 1.528 倍，有较强的影响，但不显著。学习成绩中等和优秀的大学生的 B 值均为负，即学习成绩体现出来的人力资本没能发挥积极作用，也不显著。与没通过英语四级的大学生相比，通过四级和通过六级的大学生在北京实现就业的概率分别是 0.657 倍和 1.29 倍，即通过英语四级没有优势，而过英语六级有一定的作用，都不显著。与没通过计算机二级的大学生相比，通过计算机二级和三级的大学生在北京实现就业的概率分别为 1.392 倍和 0.594 倍，前者有一定的积极影响，后者没有，也不显著。其他证书、实习经历和奖学金的 B 值均为负，没有正面影响，也不显著。相反，学生干部的积极影响很强，与没做过学生干部的大学生相比，曾从事学生干部工作的大学生在北京地区就业的概率为 3.551 倍，在 $p < 0.05$ 的情况下显著。可见，学生干部、政治面貌、计算机二级和英语六级四个指标有正面影响，前三个为三大指标，其余七个指标均为负值。因而，综合素质对大学生的就业地区的综合影响不确定。

表3—5 人力资本、社会资本对 2008 年大学生能否在北京就业的影响

自变量	偏回归系数 B	发生比率 EXP（B）
综合素质变量		
中共党员	0.424（0.456）	1.528
成绩中等	−0.574（0.714）	0.563
成绩优秀	−0.017（0.763）	0.983
英语四级	−0.420（1.419）	0.657
英语六级	0.255（1.420）	1.290
计算机二级	0.331（0.433）	1.392
计算机三级	−0.521（0.758）	0.594
其他证书	−0.374（0.793）	0.688
学生干部	1.267 **（0.511）	3.551
实习经历	−0.577（0.556）	0.562

续表

自变量	偏回归系数 B	发生比率 EXP（B）
奖学金	−0.151（0.509）	0.860
就业意愿变量		
期望其他沿海地区	−2.04＊＊＊（0.488）	0.130
期望中西部地区	−3.373＊＊＊（1.271）	0.034
愿意去农村	0.439（0.463）	1.552
期望低工资行业	0.727#（0.480）	2.068
期望体制外单位	−0.153（0.405）	0.858
期望四千元以下	−0.572#（0.439）	0.564
就业行为变量		
投递简历 20—49 份	0.487（0.478）	1.627
投递简历 50 份以上	1.481＊＊（0.638）	4.398
参加面试 6—9 次	1.056＊＊（0.530）	2.874
参加面试 10 次以上	0.142（0.657）	1.152
费用 1000—2999 元	−0.223（0.499）	0.800
费用 3000 元以上	−1.85＊（1.024）	0.157
社会资本变量		
北京生源	2.142＊＊＊（0.774）	8.517
其他沿海生源	−0.076（0.430）	0.926
城镇生源	−0.329（0.458）	0.720
人均收入 3000—4999 元	0.402（0.508）	1.495
人均收入 5000 元以上	0.603（0.699）	1.828
男生	0.075（0.413）	1.078
常量	−0.225（1.676）	0.798
−2 对数似然值	191.983	
Nagelkerke R 方	0.451	
N	416	

说明：括号内为标准误差 S. E，#$p < 0.2$，＊$p < 0.1$，＊＊$p < 0.05$，＊＊＊$p < 0.01$。

（2）就业意愿的影响。与期望在北京地区就业相比，最希望在其他沿海地区和中西部地区就业的 B 值均为负，表明降低就业地区期望不能提高在北京地区就业的概率。可以做出这样的解释，首选地区不是北京，他们就不会做出有针对性的准备工作，因而，更难以在北京地区实现就业。与不愿意去农村的大学生相比，愿意去农村就业的大学生在北京地区实现就业的概率为 1.552 倍，影响较强，但不显著。也就是说，愿意去郊区农村工作的大学生，更容易实现在北京地区就业。与期望在高工资行业就业相比，期望在低工资行业就业，在北京地区实现就业的概率为 2.068 倍，影响很强；在 $p < 0.2$ 的情况下显著。降低行业要求，更容易实现在北京地区就业。期望在体制外单位就业、期望月薪为 4000 元以下的 B 值均为负，无正面影响，也不显著。即就业意愿对大学生在北京地区实现就业的正面影响，主要体现在城乡期望和行业期望方面，但综合影响明显为负。

（3）就业行为的影响。与投简历 19 份以下的情况相比，投 20—49 份和 50 份以上的大学生实现北京地区就业的概率分别为 1.627 倍和 4.398 倍，表明积极的就业行为有较强和很强的作用，且呈现边际收益递增的态势；前者不显著，后者显著。与面试 5 次以下相比，面试 6—9 次和 10 次以上，大学生实现北京地区就业的概率分别为 2.874 倍和 1.152 倍，前者的影响很强，显著，后者有微弱的影响，不显著，表明参加更多的面试有益，但也不是越多越好。与求职费用在 999 元以下相比，求职费用为 1000—2999 元和 3000 元以上的 B 值为负，增加求职费用并无益于改善就业地区质量。客观上，北京高校的毕业生在北京找工作，并不需要太多的费用支出。综上，就业行为的积极影响主要体现在投递简历和参加面试方面，力度最强的三大指标分别是投简历 50 份以上、面试 6—9 次、投简历 20—49 份，就业行为的综合影响明显为正。

2. 社会资本指标的影响

与广大中西部生源的大学生相比，来自北京的大学生在北京实现就业的概率为 8.517 倍，影响很强，在 $p < 0.01$ 的情况下显著；来自其他沿海地区的大学生在北京实现就业的概率为 0.926 倍，无优势，不显著。即在北京这样的就业地区选择方面，北京生源的大学生拥有绝对的优势，而来自其他沿海地区和中西部地区几乎无差异。与来自农村的大学生相比，来自城镇的大学生的就业地区选择无优势，不显著。与家庭人均收入在 2999 元以下的低收入家庭相比，人均收入为 3000—4999 元的中等收入家庭、5000 元以上的高收入家庭在北京地区就业的概率分别为 1.495 倍和 1.828 倍，有一定和很强的正面影

响，呈边际收益递增的态势，但不显著。与女生相比，男生在北京地区实现就业的概率为 1.078 倍，性别体现出来的社会资本有微弱的影响，也不显著。总体上，地区生源、人均家庭收入、性别都有正面的影响，力度最强的三大指标分别是北京生源、人均收入 5000 元以上、人均收入 3000—4999 元，即社会资本对大学生能否在北京地区就业的综合影响为正。

二 人力资本、社会资本对 2008 年大学生就业地区的总体影响

前面，我们分析了各个人力资本指标和社会资本指标对大学生在北京地区就业的具体影响。下面，我们探讨一下人力资本指数和社会资本指数的总体影响。自变量的处理方法同本章第一节，仍以能否在北京地区就业作为因变量，构建双变量逻辑回归模型，回归结果如表 3—6 的上半部分所示。

人力资本指数的偏回归系数 B 为 0.025，与人力资本指数较低的大学生相比，人力资本指数较高的大学生在北京实现就业的概率为 1.025 倍，表明人力资本对就业地区分布有微弱的影响，但不显著。社会资本指数的偏回归系数 B 为 0.039，社会资本指数较高的大学生在北京实现就业的概率为社会资本指数较低的大学生的 1.04 倍，表明社会资本也有微弱的影响，也不显著。这在一定程度上证明了命题 C1 的正确性，即人力资本和社会资本对大学生能否在北京实现就业都有正面影响。

表 3—6　　　　人力资本指数、社会资本指数对 2008 年大学生
能否在北京就业的影响

自变量	偏回归系数 B	发生比率 EXP（B）
人力资本指数	0.025（0.278）	1.025
社会资本指数	0.039（0.232）	1.040
交互项	0.590（0.469）	1.804
常量	0.000（0.167）	1.000
−2 对数似然值	572.772	
Nagelkerke R 方	0.011	
N	416	

说明：括号内为标准误差 S. E，$^{\#}p < 0.2$，$^{*}p < 0.1$，$^{**}p < 0.05$，$^{***}p < 0.01$。

比较人力资本指数和社会资本指数的影响，人力资本指数的 B 值比社会资本指数的 B 值低 0.014，人力资本指数的 EXP（B）低 0.015，p 值也较高，表明人力资本对大学生能否在北京地区就业的影响力度小于社会资本的影响力度，否定了命题 C2 的正确性。

三　人力资本、社会资本对 2008 年大学生就业地区的影响的关系

接下来，我们要探讨在对大学生能否在北京地区实现就业的作用中，人力资本和社会资本的关系如何？它们是替代关系还是互补关系？同样，我们引入交互项模型。自变量的设置及赋值方法，同本章第一节。仍以能否在北京地区就业作为因变量，构建一个双变量逻辑回归模型，回归结果见表3—6 的下半部分。

交互项的偏回归系数为 0.59，表明人力资本的作用与社会资本的作用呈正相关。也就是说，随着人力资本作用的提高，社会资本的作用也在提高，或者说，随着人力资本作用的降低，社会资本的作用也在降低。互补程度的大小可以通过 B 值的绝对值或 EXP（B）看出。根据 EXP（B），表明人力资本指数和社会资本指数的互补性质所体现出来的相互之间的正作用，会使就业概率上升为原来的 1.804 倍，表明这种互补关系很强，但不显著。

可见，在对大学生能否在北京地区实现就业的影响中，人力资本的作用与社会资本的作用是互补关系，即验证了子命题 C3—2，也就证明了命题 C3。大学生必须同时拥有较多的人力资本和较多的社会资本，才能实现在北京就业的目标。

第四节　人力资本、社会资本与 2008 年北京大学生就业行业的回归分析

本节主要探讨人力资本和社会资本对大学生就业行业分布的影响。样本仍为 416 人。其中，农业有 11 人，占 2.6%；采掘业有 6 人，占 1.4%；制造业有 39 人，占 9.4%；电力、煤气及水的生产和供应业有 6 人，占 1.4%；建筑业有 11 人，占 2.6%；地质勘查业、水利管理业有 2 人，占 0.5%；批发零售贸易和餐饮业有 31 人，占 7.5%；交通运输、仓储和邮电通信业有 39 人，占 9.4%；金融保险业有 71 人，占 17.1%；房

地产业有 25 人，占 6%；社会服务业有 26 人，占 6.3%；卫生体育和社会福利业有 2 人，占 0.5%；教育文化和广播电影和电视业有 52 人，占 12.5%；科学研究和综合技术服务业有 43 人，占 10.3%；国家机关、党政机关和社会团体有 50 人，占 12%；军人 2 人，占 0.5%。

一 人力资本、社会资本对 2008 年大学生就业行业的具体影响

自变量的赋值方法同本章第一节。作为因变量，我们将大学生的就业行业粗略地分为高工资行业和低工资行业，并分别赋值为 1 和 0。构建一个双变量逻辑回归模型，回归结果如表 3—7 所示。

1. 人力资本指标的影响

（1）综合素质的影响。B 为 0.173，与非党员大学生相比，具有党员身份的大学生在高工资行业实现就业的概率是 1.189 倍，表明政治面貌对大学生能否在高工资行业就业有微弱的正面影响，但不显著。学习成绩中等和优秀的大学生的 B 值均为负，即学习成绩体现出来的人力资本在就业行业层面没能发挥积极作用。通过英语四级和六级对于在高工资行业实现就业没有任何意义，十分不显著。与没通过计算机二级的大学生相比，通过计算机二级和三级的大学生在高工资行业实现就业的概率分别为 1.04 倍和 0.643 倍，前者有微弱的积极影响，后者没有，都不显著。其他证书的 B 为 2.045，拥有其他证书的大学生在高工资行业就业的概率为没有其他证书的大学生的 7.725 倍，影响力度很强，在 $p < 0.1$ 的情况下显著。学生干部、实习经历和奖学金都没显示出正面影响。可见，只有其他证书、政治面貌、计算机二级的影响为正，但只有其他证书的影响是显著的，其余八个指标没有正面影响。因而，综合素质对大学生的就业行业的综合影响明显为负。

表 3—7　人力资本、社会资本对 2008 年大学生能否在高工资行业就业的影响

自变量	偏回归系数 B	发生比率 EXP（B）
综合素质变量		
中共党员	0.173（0.466）	1.189
成绩中等	-1.754*（0.926）	0.173
成绩优秀	-1.702*（0.943）	0.182

续表

自变量	偏回归系数 B	发生比率 EXP（B）
英语四级	−19.930（13667.712）	0.000
英语六级	−20.328（13667.712）	0.000
计算机二级	0.039（0.430）	1.040
计算机三级	−0.442（0.745）	0.643
其他证书	2.045 *（1.209）	7.725
学生干部	−0.389（0.510）	0.678
实习经历	−0.155（0.606）	0.857
奖学金	−0.257（0.512）	0.773
就业意愿变量		
期望其他沿海地区	−0.715#（0.448）	0.489
期望中西部地区	0.175（0.839）	1.192
愿意去农村	−0.617#（0.455）	0.540
期望低工资行业	−2.045 * * *（0.474）	0.129
期望体制外单位	0.066（0.413）	1.068
期望四千元以下	0.439（0.448）	1.551
就业行为变量		
投递简历 20—49 份	0.112（0.490）	1.118
投递简历 50 份以上	0.156（0.597）	1.168
参加面试 6—9 次	−0.592（0.499）	0.553
参加面试 10 次以上	−0.266（0.707）	0.766
费用 1000—2999 元	1.064 *（0.546）	2.897
费用 3000 元以上	0.272（1.028）	1.312
社会资本变量		
北京生源	−0.924#（0.640）	0.397
其他沿海生源	0.437（0.459）	1.549
城镇生源	−0.084（0.437）	0.920
人均收入 3000—4999 元	0.709#（0.531）	2.031
人均收入 5000 元以上	0.652（0.670）	1.919
男生	0.091（0.413）	1.095
常量	23.257（13667.712）	1259000000.000
−2 对数似然值	188.969	

续表

自变量	偏回归系数 B	发生比率 EXP（B）
Nagelkerke R 方	0.345	
N	416	

说明：括号内为标准误差 S.E,$^\#p<0.2$,$^*p<0.1$,$^{**}p<0.05$,$^{***}p<0.01$。

（2）就业意愿的影响。与期望在北京地区就业相比，最希望在其他沿海地区的大学生在高工资行业就业的概率为 0.489 倍，影响为负；而最希望在中西部地区就业，实现在高工资行业就业的概率为 1.192 倍，有微弱的正面影响，但不太显著。即降低就业地区期望，在一定程度上有助于实现较高的行业目标。愿意去农村就业的大学生在高工资行业实现就业的概率更低，这与高工资行业主要分布在城市有关，也不显著。实际就业行业与就业行业期望具有高度的一致性，即期望在低工资行业就业的大学生在高工资行业实现就业的概率很低。这说明就业意愿对就业结果有重要的影响，只是这种影响是负面的。与期望在体制内单位就业相比，期望在体制外单位就业的大学生实现在高工资行业就业的概率为 1.068 倍，有微弱的正面影响；与期望月薪为 4000 元以上相比，期望月薪为 4000 元以下的大学生实现在高工资行业就业的概率为 1.551 倍，正面影响较强。即就业意愿对大学生在高工资行业实现就业的正面影响，主要体现在中西部地区的期望、单位性质期望和月薪期望方面，但综合影响明显为负。

（3）就业行为的影响。与投简历 19 份以下的情况相比，投 20—49 份和 50 份以上，大学生实现高工资行业就业的概率分别为 1.118 倍和 1.168 倍，都不显著，表明积极的就业行为有微弱的作用，参加更多的面试没有正面影响。与求职费用在 999 元以下相比，求职费用为 1000—2999 元和 3000 元以上的在高工资行业就业的概率分别为 2.897 倍和 1.312 倍，前者的影响力度很强、显著，后者有一定的影响、不显著，表明物质投入对于改善就业行业有重要的影响，但存在边际收益下降的倾向。综上，就业行为的积极影响主要体现在投递简历和求职费用方面，力度最强的三大指标分别是求职费用为 1000—2999 元、3000 元以上和投简历 50 份以上。就业行为的综合影响明显为正。

2. 社会资本指标的影响

与中西部生源的大学生相比，来自北京的大学生在高工资行业实现就业的概率为 0. 397 倍，影响为负，而来自其他沿海地区的大学生在高工资行业实现就业的概率为 1. 549 倍，正面影响较强。对于前者，似乎不可思议，可以做出这样的一个解释，北京生源的大学生，更强调个人的兴趣和爱好，就业观念更开放，可能还具有一定的冒险精神，而不拘泥于高工资行业，从而使高工资行业的比例较低。与来自农村的大学生相比，来自城镇的大学生在就业行业选择方面无优势，不显著。与家庭人均收入在 2999 元以下的低收入家庭相比，人均收入为 3000—4999 元的中等收入家庭、5000 元以上的高收入家庭在高工资行业就业的概率分别为 2. 031 倍和 1. 919 倍，都显示出很强的影响，前者在 $p < 0.2$ 的情况下显著，后者不显著。一方面，表明家庭富裕程度体现出来的社会资本具有重要的影响，另一方面，也反映出边际收益递减的态势。与女生相比，男生在高工资行业实现就业的概率为 1. 095 倍，性别体现出来的社会资本有微弱影响，也不显著。总体上，地区生源、人均家庭收入、性别都有一定的正面影响，力度最强的三大指标分别是人均收入 3000—4999 元、人均收入 5000 元以上、其他沿海生源，即社会资本对大学生能否在高工资行业就业具有正面的综合影响。

二　人力资本、社会资本对 2008 年大学生就业行业的总体影响

我们已经分析了各人力资本指标和社会资本指标对大学生在高工资行业就业的具体影响。下面，我们考查一下人力资本指数和社会资本指数的总体影响。自变量的处理方法同本章第一节，能否在高工资行业就业作为因变量，构建双变量逻辑回归模型，结果如表 3—8 的上半部分所示。人力资本指数的偏回归系数 B 为 -0.277，与人力资本指数较低的大学生相比，人力资本指数较高的大学生在高工资行业实现就业的概率为 0. 758 倍，表明人力资本对大学生就业行业分布没有正面影响，但不显著。社会资本指数的偏回归系数 B 为 0. 472，社会资本指数较高的大学生在高工资行业实现就业的概率为社会资本指数较低的大学生的 1. 603 倍，正面影响较强；在 $p < 0.1$ 的情况下显著。这否定了子命题 D1—1，而证明了子命题 D1—2，仅仅证明了命题 D1 的一部分。

表 3—8　　　　　人力资本指数、社会资本指数对 2008 年大学生
能否在高工资行业就业的影响

自变量	偏回归系数 B	发生比率 EXP（B）
人力资本指数	− 0. 277（0. 285）	0. 758
社会资本指数	0. 472*（0. 255）	1. 603
交互项	− 0. 796*（0. 470）	0. 451
常量	0. 601***（0. 174）	1. 824
−2 对数似然值	523. 773	
Nagelkerke R 方	0. 038	
N	416	

说明：括号内为标准误差 S. E，$^{\#}p < 0.2$，$^{*}p < 0.1$，$^{**}p < 0.05$，$^{***}p < 0.01$。

比较人力资本指数和社会资本指数的影响，人力资本指数的 B 值比社会资本指数的 B 值低 0. 749，EXP（B）低 0. 845，前者不显著，后者显著，表明人力资本对大学生能否在高工资行业就业的正面影响力度小于社会资本的影响力度，就否定了命题 D2。

三　人力资本、社会资本对 2008 年大学生就业行业的影响的关系

我们还要探讨在对大学生能否在高工资行业就业的作用中，人力资本和社会资本是替代关系还是互补关系？同样，我们引入交互项模型。自变量、因变量的设置及赋值方法，同本章第一节，回归结果如表 3—8 的下半部分所示。交互项的偏回归系数为 − 0. 796，表明人力资本的作用与社会资本的作用负相关。即随着人力资本作用的提高，社会资本的作用降低，或者说，随着人力资本作用的降低，社会资本的作用在提高。根据 EXP（B），表明人力资本指数和社会资本指数相互之间的负作用，会使就业概率降为原来的 0. 451 倍；EXP（B）与 1 的差额的绝对值为 0. 549，替代关系较强。在 $p < 0.1$ 的情况下显著，表明这种结论具有较强的代表性。

可见，人力资本的作用与社会资本的作用是替代关系，证明了子命题 D3—1，也就证明了命题 D3。大学生只要拥有较多的人力资本或者较多的社会资本，就可能实现在高工资行业就业的目标。

第五节　人力资本、社会资本与 2008 年北京 大学生就业性质的回归分析

本节主要探讨人力资本和社会资本对北京大学生的就业单位性质分布的影响。样本数量仍为 416 人。其中，党政机关有 58 人，占 13.9%；事业单位有 78 人，占 18.8%；国有企业有 107 人，占 25.7%；个体和民营企业有 107 人，占 25.7%；外资企业有 59 人，占 14.2%；其他有 7 人，占 1.7%。

一　人力资本、社会资本对 2008 年大学生就业性质的具体影响

自变量的赋值方法同本章第一节。作为因变量，我们将大学生的就业单位性质分为体制内单位和体制外单位两种类型，分别赋值为 1 和 0。构建一个双变量逻辑回归模型，回归结果如表 3—9 所示。

1. 人力资本指标的影响

（1）综合素质的影响。与非党员大学生相比，具有党员身份的大学生在体制内单位实现就业的概率是 1.18 倍，表明政治面貌对大学生的就业单位性质有微弱的正面影响，但不显著。学习成绩体现出来的人力资本在就业单位性质层面没能发挥积极作用。与没通过英语四级的大学生相比，通过四级的大学生在体制内单位实现就业的概率为 1.319 倍，有一定的影响，不显著；通过六级的大学生在体制内单位就业的概率为 1.162 倍，有微弱的影响，呈现边际收益递减的现象，也不显著。与没通过计算机二级的大学生相比，通过计算机二级和三级的大学生在体制内单位实现就业的概率均为 1.07 倍，即掌握一定的计算机知识有微弱的帮助，但通过三级和通过二级没有区别，都不显著。拥有其他证书的大学生在体制内单位就业的概率为没有其他证书的大学生的 1.479 倍，有一定的正面影响，也不显著。学生干部和奖学金都有微弱的正面影响。但实习经历没表现出积极影响。可见，政治面貌、英语等级、计算机等级、其他证书、学生干部和奖学金都有正面的影响，影响力度最大的三大指标是其他证书、英语四级和奖学金，但都不显著；学习成绩和实习经历没有正面影响。总体来看，综合素质对大学生的就业单位性质的综合影响不确定。

表 3—9   人力资本、社会资本对 2008 年大学生
能否在体制内单位就业的影响

自变量	偏回归系数 B	发生比率 EXP（B）
综合素质变量		
中共党员	0.165（0.433）	1.180
成绩中等	−0.562（0.638）	0.570
成绩优秀	−0.851（0.679）	0.427
英语四级	0.277（1.133）	1.319
英语六级	0.150（1.141）	1.162
计算机二级	0.068（0.403）	1.070
计算机三级	0.067（0.700）	1.070
其他证书	0.392（0.718）	1.479
学生干部	0.122（0.456）	1.130
实习经历	−1.101*（0.585）	0.332
奖学金	0.195（0.451）	1.215
就业意愿变量		
期望其他沿海地区	0.038（0.412）	1.039
期望中西部地区	1.965*（1.144）	7.134
愿意去农村	−0.277（0.428）	0.758
期望低工资行业	−0.132（0.443）	0.877
期望体制外单位	−1.396***（0.376）	0.248
期望四千元以下	0.639#（0.420）	1.894
就业行为变量		
投递简历 20—49 份	−0.761*（0.443）	0.467
投递简历 50 份以上	−0.976*（0.533）	0.377
参加面试 6—9 次	−0.372（0.447）	0.689
参加面试 10 次以上	−0.442（0.623）	0.643
费用 1000—2999 元	1.027**（0.485）	2.791
费用 3000 元以上	1.312#（0.936）	3.712
社会资本变量		
北京生源	0.485（0.574）	1.624
其他沿海生源	−0.279（0.412）	0.757
城镇生源	0.412（0.417）	1.510

续表

自变量	偏回归系数 B	发生比率 EXP (B)
人均收入 3000—4999 元	−0.267 (0.476)	0.766
人均收入 5000 元以上	−0.270 (0.635)	0.763
男生	0.406 (0.401)	1.501
常量	1.472 (1.442)	4.359
−2 对数似然值	216.037	
Nagelkerke R 方	0.317	
N	416	

说明：括号内为标准误差 S. E,$^{\#}p < 0.2$,$^{*}p < 0.1$,$^{**}p < 0.05$,$^{***}p < 0.01$。

（2）就业意愿的影响。与期望在北京地区就业相比，最希望在其他沿海地区就业，在体制内单位就业的概率为 1.039 倍，正面的影响微弱，很不显著；最希望在中西部地区就业、在体制内单位就业的概率为 7.134 倍，正面影响很强，在 $p < 0.1$ 的情况下显著。即就业地区期望对能否在体制内单位就业有正面的影响，尤其是选择广大中西部地区，有助于大大提高就业单位性质的层次。愿意去农村就业、期望在低工资行业就业，均不能提高在体制内单位就业的概率。实际的就业单位性质与期望的单位性质具有高度的一致性，即期望在体制外单位就业的，所做出的就业准备与体制内单位不符，实际在体制内单位就业的概率较低。与期望月薪为 4000 元以上相比，期望月薪为 4000 元以下的大学生实现在体制内单位就业的概率为 1.894 倍，影响很强，在 $p < 0.2$ 的情况下显著。即就业意愿对大学生就业单位性质的正面影响，主要体现在就业地区期望和月薪期望方面，力度最大的三大指标分别是期望中西部地区、期望四千元以下、期望其他沿海地区，综合影响为正。

（3）就业行为的影响。多投简历和多参加面试都没有积极的作用。与求职费用在 999 元以下相比，求职费用为 1000—2999 元和 3000 元以上的在体制内单位就业的概率分别为 2.791 倍和 3.712 倍，影响都很强，前者在 $p < 0.05$ 的情况下显著，后者在 $p < 0.2$ 的情况下显著，表明了物质投入对就业单位性质有重要的影响，成为就业行为的积极影响的主要体现，但综合影响不确定。

2. 社会资本指标的影响

与中西部生源的大学生相比，来自北京的大学生在体制内单位实现就业的概率为 1.624 倍，影响较强；而来自其他沿海地区的在体制内单位实现就业的概率为 0.757 倍，无正面影响。与来自农村的大学生相比，来自城镇的大学生在体制内单位就业的概率为 1.51 倍，表明城镇生源有较强的优势。富裕家庭在就业单位性质方面没体现出优势。与女生相比，男生在体制内单位实现就业的概率为 1.501 倍，有较强的优势。总体上，北京生源、城镇生源和男生都有正面的影响，即社会资本对大学生能否在体制内单位就业的综合影响为正。

二 人力资本、社会资本对 2008 年大学生就业性质的总体影响

我们将考察一下人力资本指数和社会资本指数对大学生就业单位性质的总体影响。自变量和因变量的处理方法同本章第一节。回归模型的结果如表 3—10 的上半部分所示。人力资本指数的偏回归系数 B 为 0.072，与人力资本指数较低的大学生相比，人力资本指数较高的大学生在体制内单位实现就业的概率为 1.075 倍，人力资本对就业单位性质选择有微弱的正面影响，但不显著。社会资本指数的偏回归系数 B 为 0.27，社会资本指数较高的大学生在体制内单位实现就业的概率为社会资本指数较低的大学生的 1.31 倍，表明社会资本有一定的正面影响。这印证了命题 E1 的结论，即人力资本和社会资本对大学生就业单位性质都具有正面的影响。

表 3—10 　人力资本指数、社会资本指数对 2008 年大学生能否在体制内单位就业的影响

自变量	偏回归系数 B	发生比率 EXP（B）
人力资本指数	0.072（0.281）	1.075
社会资本指数	0.270（0.237）	1.310
交互项	−0.488（0.461）	0.614
常量	0.251#（0.168）	1.286
−2 对数似然值	562.190	
Nagelkerke R 方	0.006	
N	416	

说明：括号内为标准误差 S. E，#$p<0.2$，*$p<0.1$，**$p<0.05$，***$p<0.01$。

比较人力资本指数和社会资本指数的影响，人力资本指数的 B 值比社会资本指数的 B 值低 0.198，EXP（B）比社会资本指数的 ECP（B）低 0.235，p 值较高，都表明人力资本对大学生能否在体制内单位就业的影响力度小于社会资本的影响力度，否定了命题 E2。

三　人力资本、社会资本对 2008 年大学生就业性质的影响的关系

至于人力资本和社会资本在对大学生能否在体制内单位就业的作用，是替代关系还是互补关系？我们同样引入交互项模型，自变量、因变量的设置及赋值方法，同本章第一节，回归模型的结果如表 3—10 的下半部分所示。交互项的偏回归系数为 -0.488，人力资本的作用与社会资本的作用呈负相关。换句话说，随着人力资本作用的提高，社会资本的作用在降低；随着人力资本作用的降低，社会资本的作用在提高。根据 EXP（B），人力资本指数和社会资本指数相互之间的负作用，会使就业概率降为原来的 0.614 倍，EXP（B）与 1 的差额的绝对值为 0.386，有一定的替代关系，但不太显著。

可见，人力资本的作用与社会资本的作用是替代关系，证明了子命题 E3—1，也就证明了命题 E3。大学生只要拥有较多的人力资本或者较多的社会资本，就可能实现在体制内单位就业的目标。

第六节　人力资本、社会资本与 2008 年北京大学生承诺月薪的回归分析

本节主要探讨人力资本和社会资本对北京大学生的承诺月薪分布的影响。样本数量仍为 416 人。其中，用人单位的承诺月薪为 2000 元以下的有 50 人，占 12%；2000—2999 元的有 163 人，占 39.2%；3000—3999 元的有 113 人，占 27.2%；4000—4999 元的有 48 人，占 11.5%；5000 元以上的有 42 人，占 10.1%。

一　人力资本、社会资本对 2008 年大学生承诺月薪的具体影响

自变量的赋值方法同本章第一节。作为因变量，我们以 4000 元为界，将承诺月薪分为高月薪和低月薪两类，并分别赋值为 1 和 0，构建一个双变量逻辑回归模型。回归结果如表 3—11 所示。

1. 人力资本指标的影响

（1）综合素质的影响。如表3—11，与非党员大学生相比，具有党员身份的大学生获得高月薪的概率是3.431倍，表明政治面貌对大学生的工作收入有很强的正面影响，在$p < 0.2$的情况下显著。相对成绩较差的大学生而言，成绩中等和优秀的大学生获得高月薪的概率分别为4.728倍和12.679倍，影响很强，而且呈现边际收益递增的态势，前者不显著，后者在$p < 0.1$的情况下显著。通过英语四级和六级，均无助于提高大学生在高月薪单位就业的概率。与没通过计算机二级的大学生相比，通过计算机二级和三级的大学生在高月薪单位实现就业的概率分别为3.294倍和0.854倍，前者的正面影响很强，在$p < 0.2$的情况下显著；后者无正面影响，不显著。这说明大学生拥有一定的计算机知识是必要的，但等级未必要很高。与没有其他证书的大学生相比，拥有其他证书的大学生在高月薪单位就业的概率为13.531倍，影响很强，在$p < 0.1$的情况下显著。学生干部和奖学金没有正面影响。有实习经历的大学生获得高月薪的概率是无实习经历的大学生的4.515倍，影响很强，在$p < 0.2$的情况下显著。可见，政治面貌、学习成绩、计算机二级、其他证书、实习经历都有正面的影响，影响力度最大的三大指标是其他证书、成绩优秀和成绩中等；英语等级、计算机三级、学生干部和奖学金没有正面影响。从总体上看，综合素质对大学生的承诺月薪有明显的正的综合影响。

表3—11　　　　人力资本、社会资本对2008年大学生
能否获得高月薪的影响

自变量	偏回归系数 B	发生比率 EXP（B）
综合素质变量		
中共党员	1.233[#]（0.833）	3.431
成绩中等	1.554（1.287）	4.728
成绩优秀	2.540[*]（1.517）	12.679
英语四级	−0.376（1.925）	0.687
英语六级	−0.790（2.007）	0.454
计算机二级	1.192[#]（0.778）	3.294
计算机三级	−0.157（1.065）	0.854
其他证书	2.605[*]（1.388）	13.531

续表

自变量	偏回归系数 B	发生比率 EXP（B）
学生干部	− 0.072（1.018）	0.931
实习经历	1.507#（1.048）	4.515
奖学金	− 1.934*（1.127）	0.145
就业意愿变量		
期望其他沿海地区	0.654（0.803）	1.924
期望中西部地区	0.930（1.701）	2.534
愿意去农村	− 1.907**（0.960）	0.149
期望低工资行业	− 0.080（0.792）	0.923
期望体制外单位	2.635***（0.918）	13.945
期望四千元以下	− 7.56***（1.756）	0.001
就业行为变量		
投递简历 20—49 份	− 1.182（0.936）	0.307
投递简历 50 份以上	− 0.721（1.452）	0.486
参加面试 6—9 次	1.460#（0.949）	4.307
参加面试 10 次以上	1.569（1.499）	4.801
费用 1000—2999 元	0.952#（0.718）	2.591
费用 3000 元以上	1.077（1.473）	2.937
社会资本变量		
北京生源	− 1.578#（1.149）	0.206
其他沿海生源	− 0.230（0.730）	0.795
城镇生源	− 1.876**（0.883）	0.153
人均收入 3000—4999 元	− 0.515（0.904）	0.598
人均收入 5000 元以上	0.633（1.120）	1.883
男生	− 1.419*（0.829）	0.242
常量	− 1.333（2.391）	0.264
− 2 对数似然值	82.894	
Nagelkerke R 方	0.687	
N	416	

说明：括号内为标准误差 S.E，$^{\#}p < 0.2$，$^{*}p < 0.1$，$^{**}p < 0.05$，$^{***}p < 0.01$。

（2）就业意愿的影响。与期望在北京地区就业相比，期望在其他沿海地区和中西部地区就业，他们在高月薪单位就业的概率分别为 1. 924 倍和 2. 534 倍，即就业地区期望对能否获得高月薪的正面影响很强，但不显著。愿意去农村就业、期望在低工资行业，无益于提高在高月薪单位就业的概率。而与期望在体制内单位就业相比，期望在体制外单位就业的大学生获得高月薪的概率为 13. 945 倍，影响很强，在 $p < 0.01$ 的情况下显著。这与现实是相符的，外资企业和一些知名民营企业的工资很高，但它们都是体制外单位。收益与风险成正比，放弃对工作稳定性的要求，更可能获得与较高风险相对应的高收入。期望月薪较低，实际获得高月薪单位的概率也较低，同样表现出高度的一致性，表明大学生的就业意愿总体上是合理的，尽管个体存在着预期偏高的情况。即就业意愿对大学生就业单位承诺月薪的正面影响，主要体现在就业地区期望和单位性质期望方面，力度最大的三大指标分别是期望体制外单位、期望中西部地区、期望其他沿海地区，但综合的影响明显为负。

（3）就业行为的影响。多投简历没有积极的影响。与参加 5 次以下面试相比，参加 6—9 次和 10 次以上面试，获得高月薪单位的概率分别为 4. 307 倍和 4. 801 倍，正面影响很强，而且有边际收益递增的态势；前者在 $p < 0.2$ 的情况下显著，后者不显著。与求职费用在 999 元以下相比，求职费用为 1000—2999 元和 3000 元以上的大学生在高月薪单位就业的概率分别为 2. 591 倍和 2. 937 倍，影响也很强，前者在 $p < 0.2$ 的情况下显著，后者不显著，表明了物质投入对获得高月薪单位的综合影响明显为正。

2. 社会资本指标的影响

与中西部生源的大学生相比，来自北京和其他沿海地区的大学生在获得高月薪单位方面并无优势。城镇生源、男生体现出来的社会资本也没有积极影响。与低收入家庭相比，中等收入家庭、高收入家庭的大学生获得高月薪的概率分别为 0. 598 倍和 1. 883 倍，前者无正面影响，后者的正面影响很强，但都不显著。即社会资本对大学生能否在高月薪单位就业的综合影响为负。

二　人力资本、社会资本对 2008 年大学生承诺月薪的总体影响

我们将考查一下人力资本指数和社会资本指数对大学生的承诺月薪分布的总体影响。自变量和因变量的处理方法同本章第一节，回归模型的结果如表 3—12 的上半部分所示。人力资本指数的 B 值为 0. 079，与

人力资本指数较低的大学生相比，人力资本指数较高的大学生获得高月薪单位的概率为 1.082 倍，表明人力资本对大学生就业的月薪收入有微弱的正面影响，但不显著。社会资本指数的 B 值为 0.488，社会资本指数较高的大学生获得高月薪的概率为社会资本指数较低的大学生的 1.628 倍，影响较强；[①]　在 $p < 0.1$ 的情况下显著。两者结合来看，人力资本和社会资本对大学生就业的承诺月薪都具有正面的影响，即印证了命题 F1 的结论。

表 3—12　　　人力资本指数、社会资本指数对 2008 年大学生
能否获得高月薪的影响

自变量	偏回归系数 B	发生比率 EXP（B）
人力资本指数	0.079（0.361）	1.082
社会资本指数	0.488 *（0.288）	1.628
交互项	0.096（0.541）	1.101
常量	− 1.56 * * *（0.220）	0.210
− 2 对数似然值	429.986	
Nagelkerke R 方	0.017	
N	416	

说明：括号内为标准误差 S. E，[#]$p < 0.2$，[*]$p < 0.1$，[**]$p < 0.05$，[***]$p < 0.01$。

与社会资本指数的影响相比，人力资本指数的 B 值低 0.409，EXP（B）低 0.546，p 值较高，都表明人力资本对大学生获得高月薪单位的影响力度小于社会资本的影响力度，就否定了命题 F2 的正确性。

---

　① 在"具体影响"部分，有一个社会资本指标的影响为正，五个指标的影响为负，综合影响为负；而在"总体影响"部分，社会资本指数的总体影响显著为正，出现了较大的差异。这种差异可能源于以下两个方面。一是指标设计的差异。比如，在"具体影响"部分，把"中西部生源"作为基准变量，把"北京生源"、"其他沿海生源"作为两个虚拟变量；而在"总体影响"部分，为了简化，我们把"非北京生源"作为基准变量，把"北京生源"作为虚拟变量。这样，"其他沿海生源"的"具体影响"是负的，而在"总体影响"部分，已转化为"非北京生源"（基准变量）的一部分，其作用就转化为正，扩大了社会资本的作用。二是具体分析和总体分析的差异。各社会资本指标在一起的相互作用可能会产生一种合力，强化社会资本指数的影响力度。

三 人力资本、社会资本对 2008 年大学生承诺月薪的影响的关系

人力资本和社会资本在对大学生获得高月薪单位的作用是什么关系呢？同样引入交互项模型，自变量、因变量的设置及赋值方法，同本章第一节，回归结果为表 3—12 的一部分。交互项的偏回归系数为 0.096，表明人力资本的作用与社会资本的作用呈正相关。换句话说，随着人力资本作用的提高，社会资本的作用也在提高；随着人力资本作用的降低，社会资本的作用也在降低。根据 EXP（B），人力资本指数和社会资本指数相互之间的正影响，会使就业概率升为原来的 1.101 倍，互补关系较微弱，也不显著。

人力资本的作用与社会资本的作用互补，即证明了子命题 F3—2，也就证明了命题 F3。大学生只有同时拥有较多的人力资本和较多的社会资本，才能获得高月薪单位。

第四章　人力资本、社会资本与大学生就业：2010 年数据检验

　　第三章分析了人力资本、社会资本对 2008 年大学生就业的影响，检验了第二章所提出的假设命题。在本章，我们将继续通过 2010 年数据加以检验。2010 年 6 月，中国青年政治学院"北京大学生就业研究课题组"对北京高校大学毕业生就业状况展开了抽样调查。[①] 回收问卷 1642 份，其中有效问卷 1412 份。

　　从高校类型来看，包括综合类、理工类、农林类、师范类、财经类、政法类、民族类共 18 所高校，如图 4—1 所示，其中，北京大学、清华大学、中国人民大学和北京师范大学分别占 0.1%、1.9%、7% 和

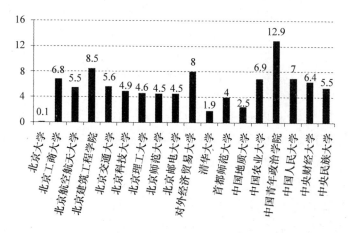

图 4—1　2010 年调查的高校分布（%）

　　① 黄敬宝：《2008—2010 年北京大学生就业与创业调查报告》，中国社会科学出版社 2012 年版，第 232—260 页。

4.5%，北京理工大学、北京科技大学、北京邮电大学、北京航空航天大学、北京交通大学、中国地质大学和北京建筑工程学院分别占4.6%、4.9%、4.5%、5.5%、5.6%、2.5%和8.5%，中国农业大学占6.9%，首都师范大学占4%，对外经贸大学、中央财经大学和北京工商大学占8%、6.4%和6.8%，中国青年政治学院占12.9%，中央民族大学占5.5%。

从学科类别来看，覆盖了9个学科门类，如图4—2所示，哲学占0.4%，经济学占12.9%，法学占3.6%，教育学占0.3%，文学占12%，历史学占0.7%，理学占8%，工学占41.9%，管理学占15.5%，空缺项占4.5%。

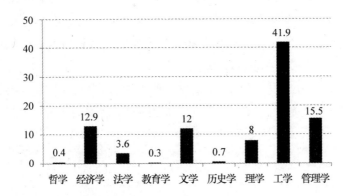

图4—2　2010年调查的学科分布（%）

被调研者来自我国31个省市自治区和香港地区，北京最多，占20.3%，其次是河北，占5.2%，'再次是河南，占4.5%，其他省市比较分散。农村、城镇和城市分别占30.7%、30.1%和34.8%。男生占55.8%，女生占38.8%。①

在被调研的1412名大学毕业生中，如图4—3所示，无接收单位、继续寻找工作的有207人，占14.7%；有接收单位没签协议或合同、

---

①　空缺项是指被调研者没有填写的情况，由于空缺项比例没有计入，各种比例之和可能不足100%。下同。

还在寻找更好的工作的有 171 人，占 12.1%；找到工作并签三方协议的有 259 人，占 18.3%；找到工作并签劳动合同或临时合同的有 115 人，占 8.1%；考上研究生的有 420 人，占 29.8%；出国或准备出国的有 97 人，占 6.9%；自主创业的有 11 人，占 0.8%；自愿失业、继续考研等暂时不准备就业的有 133 人，占 9.4%。其中，有一名学生既考上研究生又创业，另一名学生既准备出国又创业。可见，大学生的毕业去向是多样化的。

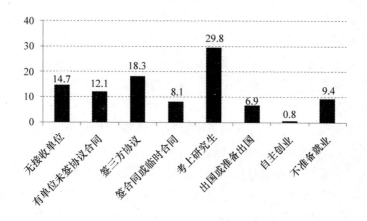

图 4—3　2010 年调查的毕业去向（%）

第一节　人力资本、社会资本与 2010 年北京大学生能否就业的回归分析

准备就业又积极寻找工作的 628 人，构成本节研究的样本。在这 628 名应届毕业生中，无接收单位的有 83 名，占 13.2%；有单位未签协议或合同的有 171 名，占 27.2%；已签三方协议的有 259 名，占 41.2%；已签劳动合同或临时合同的有 115 名，占 18.3%。

一　人力资本、社会资本对 2010 年大学生能否就业的具体影响

本部分仍采用 Logistic 回归模型分析，"是否就业"作为因变量，人

力资本和社会资本作为自变量。

1. 变量量化

（1）人力资本指标的赋值。人力资本包括综合素质、就业意愿和就业行为三个方面，前者体现了大学生在高校积累了人力资本的存量，后两者体现了大学生为实现人力资本价值而付出的努力。

①综合素质。综合素质采用九个指标加以量化。政治面貌、英语等级、计算机等级、其他证书①、学生干部、实习经历、奖学金七个指标的赋值方法同第三章第一节。由于调查问卷的设计存在差异，我们将学习排名处于最后 25% 的大学生作为基准变量，而将处于前 25%—75% 的中等生和处于前 25% 的优等生作为两个虚拟变量。为了突出大学生的研究问题能力、解决问题能力和创新能力，我们增加了"发表论文"指标，曾公开发表过学术论文的赋值为 1，没发表过的赋值为 0。

②就业意愿。就业意愿仍通过五个指标来反映，处理方法同第三章第一节。

③就业行为。就业行为由五个指标来体现。投递简历数量、参加面试次数和求职费用数量的处理方法同第三章第一节。另外增加两个指标，关于"收集就业信息的时间"，将 19 小时及以内的作为基准变量，将 20—49 小时和 50 小时以上作为两个虚拟变量；关于"主动联系用人单位"，将主动联系 4 次及其以下作为基准变量，将 5—9 次和 10 次以上作为两个虚拟变量。

（2）社会资本指标的赋值。社会资本采用六个指标来量化。地区生源、城乡生源、人均家庭收入、性别的处理方法同第三章第一节。另外两个指标的赋值方法如下。关于"父母职业"，以其他情况作为基准变量，分别将父母为机关或事业单位负责人，以及父母为国有企业负责人作为两个虚拟变量。关于"是否用过社会关系"，分别将用过社会关系和未用过社会关系的情况赋值为 1 和 0。

---

① 2010 年的其他证书包括英语口语，剑桥商务英语（BEC），雅思（IELTS），美国研究生入学考试（GRE），国际交流英语考试（TOEIC），英语竞赛奖，日语、俄语、韩语、普通话等级；保险从业资格证，证券从业资格证，会计从业资格证，人力资源管理师证，秘书证，教师资格证；办公自动化，全国信息化工程师，用友证，汽车维修，施工员，造价员，营养师；全国大学生节能减排大赛奖，天华杯全国电子专业技能大赛，企业资源计划系统沙盘竞赛（ERP），首都大学生挑战杯奖，北京大学生交通安全演讲赛奖，北京热力操比赛奖；国家运动员，篮球裁判，乒乓球裁判，古筝等级；优秀团员，优秀学生干部，优秀志愿者；献血证，驾照等。

作为因变量，将实现就业的情况赋值为 1，将未实现就业的赋值为 0，构建一个双变量逻辑回归模型。回归结果如表 4—1 所示。

2. 计量结果

（1）人力资本指标的影响。

B 为 0.539，表明政治面貌对大学生就业的影响为正，根据 EXP(B)，与非党员大学生相比，具有党员身份的大学生实现就业的概率是 1.713 倍，影响较强；在 $p < 0.1$ 的情况下显著。以学习较差的大学生为基准，成绩中等和成绩优秀的大学生实现就业的概率分别为 1.163 倍和 0.855 倍，前者有微弱的影响，后者无正面影响，均不显著，说明成绩中等的学生实现就业的概率最大，这可能与部分大学生的考试分数很高但不注重综合素质的发展有关。与没通过英语国家四级的大学生相比，通过四级和通过六级的大学生实现就业的概率分别是 1.693 倍和 1.684 倍，即英语水平的影响较强，但存在边际收益递减的现象，不显著。与没通过计算机国家二级的大学生相比，通过二级和三级的大学生实现就业概率较低，没有正面意义。其他证书的影响是负面的，也不显著。深入分析其他证书状况，英语口语证，BEC，GRE，雅思，普通话证，俄语、韩语、日语等语言类证书占 23.9%，尤其是英语类的功能已被英语等级证所包含；优秀团员、优秀干部、奥运优秀志愿者、驾照、国家运动员、篮球裁判、乒乓球裁判、古筝等级、北京热力操比赛奖等普通类证书占 47.9%，其专业技能不强；会计从业资格证、保险从业资格证、证券从业资格证、人力资源管理师、造价员、施工员、营养师、汽车维修、秘书证、用友证、全国信息化工程师证等专业证书占 28.2%，比重偏低，因而，没能体现出积极影响。发表论文，也没有体现出就业优势，这说明广大用人单位对于本科生的创新性要求不高。与非学生干部相比，学生干部实现就业的概率为 1.322 倍，有一定的积极影响，也不显著。曾有两个月及其以上的实习经历没有正面影响。获得奖学金的大学生实现就业的概率为未获得奖学金的大学生的 1.519 倍，有较强的正面影响，在 $p < 0.2$ 的情况下显著。

综上所述，政治面貌、学习成绩中等、英语等级、学生干部、奖学金都有积极的影响，力度最强的三大指标分别是政治面貌、英语四级和英语六级，但成绩优秀、计算机等级、其他证书、发表论文和实习经历没有正面作用。综合素质的综合影响方向不确定。

表 4—1   人力资本、社会资本对 2010 年大学生能否就业的影响

自变量	偏回归系数 B	发生比率 EXP（B）
综合素质变量		
中共党员	0.539*（0.287）	1.713
成绩中等	0.151（0.422）	1.163
成绩优秀	−0.157（0.521）	0.855
英语四级	0.527（0.497）	1.693
英语六级	0.521（0.528）	1.684
计算机二级	−0.538*（0.290）	0.584
计算机三级	−1.06**（0.489）	0.347
其他证书	−0.227（0.366）	0.797
发表论文	−0.095（0.481）	0.909
学生干部	0.279（0.283）	1.322
实习经历	−0.280（0.271）	0.756
奖学金	0.418#（0.309）	1.519
就业意愿变量		
期望其他沿海地区	−0.250（0.334）	0.779
期望中西部地区	−0.553（0.565）	0.575
愿意去农村	−0.385#（0.275）	0.681
期望低工资行业	0.928***（0.315）	2.529
期望体制外单位	−0.120（0.328）	0.887
期望四千元以下	−0.587**（0.266）	0.556
就业行为变量		
收集信息 20—49 小时	0.239（0.320）	1.270
收集信息 50 小时以上	0.465（0.390）	1.592
投递简历 20—49 份	0.304（0.321）	1.356
投递简历 50 份以上	−0.547#（0.386）	0.578
主动联系 5—9 次	0.073（0.311）	1.075
主动联系 10 次以上	0.199（0.375）	1.220
参加面试 5—9 次	−0.319（0.313）	0.727
参加面试 10 次以上	−0.396（0.394）	0.673
费用 1000—2999 元	0.544#（0.340）	1.723
费用 3000 元以上	−0.088（0.480）	0.915

续表

自变量	偏回归系数 B	发生比率 EXP（B）
社会资本变量		
北京生源	0.307（0.365）	1.360
其他沿海生源	-0.500[#]（0.307）	0.606
城镇生源	-0.396[#]（0.300）	0.673
父母为机关事业单位负责人	0.206（0.434）	1.229
父母为国有企业负责人	-0.553（0.907）	0.575
人均收入 3000—4999 元	0.253（0.344）	1.288
人均收入 5000 元以上	-0.371（0.457）	0.690
用过社会关系	-0.364[#]（0.265）	0.695
男生	0.326（0.275）	1.385
常量	0.258（0.748）	1.294
-2 对数似然值	426.356	
Nagelkerke R 方	0.215	
N	628	

说明：括号内为标准误差 S. E，[#]$p<0.2$，[*]$p<0.1$，[**]$p<0.05$，[***]$p<0.01$。

与期望在北京地区就业相比，最希望在其他沿海地区和中西部地区就业的 B 值为负，表明降低就业地区期望并不能提高大学生就业的概率，不显著。愿意去农村、期望在体制外单位、期望在四千元以下，均无助于提高就业的成功率。与期望为高工资行业相比，期望为低工资行业，其实现就业的概率为 2.529 倍，影响很强，在 $p<0.01$ 的情况下显著。综合来看，就业意愿对大学生能否就业的影响为负。

与收集就业信息在 19 小时及其以下的情况相比，收集信息时间为 20—49 小时和 50 小时以上，实现就业的发生比率分别为 1.27 倍和 1.592 倍，有一定和较强的积极影响，表明多收集信息对大学生充分展现人力资本的价值有正面的作用，而且存在边际收益递增的现象，但都不太显著。与投简历 19 份以下的情况相比，投 20—49 份实现就业的发生比率为 1.356 倍，有一定的作用，不显著；而投 50 份以上，无正面影响。受时间和精力限制，投太多的简历反而不利于实现就业。与主动联系 4 次及其以下相比，主动联系 5—9 次和 10 次以上的大学生的就业概率分别为 1.075 倍和 1.22 倍，表明主动联系用人单位有微弱的正面影响，存在边际收益递增的现象，但不显著。与面试 4 次及其以下相比，面试 5—9 次和 10 次以上的大学生的就业概率更低。与求职费用在 999 元以下相比，求职费用为 1000—2999 元的就业概率为 1.723 倍，影响较强，在 $p < 0.2$ 的情况下显著，但费用在 3000 元以上无正面影响，不显著。这说明对于北京高校的毕业生来说，保证一定的物质投入是必须的，但并不需要太多。因而，收集信息、投递简历、主动联系、求职费用对大学生就业都有积极的影响，只是需要把握一个合适的度。力度最大的三大因素分别是费用 1000—2999 元、收集信息 50 小时以上、投递简历 20—49 份。就业行为的综合影响明显为正。

（2）社会资本指标的影响。

与广大中西部生源的大学生相比，来自北京地区的大学生，实现就业的概率为 1.36 倍，即北京生源体现出来的社会资本有一定的就业优势；而来自其他沿海地区的就业概率为 0.606 倍，无正面影响。与来自农村的大学生相比，来自城镇的大学生无就业优势。与其他情况相比，父母为机关或事业单位负责人的大学生的就业概率为 1.229 倍，有微弱的优势；但父母为国有企业负责人，并无优势，都不显著。与低收入家庭相比，人均收入为 3000—4999 元的中等收入家庭有一定的正面影响，5000 元以上的高收入家庭的影响为负，不显著。用过社会关系的大学生，没显示出就业优势。这可能与有些大学生有所顾忌而故意隐瞒有关信息相关。男生实现就业的概率为女生的 1.385 倍，即性别体现出来的社会资本有一定的影响。

综合来看，北京生源、父母为机关事业单位负责人、人均家庭收入为 3000—4999 元、男生都有一定的正面影响，力度最强的三大指标分别是男生、北京生源和人均收入 3000—4999 元。社会资本对大学生能否就业的综合影响的方向不确定。

二 人力资本、社会资本对 2010 年大学生能否就业的总体影响

前面分析了人力资本和社会资本的各指标对大学生能否就业的具体影响。下面，我们分析一下人力资本和社会资本的总体影响。

1. 变量量化

因变量不变，我们的重点任务是如何合成自变量——人力资本指数和社会资本指数。

（1）具体指标量化。在综合素质部分，发表论文属于二分变量，无须再处理。在就业意愿部分，指标没有变化。在就业行为部分，关于"收集就业信息的时间"，19 小时及以内的取值为 0，20—49 小时取 0.6，50 小时以上取 1；关于"主动联系用人单位"和"参加面试次数"，4 次及其以下取 0，5—9 次取 0.6，10 次以上取 1。在社会资本部分，关于"父母职业"，将父母为机关或事业单位负责人，以及父母为国有企业负责人的两种情况合并，赋值为 1，其他情况赋值为 0。"是否用过社会关系"本来就是二分变量，无须处理。这样，每个指标的量化取值范围均为 ［0，1］。

（2）合成总体指数。将政治面貌、学习成绩、英语等级、计算机等级、其他证书、发表论文、学生干部、实习经历、奖学金这九个指标的量化数值相加再除以 9，得到平均值，即为综合素质指数。将就业地区期望、城乡期望、就业行业期望、就业单位性质期望、月薪期望这五个指标的量化数值相加再除以 5，就得到就业意愿指数。将收集信息、投递简历、主动联系、参加面试、求职费用这五个指标的量化数值相加再除以 5，得到就业行为指数。然后，将综合素质指数、就业意愿指数和就业行为指数相加再除以 3，就得到人力资本指数。同理，将地区生源、城乡生源、父母职业、家庭收入、用过社会关系、性别这六个指标的量化数值相加再除以 6，就得到社会资本指数。人力资本指数和社会资本指数的取值范围也是 ［0，1］。为了说明问题的方便，我们将人力资本指数的取值范围小于 0.5 的情况，称为人力资本较低，统一赋值为 0，而将大于或等于 0.5 的情况，称为人力资本较高，统一赋值为 1。同理，社会资本指数的取值范围小于 0.5 的情况，称为社会资本较低，统一赋值为 0，而将大于或等于 0.5 的情况，称为社会资本较高，统一赋值为 1。这样，人力资本指数和社会资本指数也变成一个二分变量。

仍以是否就业作为因变量，构建双变量逻辑回归模型，回归结果如表 4—2 的上半部分所示。

2. 计量结果

人力资本指数的偏回归系数 B 为 0.063，人力资本指数较高的大学生实现就业的概率为人力资本指数较低的大学生的 1.065 倍，表明人力资本对大学生能否就业有微弱的正面影响，但不显著。社会资本指数的偏回归系数 B 为 0.019，社会资本指数较高的大学生实现就业的概率为社会资本指数较低的大学生的 1.019 倍，表明社会资本也有微弱的正面影响，这弥补了社会资本各指标的综合评价不明确的缺憾；但也不显著。这基本上证明了命题 A1 的正确性，即人力资本和社会资本对大学生能否实现就业都具有正面的影响。

表4—2　　　　2010 年人力资本指数、社会资本指数对大学生
能否就业的影响

自变量	回归系数 B	发生比率 EXP（B）
人力资本指数	0.063（0.278）	1.065
社会资本指数	0.019（0.184）	1.019
交互项	−0.984**（0.454）	0.374
常量	0.432***（0.114）	1.54
−2 对数似然值	839.96	
Nagelkerke R 方	0.016	
N	628	

说明：括号内为标准误差 S. E，$^{\#}p<0.2$，$^{*}p<0.1$，$^{**}p<0.05$，$^{***}p<0.01$。

比较人力资本指数和社会资本指数的影响，人力资本指数的 B 值比社会资本指数的 B 值高 0.044，人力资本指数的 EXP（B）高出 0.046，p 值较低，都表明人力资本对大学生能否就业的影响力度大于社会资本的影响力度，基本上证明了命题 A2 的正确性。

三　人力资本、社会资本对 2010 年大学生能否就业的影响的关系

前面我们分析了在大学生就业的过程中，人力资本的影响更大还是社会资本的影响更大。接下来，还要探讨在对大学生能否就业的作用中，人力资本和社会资本的关系如何？它们的作用是相关的还是无关的？如果相关，它们是替代关系还是互补关系？当两者是替代关系，说明大学生只要拥有其中一个，就能达到实现就业的目标；如果两者是互补关系，则说明大学生只有同时拥有较高的人力资本和较高的社会资本才能顺利实现就业。

指数的量化处理同第三章第一节。把人力资本指数、社会资本指数和交互项作为三个自变量，以是否就业作为因变量，构建双变量逻辑回归模型，回归结果如表4—2 的下半部分所示。交互项的偏回归系数为 - 0.984，表明人力资本的作用与社会资本的作用呈负相关。换句话说，随着人力资本作用的提高，社会资本的作用会降低，或者说，随着社会资本的作用提高，人力资本的作用会降低。这种替代程度的大小可以通过 B 值的绝对值或 EXP（B）看出。根据 EXP（B），人力资本指数和社会资本指数相互之间的负作用，会使就业概率降低为原来的 0.374 倍。它反映了人力资本指数与社会资本指数的相互替代程度；EXP（B）与1 的差额的绝对值为0.626，表明替代关系较强。该结论在 $p < 0.05$ 的情况下显著，代表性较强。

可见，人力资本的作用与社会资本的作用是替代的关系，即证明了子命题 A3—1，也就证明了命题 A3。如果大学生的人力资本积累较少，他可以通过较高的社会资本来实现就业；如果社会资本较少，他也可以通过自身努力以及更多的人力资本积累实现就业，两者只要拥有其一即可。

第二节　人力资本、社会资本与 2010 年北京大学生接收单位的回归分析

在本节，将探讨人力资本和社会资本对大学生接收单位数量的影响。在原有准备就业又积极找工作的 628 个样本的基础上，删除接收单位数量空缺的情况 36 人，还有 592 个样本。其中，没有接收单位的有 83 人，占14%；只有1 家接收单位的有 229 人，占38.7%；有 2—4 家接收单位的有 247 人，占 41.7%；有 5—9 家接收单位的有 28 人，占 4.7%；有 10 家以上接收单位的有 5 人，占 0.8%。

一　人力资本、社会资本对 2010 年大学生接收单位的具体影响

人力资本指标，包括综合素质、就业意愿、就业行为以及社会资本的指标赋值方法同第四章第一节。作为因变量，仍将接收单位为 2 个单位及其以上的情况赋值为 1，而将接收单位为 1 个及其以下的赋值为 0。构建一个双变量逻辑回归模型，回归结果如表4—3 所示。

1. 人力资本指标的影响

（1）综合素质的影响。B 为 0.34，表明政治面貌对大学生接收单位数量的影响为正，根据 EXP（B），与非党员大学生相比，具有党员身份的大学生获得 2 个及其以上接收单位的概率是 1.405 倍，表明政治面貌对接收单位有一定的正面影响，但不显著。以学习较差的大学生为基准，成绩中等和成绩优秀的大学生获得较多接收单位的概率分别为 1.734 倍和 1.524 倍，体现出学习成绩正面影响较强，但存在着边际收益递减的现象，也不显著。与没通过国家英语四级的大学生相比，通过四级和通过六级的大学生获得 2 个及其以上单位的概率分别是 0.911 倍和 1.255 倍，即通过四级没有意义，而通过六级有一定的积极影响，均不显著。通过计算机二级和三级没能带来更多的接收单位，不显著。与没有其他证书的大学生相比，拥有其他证书的大学生获得 2 个以上单位的概率为 1.487 倍，有一定的正面影响，但不显著。曾公开发表过学术论文的大学生获得 2 个以上单位的概率为未发表论文的大学生的 2.369 倍，表现出很强的正面影响，p 为 0.105，显著。学生干部和实习经历都有微弱的就业优势，但不显著。获得奖学金的大学生的比较优势为 1.579 倍，正面影响较强，在 $p < 0.2$ 的情况下显著。综上所述，政治面貌、学习成绩、英语六级、其他证书、发表论文、学生干部、实习经历、奖学金都有积极的影响，力度最强的三大指标分别是发表论文、成绩中等和奖学金，但英语四级、计算机等级无正面影响。综合素质对大学生接收单位数量的综合影响明显为正。

表 4—3　　　　人力资本、社会资本对 2010 年大学生
能否获得 2 个及其以上接收单位的影响

自变量	偏回归系数 B	发生比率 EXP（B）
综合素质变量		
中共党员	0.340（0.280）	1.405
成绩中等	0.551（0.443）	1.734
成绩优秀	0.421（0.539）	1.524
英语四级	−0.093（0.494）	0.911
英语六级	0.227（0.526）	1.255
计算机二级	−0.310（0.297）	0.733

续表

自变量	偏回归系数 B	发生比率 EXP（B）
计算机三级	-0.114（0.493）	0.892
其他证书	0.397（0.370）	1.487
发表论文	0.862#（0.532）	2.369
学生干部	0.200（0.292）	1.221
实习经历	0.179（0.265）	1.196
奖学金	0.457#（0.307）	1.579
就业意愿变量		
期望其他沿海地区	-0.103（0.339）	0.902
期望中西部地区	0.337（0.573）	1.400
愿意去农村	-0.237（0.272）	0.789
期望低工资行业	0.196（0.298）	1.217
期望体制外单位	0.470#（0.321）	1.600
期望四千元以下	-0.709***（0.267）	0.492
就业行为变量		
收集信息 20—49 小时	0.424#（0.314）	1.528
收集信息 50 小时以上	-0.019（0.394）	0.981
投递简历 20—49 份	0.464#（0.312）	1.591
投递简历 50 份以上	0.157（0.389）	1.170
主动联系 5—9 次	0.444#（0.306）	1.560
主动联系 10 次以上	0.789**（0.367）	2.202
参加面试 5—9 次	0.248（0.315）	1.282
参加面试 10 次以上	0.525#（0.381）	1.691
费用 1000—2999 元	0.166（0.326）	1.180
费用 3000 元以上	-0.804#（0.526）	0.448
社会资本变量		
北京生源	-0.249（0.357）	0.780
其他沿海生源	-0.390（0.320）	0.677
城镇生源	-0.352（0.298）	0.703
父母为机关事业单位负责人	-0.397（0.431）	0.672
父母为国有企业负责人	-0.359（1.053）	0.699
人均收入 3000—4999 元	-0.062（0.342）	0.940

105

续表

自变量	偏回归系数 B	发生比率 EXP (B)
人均收入 5000 元以上	0.819* (0.492)	2.268
用过社会关系	0.223 (0.266)	1.249
男生	0.080 (0.279)	1.083
常量	-1.577** (0.775)	0.207
-2 对数似然值	422.774	
Nagelkerke R 方	0.241	
N	592	

说明：括号内为标准误差 S. E,$^{\#}p < 0.2$, $^{*}p < 0.1$, $^{**}p < 0.05$, $^{***}p < 0.01$。

（2）就业意愿的影响。与期望在北京地区就业相比，最希望在其他沿海地区和中西部地区就业，获得 2 个及其以上接收单位的概率分别为 0.902 倍和 1.4 倍，即选择去广大中西部地区就业，在一定程度上能获得更多的接收单位，但不显著；愿意去农村、期望月薪四千元以下，都没有正面影响。而期望为低工资行业有微弱的正面影响，不显著；期望为体制外单位有较强的正面影响，后者在 $p < 0.2$ 的情况下显著。可见，就业意愿对大学生的接收单位的正面影响主要体现在就业地区、行业和单位性质方面，但综合影响的方向不明确。

（3）就业行为的影响。与 19 小时以下的情况相比，收集信息 20—49 小时和 50 小时以上获得 2 个及其以上接收单位的概率分别为 1.528 倍和 0.981 倍，前者有较强的影响，在 $p < 0.2$ 的情况下显著；后者无正面影响，十分不显著，表明多收集就业信息是有意义的，但不是越多越好。与 19 份以下的情况相比，投简历 20—49 份和 50 份以上获得 2 个及其以上接收单位的概率分别为 1.591 倍和 1.17 倍，前者有较强的影响，在 $p < 0.2$ 的情况下显著，后者有微弱的影响，不显著，表明多投简历也是有意义的，但也存在着边际收益递减的问题。与主动联系 4 次及其以下相比，主动联系 5—9 次和 10 次以上的大学生获得较多接收单位的概率分别为 1.56 倍和 2.202 倍，前者有较强的影响，在 $p < 0.2$ 的情况下显著；后者的影响很强，在 $p < 0.05$ 的情况下显著，表明主动联系有重要的作用。与面试 4 次及其以下相比，面试 5—9 次和 10 次以上的大学生获得较多接收单位的概率分别为 1.282 倍和 1.691 倍，前者

有一定的影响，不显著；后者的影响较强，在 $p < 0.2$ 的情况下显著，呈现出边际收益递增的现象。与求职费用在 999 元以下相比，求职费用为 1000—2999 元有微弱的积极影响，而 3000 元以上的没有正面影响。综上，收集信息 20—49 小时、投递简历、主动联系、参加面试、求职费用 1000—2999 元均有积极的影响，力度最强的三大指标分别是主动联系 10 次以上、面试 10 次以上、投递简历 20—49 份。总体上，就业行为的综合影响明显为正。

2. 社会资本指标的影响

与广大中西部生源的大学生相比，来自北京和其他沿海地区的大学生在获得较多接收单位方面并没有优势。城乡生源、父母职业体现出来的社会资本也没有显示出正面影响。与家庭人均收入在 2999 元以下的低收入家庭相比，人均收入为 3000—4999 元的中等收入家庭、5000 元以上的高收入家庭的大学生，获得较多接收单位的概率分别为 0.94 倍和 2.268 倍，前者无正面影响，不显著；后者有很强的正面影响，在 $p < 0.1$ 的情况下显著。用过社会关系的大学生获得 2 个及其以上接收单位的概率为未用过社会关系的 1.249 倍，表明在找工作的过程中，找关系、"走后门"有微弱的作用，但不显著。与女生相比，男生获得较多接收单位的概率为 1.083 倍，有微弱的影响，也不显著。只有人均家庭收入 5000 元以上、用过社会关系和男生三个指标的影响为正，且显著性水平通过了检验。因而，社会资本对大学生接收单位的综合影响不确定。

二　人力资本、社会资本对 2010 年大学生接收单位的总体影响

我们分析了各个人力资本指标和社会资本指标对大学生获得 2 个以上接收单位的具体影响。下面，我们探讨一下人力资本指数和社会资本指数的总体影响。人力资本指数和社会资本指数的合成与量化，同第四章第一节。仍以接收单位作为因变量，构建一个双变量逻辑回归模型，回归结果如表 4—4 的上半部分所示。

人力资本指数的偏回归系数 B 为 0.868，与人力资本指数较低的大学生相比，人力资本指数较高的大学生获得 2 个及其以上接收单位的概率为 2.383 倍，表明人力资本对大学生接收单位的总体影响很强，在 $p < 0.01$ 的情况下显著。社会资本指数的偏回归系数 B 为 0.046，社会

资本指数较高的大学生获得较多接收单位的概率为社会资本指数较低的大学生的 1.047 倍，表明社会资本具有微弱的正面影响，[1] 但不显著。这从总体上证明了命题 B1 的正确性，即人力资本和社会资本对大学生能否获得更多的接收单位都具有正面影响。

表 4—4　　　　人力资本指数、社会资本指数对 2010 年大学生
能否获得 2 个及其以上接收单位的影响

自变量	回归系数 B	发生比率 EXP （B）
人力资本指数	0.868＊＊＊（0.297）	2.383
社会资本指数	0.046（0.186）	1.047
交互项	－1.473＊＊＊（0.483）	0.229
常量	－0.175（0.114）	0.839
－2 对数似然值	806.087	
Nagelkerke R 方	0.029	
N	592	

说明：括号内为标准误差 S. E,#$p < 0.2$,＊$p < 0.1$,＊＊$p < 0.05$,＊＊＊$p < 0.01$。

比较人力资本指数和社会资本指数的影响，人力资本指数的 B 值比社会资本指数的 B 值高 0.822，EXP（B）高 1.336，前者显著，后者不显著，表明人力资本对大学生能否获得较多单位的影响力度大于社会资本的影响力度，证实了命题 B2 的正确性。

三　人力资本、社会资本对 2010 年大学生接收单位的影响的关系

我们还要探讨在对大学生能否获得较多的接收单位的作用中，人力资本和社会资本的关系如何？它们是替代关系还是互补关系？同样，我们引入交互项模型。交互项的设置及赋值方法，同第四章第一节。仍以接收单位数量作为因变量，构建双变量逻辑回归模型，回归结果如表

---

① 在"具体影响"部分，有三个社会资本指标的影响为正，六个社会资本指标的影响为负，综合影响不确定；而在"总体影响"部分，社会资本指数的总体影响为正，这两者出现了一定的差异。据推测，可能有两个原因。一个是由于个别样本的个别选项没有填写，在 SPSS 系统合成社会资本指数时被忽略了，没有进入逻辑回归模型。另一个是由于各个社会资本指标在一起的相互作用产生了一种合力，强化社会资本指数的影响。

4—4 的上部分所示。

交互项的偏回归系数为 - 1.473，表明人力资本的作用与社会资本的作用是负相关的。也就是说，随着人力资本作用的提高，社会资本的作用会降低，或者说，随着社会资本的作用提高，人力资本的作用会降低。EXP（B）为 0.229，表明人力资本指数和社会资本指数相互之间的负作用，会使就业概率降低为原来的 0.229 倍，EXP（B）与 1 的差额的绝对值为 0.771，替代关系很强。在 $p < 0.01$ 的情况下显著，表明该结论具有较强的代表性。

可见，在对大学生接收单位的影响中，人力资本的作用与社会资本的作用是替代关系，即证明了子命题 B3—1，也就证明了命题 B3。大学生只要拥有较多的人力资本或者较多的社会资本，都可能获得较多的接收单位。

第三节　人力资本、社会资本与 2010 年北京大学生就业地区的回归分析

前两节分析了人力资本和社会资本对大学生就业数量层面的影响。下面，我们针对已实现就业的大学生，研究人力资本和社会资本对大学生就业质量的影响。大学生就业质量具体表现在就业地区分布、就业行业分布、就业单位性质分布和承诺月薪分布四个方面。本节探讨人力资本和社会资本对大学生就业地区分布的影响。

已实现就业的大学生共 374 人，删除就业质量填写不完整的情况 24 人，还有 350 人，构成第三节至第六节研究的样本。从就业地区来看，北京有 207 人，占 59.1%；上海有 15 人，占 4.3%；广东有 28 人，占 8%；其他沿海地区有 45 人，占 12.9%；中部地区有 25 人，占 7.1%；西部地区有 30 人，占 8.6%。

一　人力资本、社会资本对 2010 年大学生就业地区的具体影响

自变量的赋值方法同第四章第一节；作为因变量，我们将大学生的就业地区粗略地分为北京地区和非北京地区，并分别赋值为 1 和 0。构建一个双变量逻辑回归模型，回归结果如表 4—5 所示。

1. 人力资本指标的影响

（1）综合素质的影响。B 为 0.301，表明政治面貌对大学生能否在

北京地区就业的影响为正，与非党员大学生相比，具有党员身份的大学生在北京实现就业的概率是 1.351 倍，但不显著。与学习成绩较差的大学生相比，成绩中等和优秀的大学生在北京实现就业的概率分别 6.592 倍和 26.55 倍，都非常显著，表明学习成绩体现出来的人力资本对大学生就业地区选择有很强的正面影响，而且成绩越好对就业地区的正面影响也越强。与没通过英语四级的大学生相比，通过四级和六级的大学生在北京实现就业的概率分别是 1.623 倍和 2.11 倍，有较强和很强的影响，呈边际收益递增的态势，但不显著。通过计算机二级和三级对大学生的就业地区分布有微弱的积极影响，都不显著。拥有其他证书的大学生实现在北京地区就业的概率为没有其他证书的 1.75 倍，正面影响很强，但不显著。发表论文有一定的积极影响，学生干部和实习经历有微弱的积极影响，但都不显著。奖学金没有正面影响。可见，政治面貌、学习成绩、英语等级、计算机等级、其他证书、发表论文、学生干部、实习经历都有正面影响，影响力度最大的三个因素分别是成绩优秀、成绩中等、英语六级；只有奖学金的影响为负。即综合素质对大学生的就业地区的综合影响明显为正。

表 4—5　　　　　人力资本、社会资本对 2010 年大学生
能否在北京就业的影响

自变量	偏回归系数 B	发生比率 EXP（B）
综合素质变量		
中共党员	0.301（0.508）	1.351
成绩中等	1.886＊＊（0.904）	6.592
成绩优秀	3.279＊＊＊（1.107）	26.550
英语四级	0.484（1.230）	1.623
英语六级	0.747（1.270）	2.110
计算机二级	0.015（0.511）	1.015
计算机三级	0.156（1.003）	1.169
其他证书	0.560（0.794）	1.750
发表论文	0.392（0.774）	1.480
学生干部	0.176（0.513）	1.193
实习经历	0.079（0.532）	1.082

续表

自变量	偏回归系数 B	发生比率 EXP（B）
奖学金	− 0.608（0.597）	0.545
就业意愿变量		
期望其他沿海地区	− 1.795＊＊＊（0.628）	0.166
期望中西部地区	− 22.662（10979.526）	0.000
愿意去农村	− 0.211（0.528）	0.810
期望低工资行业	0.324（0.523）	1.383
期望体制外单位	0.624（0.695）	1.866
期望四千元以下	− 0.506（0.521）	0.603
就业行为变量		
收集信息 20—49 小时	1.417＊＊（0.595）	4.127
收集信息 50 小时以上	0.994#（0.723）	2.702
投递简历 20—49 份	− 0.537（0.550）	0.584
投递简历 50 份以上	− 0.072（0.784）	0.930
主动联系 5—9 次	1.121＊（0.609）	3.067
主动联系 10 次以上	1.021#（0.646）	2.776
参加面试 5—9 次	0.119（0.559）	1.126
参加面试 10 次以上	− 0.796（0.666）	0.451
费用 1000—2999 元	− 0.228（0.540）	0.796
费用 3000 元以上	− 1.412#（0.977）	0.244
社会资本变量		
北京生源	5.152＊＊＊（1.294）	172.712
其他沿海生源	0.286（0.551）	1.331
城镇生源	0.384（0.587）	1.468
父母为机关事业单位负责人	0.043（0.890）	1.044
父母为国有企业负责人	21.426（1843.773）	20190000.000
人均收入 3000—4999 元	0.095（0.615）	1.099
人均收入 5000 元以上	2.076#（1.433）	7.969
用过社会关系	1.283＊＊（0.519）	3.608
男生	0.234（0.551）	1.264
常量	− 4.022＊＊（1.756）	0.018
− 2 对数似然值	148.850	

自变量	偏回归系数 B	发生比率 EXP（B）
Nagelkerke R 方	0.664	
N	350	

说明：括号内为标准误差 S. E,$^{\#}p<0.2$,$^{*}p<0.1$,$^{**}p<0.05$,$^{***}p<0.01$。

（2）就业意愿的影响。与期望为北京地区相比，最希望在其他沿海地区就业的大学生，最终在北京实现就业的概率仅为 0.166 倍，显著；最希望在中西部地区就业的大学生，最终几乎没有人在北京地区就业，非常不显著。可见，就业意愿对大学生就业结果的影响很大；同时，也反映了不存在总体性的就业地区意愿偏高的问题。愿意去农村就业、期望月薪在四千元以下，都没能增强他们的就业地区优势。相反，与期望高工资行业相比，期望在低工资行业就业的大学生在北京实现就业的概率为 1.383 倍，有一定的积极影响；与期望体制内单位相比，期望在体制外单位就业的大学生在北京就业的概率为 1.866 倍，影响很强，均不显著。即就业意愿对大学生就业地区的正面影响，主要体现在行业期望和单位性质期望方面，但综合影响明显为负。

（3）就业行为的影响。与 19 小时以下的情况相比，收集信息 20—49 小时和 50 小时以上的大学生实现在北京地区就业的概率分别为 4.127 倍和 2.702 倍，影响很强，前者在 $p<0.05$ 的情况下显著，后者在 $p<0.2$ 的情况下显著，说明多收集就业信息对就业地区分布至关重要，但呈现出边际收益递减的态势。与 4 次及其以下相比，主动联系 5—9 次和 10 次以上的大学生在北京就业的概率分别为 3.067 倍和 2.776 倍，影响很强，都显著，这表明，与其被动等待，不如主动出击去联系用人单位。与 4 次及其以下相比，面试 5—9 次和 10 次以上的大学生实现在北京就业的概率分别为 1.126 倍和 0.451 倍，表明参加面试有微弱的积极影响，但不是越多越好。多投递简历、增加求职费用都没显示出正面影响。综上，就业行为的积极影响主要体现在收集信息、主动联系和恰当的面试准备方面，力度最强的三大指标分别是收集信息 20—49 小时、主动联系 5—9 次、主动联系 10 次以上。总体来看，就业行为对大学生就业地区选择的综合影响为正。

2. 社会资本指标的影响

与广大中西部生源的大学生相比，来自北京的大学生在北京地区实现就业的概率为 172.712 倍，拥有绝对优势，北京生源体现出来的社会资本的影响特别强，非常显著，来自其他沿海地区的大学生在北京实现就业的概率为 1.331 倍，有一定的正面影响，不显著。城镇生源的大学生在北京就业的概率是农村生源的大学生的 1.468 倍，有一定的正面影响，但不显著。与其他情况相比，父母为机关或事业单位负责人的大学生在北京实现就业有微弱的优势，而父母为国有企业负责人的大学生在北京实现就业的概率为 201900000 倍，影响特别强，但十分不显著，说明其代表性不强。与家庭人均收入在 2999 元以下的低收入家庭相比，人均收入为 3000—4999 元的中等收入家庭、5000 元以上的高收入家庭在北京就业的概率分别为 1.099 倍和 7.969 倍，前者有微弱的优势，不显著；后者的影响很强，在 $p < 0.2$ 的情况下显著，呈现出边际收益递增的态势。用过社会关系的大学生在北京实现就业的概率是未用过社会关系的 3.608 倍，影响很强，也很显著。男生在北京就业的概率为女生的 1.264 倍，有一定的影响，不显著。全部指标都有正面影响，力度最强的三大指标分别是父母为国有企业负责人、北京生源、人均收入 5000 元以上。社会资本对大学生能否在北京地区就业的综合影响明显为正。

二　人力资本、社会资本对 2010 年大学生就业地区的总体影响

前面我们分析了各个人力资本指标和社会资本指标对大学生在北京地区就业的具体影响。下面，我们探讨人力资本指数和社会资本指数的总体影响。自变量和因变量的处理方法同第四章第一节，构建双变量逻辑回归模型，回归结果如表 4—6 的上半部分所示。

人力资本指数的偏回归系数 B 为 -0.091，与人力资本指数较低的大学生相比，人力资本指数较高的大学生在北京实现就业的概率为 0.913 倍，表明人力资本对大学生就业地区分布有负面的影响，但这种结论也不显著。社会资本指数的偏回归系数 B 为 1.199，社会资本指数较高的大学生在北京就业的概率为社会资本指数较低的大学生的 3.316 倍，表明社会资本的正面影响很强，十分显著。这样，部分地证明了命题 C1 的正确性。

表4—6　　　　　　人力资本指数、社会资本指数对2010年大学生
能否在北京就业的影响

自变量	偏回归系数 B	发生比率 EXP（B）
人力资本指数	－0.091（0.345）	0.913
社会资本指数	1.199＊＊＊（0.273）	3.316
交互项	－0.813（0.718）	0.443
常量	0.042（0.145）	1.043
－2对数似然值	450.337	
Nagelkerke R 方	0.086	
N	350	

说明：括号内为标准误差 S. E,$^{\#}p<0.2$,$^{*}p<0.1$,$^{**}p<0.05$,$^{***}p<0.01$。

与社会资本指数的影响相比，人力资本指数的 B 值低1.29，EXP（B）低2.403，前者不显著，后者十分显著，表明人力资本对大学生能否在北京地区就业的影响力度小于社会资本的影响力度，就否定了命题 C2。

三　人力资本、社会资本对2010年大学生就业地区的影响的关系

接下来，我们要探讨在对大学生能否在北京地区实现就业的作用中，人力资本和社会资本的关系。同样，引入交互项模型。自变量、因变量的设置及赋值方法，同第四章第一节，构建一个双变量逻辑回归模型，回归结果为表4—6的一部分。交互项的偏回归系数为－0.813，表明人力资本的作用与社会资本的作用呈负相关。也就是说，随着人力资本作用的提高，社会资本的作用在降低，或者说，随着人力资本作用的降低，社会资本的作用在提高。根据 EXP（B），人力资本指数和社会资本指数相互之间的负作用，会使就业概率下降为原来的0.443倍，它与1的差额的绝对值为0.557，有较强的替代关系，但不显著。

可见，人力资本的作用与社会资本的作用是替代关系，验证了子命题 C3—1，也就证明了命题 C3。大学生只要拥有较多的人力资本或较多的社会资本，就能实现在北京地区就业的目标。而就事实而言，虽然人力资本和社会资本可以分开，但结合本节第二部分的分析，人力资本的作用是负的，只有社会资本的作用为正。也就是说，拥有较高的社会资

114

本，才是实现在北京地区就业的唯一途径。这再次体现了社会资本对就业地区分布的重要作用。

第四节　人力资本、社会资本与 2010 年北京大学生就业行业的回归分析

本节主要探讨人力资本和社会资本对大学生就业行业分布的影响。样本量为 350 人。其中，农业有 5 人，占 1.4%；采掘业有 6 人，占 1.7%；制造业有 65 人，占 18.6%；电力、煤气及水的生产和供应业有 14 人，占 4%；建筑业有 38 人，占 10.9%；地质勘查业、水利管理业有 2 人，占 0.6%；批发零售贸易和餐饮业有 21 人，占 6%；交通运输、仓储和邮电通信业有 24 人，占 6.9%；金融保险业有 54 人，占 15.4%；房地产业有 10 人，占 2.9%；社会服务业有 13 人，占 3.7%；卫生体育和社会福利业有 1 人，占 0.3%；教育文化和广播电影和电视业有 30 人，占 8.6%；科学研究和综合技术服务业有 34 人，占 9.7%；国家机关、党政机关和社会团体有 30 人，占 8.6%；军人 3 人，占 0.9%。

一　人力资本、社会资本对 2010 年大学生就业行业的具体影响

自变量的赋值方法同第四章第一节，作为因变量，将大学生的就业行业粗略地分为高工资行业和低工资行业，并分别赋值为 1 和 0。逻辑回归模型的结果如表 4—7 所示。

1. 人力资本指标的影响

（1）综合素质的影响。B 为 0.577，表明政治面貌对大学生能否在高工资行业就业的影响为正，与非党员大学生相比，具有党员身份的大学生在高工资行业实现就业的概率是 1.78 倍，影响很强，在 $p < 0.2$ 的情况下显著。与学习成绩较差相比，成绩中等有微弱的影响，成绩优秀无正面影响，也就是说，成绩中等的大学生，其就业行业选择的余地最大，但均不显著。与未通过英语四级的大学生相比，通过四级和通过六级的大学生在高工资行业实现就业的概率分别为 2.37 倍和 2.248 倍，影响很强，但都不显著。与没通过计算机二级的大学生相比，通过二级和三级的大学生在高工资行业实现就业的概率分别为 0.657 倍和 8.852 倍，前者无正面影响，不显著；后者的正面影响很强，在 $p < 0.05$ 的条

件下显著，表明计算机等级证书对就业行业选择有重要影响。拥有其他证书、发表论文都有一定的正面影响，学生干部的影响微弱，都不显著。有实习经历的大学生在高工资行业就业的概率是没有实习经历的大学生的 1.665 倍，影响较强，在 $p < 0.2$ 的情况下显著。而奖学金没显示出正面影响。可见，政治面貌、学习成绩中等、英语等级、计算机三级、其他证书、发表论文、学生干部和实习经历都有正面的影响，影响力度最大的三个因素分别是计算机三级、英语四级、英语六级，但成绩优秀、计算机二级、奖学金没有正面影响。综合来看，综合素质对大学生的就业行业选择的综合影响明显为正。

表 4—7　　　　人力资本、社会资本对 2010 年大学生
能否在高工资行业就业的影响

自变量	偏回归系数 B	发生比率 EXP (B)
综合素质变量		
中共党员	0.577# (0.416)	1.780
成绩中等	0.092 (0.638)	1.097
成绩优秀	-0.035 (0.759)	0.966
英语四级	0.863 (0.711)	2.370
英语六级	0.810 (0.778)	2.248
计算机二级	-0.420 (0.438)	0.657
计算机三级	2.181** (0.907)	8.852
其他证书	0.329 (0.552)	1.389
发表论文	0.339 (0.725)	1.404
学生干部	0.023 (0.422)	1.024
实习经历	0.510# (0.393)	1.665
奖学金	-0.822* (0.449)	0.439
就业意愿变量		
期望其他沿海地区	-0.065 (0.493)	0.937
期望中西部地区	0.036 (0.925)	1.036
愿意去农村	0.320 (0.422)	1.377
期望低工资行业	-1.461*** (0.408)	0.232
期望体制外单位	0.104 (0.490)	1.109

续表

自变量	偏回归系数 B	发生比率 EXP（B）
期望四千元以下	−0.499#（0.382）	0.607
就业行为变量		
收集信息 20—49 小时	0.776#（0.473）	2.174
收集信息 50 小时以上	0.778#（0.597）	2.176
投递简历 20—49 份	−0.693#（0.450）	0.500
投递简历 50 份以上	−0.927#（0.606）	0.396
主动联系 5—9 次	−0.366（0.446）	0.693
主动联系 10 次以上	−0.158（0.532）	0.854
参加面试 5—9 次	0.095（0.449）	1.100
参加面试 10 次以上	0.354（0.560）	1.424
费用 1000—2999 元	1.156＊＊（0.501）	3.178
费用 3000 元以上	0.506（0.807）	1.658
社会资本变量		
北京生源	0.208（0.522）	1.231
其他沿海生源	0.640#（0.490）	1.896
城镇生源	0.622#（0.424）	1.863
父母为机关事业单位负责人	−0.512（0.646）	0.599
父母为国有企业负责人	20.811（2220.871）	10920000.000
人均收入 3000—4999 元	−0.382（0.489）	0.683
人均收入 5000 元以上	−1.537＊＊（0.760）	0.215
用过社会关系	0.893＊＊（0.404）	2.442
男生	−0.652#（0.433）	0.521
常量	−0.406（1.124）	0.667
−2 对数似然值	226.842	
Nagelkerke R 方	0.377	
N	350	

说明：括号内为标准误差 S.E，#$p<0.2$，＊$p<0.1$，＊＊$p<0.05$，＊＊＊$p<0.01$。

（2）就业意愿的影响。与期望在北京地区就业相比，最希望在其他沿海地区的影响为负，而最希望在中西部地区就业有微弱的正面影响，都不显著，说明地区意愿对大学生的就业行业选择的影响不大。愿意去农村的大学生在高工资行业实现就业的概率为 1.377 倍，有一定的影响，但不显著。实际就业行业与就业行业期望具有高度的一致性，即期望在低工资行业就业的大学生在高工资行业实现就业的概率显著很低。期望月薪的情况与此相似。与期望在体制内单位就业相比，期望在体制外单位就业的大学生在高工资行业实现就业的概率偏高，说明就业性质与就业行业具有微弱的替代关系。即就业意愿对大学生在高工资行业实现就业的正面影响，主要体现在中西部地区期望、城乡期望和单位性质期望方面，但综合影响为负。

（3）就业行为的影响。与 19 小时以下的情况相比，收集信息为 20—49 小时和 50 小时以上的大学生实现高工资行业就业的概率分别为 2.174 倍和 2.176 倍，两者的影响都很强，都显著，表明积极的就业行为有较强的促进作用。但是，多投简历、主动联系都没有表现出积极影响。与 4 次及其以下相比，面试 5—9 次和 10 次以上的大学生实现高工资行业就业的概率分别为 1.1 倍和 1.424 倍，有微弱和一定的正面影响，呈现出边际收益递增的态势，都不显著。与 999 元以下相比，求职费用为 1000—2999 元和 3000 元以上的在高工资行业就业的概率分别为 3.178 倍和 1.658 倍，前者的影响很强，显著；后者的影响较强，不显著，表明物质投入对就业行业有重要影响，但存在边际收益下降的倾向。综上，就业行为的积极影响主要体现在收集信息、参加面试和求职费用方面，力度最强的三大指标分别是求职费用为 1000—2999 元、收集信息 50 小时以上和收集信息 20—49 小时，就业行为的综合影响为正。

2. 社会资本指标的影响

与中西部生源的大学生相比，来自北京的大学生在高工资行业实现就业的概率为 1.231 倍，有微弱的正面影响，不显著；而来自其他沿海地区的大学生在高工资行业实现就业的概率为 1.896 倍，影响很强，在 $p < 0.2$ 的情况下显著。与来自农村的大学生相比，来自城镇的大学生在高工资行业实现就业的概率为 1.863 倍，影响很强，显著。与其他情况相比，父母为机关或事业单位负责人没有优势，而父母为国有企业负责人则有特别强的优势，但都不显著，尤其是后者。与未用过社会关系的大学生相比，用过社会关系的大学生在高工资行业就业的概率为 2.442 倍，影响很强，显著。人均家庭收入水平和性别都没有正面影

响。总体上，地区生源、城乡生源、父母为国有企业负责人、找过社会关系都有正面的影响，力度最强的三大指标分别是父母为国有企业负责人、用过社会关系、其他沿海生源。社会资本对大学生能否在高工资行业就业的综合影响为正。

二　人力资本、社会资本对 2010 年大学生就业行业的总体影响

前面已经分析了人力资本各指标和社会资本各指标对大学生在高工资行业就业的具体影响。下面，将考查一下人力资本指数和社会资本指数的总体影响。自变量和因变量的处理方法同第四章第一节，回归模型的结果如表 4—8 所示。人力资本指数的偏回归系数 B 为 0.055，与人力资本指数较低的大学生相比，人力资本指数较高的大学生在高工资行业实现就业的概率为 1.057 倍，表明人力资本对大学生就业行业分布有微弱的正面影响，但不显著。社会资本指数的偏回归系数 B 为 0.169，社会资本指数较高的大学生在高工资行业实现就业的概率为社会资本指数较低的大学生的 1.184 倍，也有微弱的影响，也不显著。这基本上证明了命题 D1。

表 4—8　　　　人力资本指数、社会资本指数对 2010 年大学生
能否在高工资行业就业的影响

自变量	偏回归系数 B	发生比率 EXP (B)
人力资本指数	0.055（0.347）	1.057
社会资本指数	0.169（0.245）	1.184
交互项	0.279（0.731）	1.322
常量	0.190[#]（0.146）	1.209
−2 对数似然值	478.133	
Nagelkerke R 方	0.004	
N	350	

说明：括号内为标准误差 S. E.，[#]$p < 0.2$，[*]$p < 0.1$，[**]$p < 0.05$，[***]$p < 0.01$。

与社会资本指数的影响相比，人力资本指数的 B 值低 0.114，EXP (B) 低 0.127，p 值较高，表明人力资本对大学生能否在高工资行业就业的影响力度小于社会资本的影响力度，否定了命题 D2。

三　人力资本、社会资本对 2010 年大学生就业行业的影响的关系

我们还要探讨在对大学生能否在高工资行业就业的作用中，人力资本和社会资本是替代关系还是互补关系？同样，我们引入交互项模型。自变量、因变量的设置及赋值方法，同第四章第一节，回归结果为表4—8 的一部分。交互项的偏回归系数为 0.279，表明人力资本的作用与社会资本的作用正相关。也就是说，随着人力资本作用的提高，社会资本的作用也在提高；反之亦然。根据 EXP（B），人力资本指数和社会资本指数相互之间的正作用，会使就业概率上升为原来的 1.322 倍，有一定的互补关系，但不显著。

这表明，在对大学生就业行业的影响中，人力资本的作用与社会资本的作用是互补关系，即验证了子命题 D3—2，也就证实了命题 D3。大学生要同时拥有较多的人力资本和较多的社会资本，才能实现在高工资行业就业的目标。

第五节　人力资本、社会资本与 2010 年北京大学生就业性质的回归分析

本节探讨人力资本和社会资本对北京大学生的就业单位性质分布的影响。样本仍为 350 人。其中，党政机关有 25 人，占 7.1%；学校和科研单位有 27 人，占 7.7%；其他事业单位有 38 人，占 10.9%；国有企业有 146 人，占 41.7%；个体和民营企业有 75 人，占 21.4%；外资企业有 36 人，占 10.3%；军队有 3 人，占 0.9%。

一　人力资本、社会资本对 2010 年大学生就业性质的具体影响

自变量的赋值方法同第四章第一节，作为因变量，仍将大学生的就业单位性质分为体制内单位和体制外单位两种类型，分别赋值为 1 和0。构建逻辑回归模型，回归结果如表 4—9 所示。

1. 人力资本指标的影响

（1）综合素质的影响。与非党员大学生相比，具有党员身份的大学生在体制内单位实现就业的概率是 1.326 倍，表明政治面貌对大学生的就业单位性质有一定的正面影响，但不显著。与成绩较差的大学生相比，

成绩中等和成绩优秀的大学生在体制内单位实现就业的概率分别为 1.557
和 3.109 倍，前者有较强的影响，不显著；后者的影响很强，在 $p < 0.2$
的情况下显著。与没通过英语四级的大学生相比，通过四级和通过六级
的大学生在体制内单位实现就业的概率分别为 3.749 倍和 3.587 倍，两
者的影响都很强，在 $p < 0.2$ 的情况下显著，但存在边际收益递减的现
象。计算机等级较高，并不能改善大学生的就业单位性质。拥有其他证
书的大学生在体制内单位就业的概率为没有其他证书的大学生的 2.265
倍，影响很强，在 $p < 0.2$ 的情况下显著。曾发表论文的大学生在体制内
单位就业的为 2.035 倍，影响很强，但不显著。学生干部、实习经历和
奖学金都没有正面影响。可见，政治面貌、学习成绩、英语等级、其他
证书、发表论文都有正面的影响，影响力度最大的三个指标是英语四级、
英语六级和成绩优秀；计算机等级、学生干部、实习经历和奖学金没有
正面影响。综合素质对大学生的就业单位性质的综合影响明显为正。

表 4—9　　　　　　　人力资本、社会资本对 2010 年大学生
能否在体制内单位就业的影响

自变量	偏回归系数 B	发生比率 EXP（B）
综合素质变量		
中共党员	0.282（0.442）	1.326
成绩中等	0.442（0.728）	1.557
成绩优秀	1.134#（0.883）	3.109
英语四级	1.321#（0.846）	3.749
英语六级	1.277#（0.918）	3.587
计算机二级	−0.433（0.508）	0.648
计算机三级	−0.573（0.748）	0.564
其他证书	0.818#（0.627）	2.265
发表论文	0.710（0.897）	2.035
学生干部	−0.921*（0.509）	0.398
实习经历	−0.382（0.439）	0.683
奖学金	−0.550（0.491）	0.577
就业意愿变量		
期望其他沿海地区	0.069（0.531）	1.071

续表

自变量	偏回归系数 B	发生比率 EXP（B）
期望中西部地区	1.501（1.207）	4.487
愿意去农村	-0.089（0.455）	0.915
期望低工资行业	-0.701#（0.456）	0.496
期望体制外单位	-2.501***（0.539）	0.082
期望四千元以下	-0.997**（0.437）	0.369
就业行为变量		
收集信息20—49小时	-0.813#（0.504）	0.443
收集信息50小时以上	-0.486（0.663）	0.615
投递简历20—49份	-0.135（0.499）	0.874
投递简历50份以上	-0.748（0.672）	0.474
主动联系5—9次	-0.049（0.481）	0.952
主动联系10次以上	0.445（0.629）	1.560
参加面试5—9次	0.588（0.484）	1.800
参加面试10次以上	1.705**（0.679）	5.501
费用1000—2999元	0.738#（0.544）	2.092
费用3000元以上	0.393（0.945）	1.482
社会资本变量		
北京生源	2.319***（0.686）	10.162
其他沿海生源	-0.111（0.509）	0.895
城镇生源	0.357（0.505）	1.429
父母为机关事业单位负责人	0.708（0.790）	2.031
父母为国有企业负责人	-21.687（20750.312）	0.000
人均收入3000—4999元	-1.691***（0.553）	0.184
人均收入5000元以上	-2.362***（0.828）	0.094
用过社会关系	1.320***（0.470）	3.745
男生	-0.098（0.487）	0.906
常量	0.392（1.277）	1.480
-2对数似然值	190.560	
Nagelkerke R方	0.455	
N	350	

说明：括号内为标准误差 S. E.，$^{\#}p<0.2$，$^{*}p<0.1$，$^{**}p<0.05$，$^{***}p<0.01$。

（2）就业意愿的影响。与期望在北京地区就业相比，最希望在其他沿海地区和中西部地区就业的大学生在体制内单位就业的概率分别为1.071 倍和4.487 倍，影响力度微弱和很强。即就业地区期望对能否在体制内单位就业有正面的影响，选择广大中西部地区有助于大大提高其就业单位的稳定性，但不显著。愿意去农村就业、期望低工资行业、期望四千元以下，均不能改善就业单位性质。实际的就业单位性质与期望的单位性质具有高度的一致性。即就业意愿对大学生就业单位性质的正面影响，主要体现在就业地区期望，尤其是去广大中西部地区，但综合影响明显为负。

（3）就业行为的影响。多收集就业信息和多投简历都没有积极影响。与4 次及其以下的情况相比，主动联系5—9 次和10 次以上在体制内单位就业的概率分别为0.952 倍和1.56 倍，前者无正面影响，后者有较强的正面影响。与4 次及其以下相比，面试5—9 次和10 次以上在体制内单位就业的概率分别为1.8 倍和5.501 倍，影响很强，前者不显著，后者在 $p < 0.05$ 的情况下显著。与999 元以下相比，求职费用为1000—2999 元和3000 元以上的在体制内单位就业的概率分别为2.092 倍和1.482 倍，前者的影响很强，在 $p < 0.2$ 的情况下显著，后者有一定的正面影响，不显著，表明了物质投入对就业单位性质有重要影响，但存在边际收益递减的现象。就业行为对大学生就业单位性质的综合影响为正。

2. 社会资本指标的影响

与中西部生源的大学生相比，来自北京的大学生在体制内单位实现就业的概率为10.162 倍，影响特别强，非常显著；而来自其他沿海地区的大学生在体制内单位实现就业的概率为0.895 倍，不显著，说明地区生源表现出来的社会资本对单位性质的影响主要体现在北京生源方面。与来自农村的大学生相比，来自城镇的大学生在体制内单位就业的概率为1.429 倍，有一定的就业性质优势。与其他情况相比，父母为机关或事业单位负责人的大学生实现在体制内单位就业的概率为2.031 倍，影响很强；而父母为国有企业负责人的大学生实现在体制内单位就业的概率为0，但不显著。用过社会关系的大学生在体制内单位就业的概率为3.745 倍，影响很强，显著。人均家庭收入较高、男生都没有表现出优势。总体上，北京生源、城镇生源、父母为机关或事业单位负责人、用过社会关系都有正面的影响，力度最强的三大指标分别是北京生源、用过社会关系、父母为机关或事业单位负责人。社会资本对大学生能否在体制内单位就业的综合影响为正。

二 人力资本、社会资本对 2010 年大学生就业性质的总体影响

下面，我们考查人力资本指数和社会资本指数对大学生就业单位性质的总体影响。自变量和因变量的处理方法同第四章第一节，回归结果如表 4—10 的上半部分所示。人力资本指数的偏回归系数 B 为 -0.104，与人力资本指数较低的大学生相比，人力资本指数较高的大学生在体制内单位实现就业的概率为 0.901 倍，表明人力资本对大学生就业单位性质选择没有正面的影响，也不显著。社会资本指数的偏回归系数 B 为 0.432，社会资本指数较高的大学生在体制内单位实现就业的概率为社会资本指数较低的大学生的 1.541 倍，有较强的影响，在 $p < 0.2$ 的情况下显著。这只印证命题 E1 的一部分，即只有社会资本对大学生就业单位性质具有正面影响。

表 4—10　　　人力资本指数、社会资本指数对 2010 年大学生
能否在体制内单位就业的影响

自变量	偏回归系数 B	发生比率 EXP（B）
人力资本指数	-0.104 （0.358）	0.901
社会资本指数	$0.432^{\#}$ （0.270）	1.541
交互项	-0.289 （0.744）	0.749
常量	0.654^{***} （0.153）	1.923
-2 对数似然值	434.133	
Nagelkerke R 方	0.013	
N	350	

说明：括号内为标准误差 S.E，$^{\#}p < 0.2$，$^{*}p < 0.1$，$^{**}p < 0.05$，$^{***}p < 0.01$。

与社会资本指数的影响相比，人力资本指数的 B 值低 0.536，EXP（B）低 0.64，p 值较高，表明人力资本对大学生能否在体制内单位就业的影响力度小于社会资本的影响力度，否定了命题 E2 的正确性。

三　人力资本、社会资本对 2010 年大学生就业性质的影响的关系

为了揭示人力资本和社会资本对大学生能否在体制内单位就业的作用的关系，同样引入交互项模型。自变量、因变量的设置及赋值方法，同第四章第一节，回归结果如表 4—10 的一部分。交互项的偏回归系数为 -0.289，表明人力资本的作用与社会资本的作用呈负相关。换句话说，随着人力资本作用的提高，社会资本的作用在降低。根据 EXP (B)，人力资本指数和社会资本指数相互之间的负作用，会使就业概率降为原来的 0.749 倍，它与 1 的差额的绝对值为 0.251，替代关系微弱，不显著。

可见，在对大学生就业性质的影响中，人力资本的作用与社会资本的作用是替代关系，即印证了子命题 E3—1，也就印证了命题 E3。大学生只要拥有较多的人力资本或者较多的社会资本，就可能实现在体制内单位就业的目标。事实上，结合总体影响来看，只有社会资本的影响为正，而人力资本的影响为负，即拥有较高的社会资本的大学生，才能找到更稳定的工作单位。相反，如果没有社会资本，即使人力资本很多，也无济于事。

第六节　人力资本、社会资本与 2010 年北京大学生承诺月薪的回归分析

本节探讨人力资本和社会资本对北京大学生承诺月薪分布的影响。样本仍为 350 人。其中，用人单位的承诺月薪为 1000 元以下的有 2 人，占 0.6%；1000—1999 元的有 22 人，占 6.3%；2000—2999 元的有 149 人，占 42.6%；3000—3999 元的有 98 人，占 28%；4000—4999 元的有 40 人，占 11.4%；5000—5999 元有 19 人，占 5.4%；6000 元以上的有 20 人，占 5.7%。

一　人力资本、社会资本对 2010 年大学生承诺月薪的具体影响

自变量的赋值方法同第四章第一节，作为因变量，仍以 4000 元为界，将承诺月薪分为高月薪和低月薪两类，并分别赋值为 1 和 0。这样，就构建逻辑回归模型，回归结果如表 4—11 所示。

1. 人力资本指标的影响

（1）综合素质的影响。政治面貌、学习成绩在大学生获得高月薪单位方面无优势。与没通过英语四级的大学生相比，通过四级和通过六级的大学生获得高月薪单位就业的概率分别为 2.562 倍和 2.343 倍，影响很强，但不显著。与没通过计算机二级的大学生相比，通过计算机二级的大学生在高月薪单位实现就业的概率为 5.126 倍，说明大学生拥有一定的计算机知识很重要，显著；但通过三级无正面影响，不显著，说明计算机的等级未必越高越好。其他证书和学生干部没表现出正面影响。发表过学术论文的大学生获得高月薪单位的概率为未发表的 1.317 倍，有一定的影响。有实习经历的大学生获得高月薪的概率为 3.138 倍，有很强的影响，也显著。奖学金有一定的积极作用，但不显著。可见，英语等级、计算机二级、发表论文、实习经历和奖学金都有正面的影响，影响力度最大的三个指标是计算机二级、实习经历和英语四级；政治面貌、学习成绩、计算机三级、其他证书、学生干部没有正面影响。综合素质对大学生的就业单位月薪的综合影响不确定。

表 4—11　　　　　　人力资本、社会资本对 2010 年大学生
能否获得高月薪的影响

自变量	偏回归系数 B	发生比率 EXP（B）
综合素质变量		
中共党员	-0.849# (0.559)	0.428
成绩中等	-2.82*** (0.889)	0.060
成绩优秀	-1.043 (1.044)	0.352
英语四级	0.941 (1.223)	2.562
英语六级	0.851 (1.286)	2.343
计算机二级	1.634*** (0.610)	5.126
计算机三级	-0.499 (1.073)	0.607
其他证书	-2.992** (1.284)	0.050
发表论文	0.275 (0.802)	1.317
学生干部	-0.030 (0.640)	0.970
实习经历	1.143* (0.589)	3.138
奖学金	0.237 (0.652)	1.268

续表

自变量	偏回归系数 B	发生比率 EXP（B）
就业意愿变量		
期望其他沿海地区	0.677（0.685）	1.968
期望中西部地区	-1.094（1.769）	0.335
愿意去农村	-0.745（0.607）	0.475
期望低工资行业	-0.731（0.583）	0.481
期望体制外单位	0.621（0.638）	1.861
期望四千元以下	-3.219＊＊＊（0.881）	0.040
就业行为变量		
收集信息 20—49 小时	0.797（0.678）	2.219
收集信息 50 小时以上	-0.701（1.006）	0.496
投递简历 20—49 份	0.680（0.629）	1.974
投递简历 50 份以上	-1.414#（1.069）	0.243
主动联系 5—9 次	0.146（0.604）	1.157
主动联系 10 次以上	0.687（0.704）	1.987
参加面试 5—9 次	-0.176（0.581）	0.838
参加面试 10 次以上	-0.185（0.737）	0.831
费用 1000—2999 元	-0.298（0.654）	0.742
费用 3000 元以上	3.560＊＊（1.418）	35.175
社会资本变量		
北京生源	-0.170（0.730）	0.844
其他沿海生源	-0.319（0.661）	0.727
城镇生源	-0.913#（0.607）	0.401
父母为机关事业单位负责人	-1.791#（1.124）	0.167
父母为国有企业负责人	-0.294（1.642）	0.745
人均收入 3000—4999 元	1.055#（0.706）	2.871
人均收入 5000 元以上	1.527#（1.005）	4.606
用过社会关系	0.841#（0.540）	2.319
男生	1.664＊＊（0.663）	5.281
常量	-1.716（1.608）	0.180
-2 对数似然值	135.331	
Nagelkerke R 方	0.526	
N	350	

说明：括号内为标准误差 S. E，#$p < 0.2$，＊$p < 0.1$，＊＊$p < 0.05$，＊＊＊$p < 0.01$。

（2）就业意愿的影响。与期望在北京地区就业相比，期望在其他沿海地区就业的大学生在高月薪单位就业的概率为 1.968 倍，影响很强，不显著；期望在中西部地区就业无正面影响，也不显著。愿意去农村就业，无益于提高获得高月薪的概率。而与期望在体制内单位就业相比，期望在体制外单位就业的大学生实现在高月薪单位就业的概率为 1.861 倍，影响很强，就业单位性质与月薪在很大程度上是相互替代的关系，但不显著。期望低工资行业、期望月薪较低，实际获得高月薪单位的概率也较低，同样表现出高度的一致性，表明大学生总体的就业意愿是合理的，尽管个体存在着预期偏高的情况。就业意愿对大学生的单位承诺月薪的正面影响，主要体现在就业地区期望和单位性质期望方面，但综合影响为负。

（3）就业行为的影响。与 19 小时及其以下相比，收集信息 20—49 小时的大学生获得高月薪的概率为 2.219 倍，影响很强，但不显著；收集信息 50 小时以上无正面影响，这说明了收集信息的重要性，但不是越多越好。多投简历的情况类似。与 4 次及其以下相比，主动联系 5—9 次和 10 次以上获得高月薪单位的概率分别为 1.157 倍和 1.987 倍，前者有微弱的正面影响，后者有很强的影响，都不显著。多参加面试没体现出积极影响。与 999 元以下相比，求职费用为 1000—2999 元和 3000 元以上的大学生获得高月薪单位的概率分别为 0.742 倍和 35.175 倍，前者无正面影响，不显著；后者有很强的正面影响，显著，表明较高的物质投入对获得高月薪的影响很大，但要达到一定的额度。可见，收集信息、投递简历、主动联系和求职费用都有一定的正面影响，只是需要把握一个度。就业行为的综合影响明显为正。

2. 社会资本指标的影响

地区生源、城乡生源、父母职业都没有表现出积极影响。与低收入家庭相比，中等收入家庭、高收入家庭的大学生获得高月薪的概率分别为 2.871 倍和 4.606 倍，表明家庭富裕程度体现出来的社会资本具有很强的影响，在 $p < 0.2$ 的情况下显著。用过社会关系的大学生获得高月薪单位的概率为未用过社会关系的 2.319 倍，影响较强，在 $p < 0.2$ 的情况下显著。男生获得高月薪单位的概率是女生的 5.281 倍，影响显著。可见，家庭收入、找社会关系、性别是影响大学生月薪水平的重要方面。社会资本对大学生获得高月薪的综合影响为正。

二　人力资本、社会资本对 2010 年大学生承诺月薪的总体影响

下面考查人力资本指数和社会资本指数对大学生的承诺月薪分布的总体影响。自变量和因变量的处理方法同第四章第一节，回归结果如表 4—12 所示。人力资本指数的 B 值为 0.439，与人力资本指数较低的大学生相比，人力资本指数较高的大学生获得高月薪单位的概率为 1.552 倍，表明人力资本对大学生的月薪收入有较强的正面影响，但不显著。社会资本指数的 B 值为 0.026，社会资本指数较高的大学生获得高月薪单位的概率为 1.027 倍，有微弱的正面影响，也不显著。两者相结合，基本上印证了命题 F1 的结论。

表 4—12　　　人力资本指数、社会资本指数对 2010 年大学生
能否获得高月薪的影响

自变量	偏回归系数 B	发生比率 EXP（B）
人力资本指数	0.439（0.387）	1.552
社会资本指数	0.026（0.295）	1.027
交互项	0.163（0.761）	1.177
常量	−1.322***（0.178）	0.267
−2 对数似然值	371.792	
Nagelkerke R 方	0.009	
N	350	

说明：括号内为标准误差 S. E，$^{\#}p<0.2$，$^{*}p<0.1$，$^{**}p<0.05$，$^{***}p<0.01$。

与社会资本指数的影响相比，人力资本指数的 B 值高 0.413，EXP（B）高 0.525，p 值水平较低，表明人力资本对大学生获得高月薪单位的影响力度大于社会资本的影响力度，证明了命题 F2。

三　人力资本、社会资本对 2010 年大学生承诺月薪的影响的关系

同样引入交互项模型，以考查人力资本和社会资本在对大学生获得高月薪单位的作用的关系。自变量、因变量的赋值方法，同第四章第一节，回归结果如表 4—12。交互项的偏回归系数为 0.163，表明人力资本的作用与社会资本的作用正相关。也就是说，随着人力资本作用的提

高，社会资本的作用也在提高。根据 EXP（B），人力资本指数和社会资本指数相互之间的正影响，会使就业概率降为原来的 1.177 倍，有微弱的互补关系，但不显著。即在对大学生承诺月薪的影响中，人力资本的作用与社会资本的作用互补，即证实了子命题 F3—2，也就证实了命题 F3。大学生只有同时拥有较多的人力资本和较多的社会资本，才能获得高月薪单位。

第五章 人力资本、社会资本与大学生就业：2012 年数据检验

本章根据 2012 年的调查数据，进行 Logistic 回归模型分析，继续检验第二章所提出的假设命题。2012 年 6 月，中国青年政治学院"北京大学生就业研究课题组"对北京高校大学毕业生就业状况展开了抽样调查，回收问卷 2113 份，其中有效问卷 1782 份。[①]

从高校类型来看，包括综合类、理工类、农林类、师范类、财经类、政法类、民族类共 18 所高校，如图 5—1 所示，其中，北京大学、清华大学、中国人民大学、北京师范大学分别占 3.8%、5.6%、7.3%、3.3%，北京理工大学、北京科技大学、北京邮电大学、北京航空航天大学、北京交通大学、中国地质大学和北京建筑工程学院分别占 9%、2.4%、4.8%、6.6%、7.6%、7.8% 和 5.7%，中国农业大学占

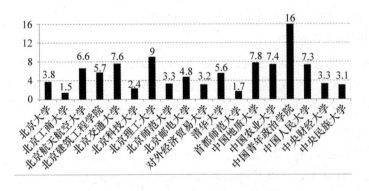

图 5—1 2012 年调查的高校分布（%）

[①] 黄敬宝：《2012 届北京大学生就业状况调查》，《北京社会科学》2013 年第 4 期，第 106—110 页。

7.4%，首都师范大学占1.7%，对外经贸大学、中央财经大学和北京工商大学占3.2%、3.3%和1.5%，中国青年政治学院占16%，中央民族大学占3.1%。

从学科门类来看，覆盖11个学科门类，如图5—2所示，哲学占0.2%，经济学占15.4%，法学占9.4%，教育学占0.9%，文学占12.6%，历史学占1.1%，理学占6.8%，工学占36.5%，农学占0.1%，医学占0.1%，管理学占16.2%，空缺项占0.8%。①

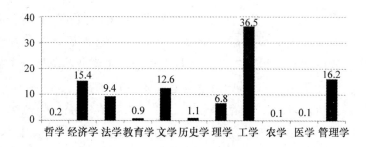

图5—2　2012年调查的学科分布（%）

被调研者来自我国31个省市自治区和台湾、香港地区，其中，北京占12%，山东占7%，河北占6.2%，河南占5.2%，其他省市较为分散。来自农村的占33.1%，来自城镇的占66.2%。男生占58.4%，女生占40.3%。

至于他们的毕业去向，如图5—3所示，无接收单位、继续找工作的有192人，占10.8%；有接收单位、还在寻找更好单位的有203人，占11.4%；已签"三方协议"的有320人，占18%；已签劳动合同或临时合同的有78人，占4.4%；考上研究生有599人，占33.6%；出国或准备出国有229人，占12.9%；创业或准备创业有13人，占0.7%；自愿失业、继续考研等暂时不准备就业的有150人，占8.4%；入伍的1人，占0.1%。其中，有1名学生既签了三方协议又考上了研

---

① 空缺项是指被调研者没有填写的情况，由于空缺项比例没有计入，因而各种比例之和可能不足100%。下同。

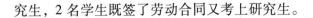

究生，2 名学生既签了劳动合同又考上研究生。

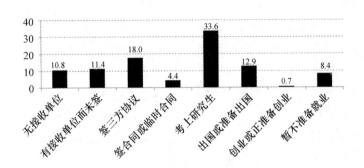

图 5—3 2012 年调查的毕业去向（％）

第一节 人力资本、社会资本与 2012 年北京大学生能否就业的回归分析

准备就业又积极寻找工作的 671 人，构成本节研究的样本。在这671 名应届毕业生中，无接收单位的有 70 名，占 10.4％；有单位未签协议或合同的有 203 名，占 30.3％；已签三方协议的有 320 名，占47.7％；已签劳动合同或临时合同的有 78 名，占 11.6％。

一 人力资本、社会资本对 2012 年大学生能否就业的具体影响

人力资本和社会资本的各指标以及因变量的赋值方法，同第四章第一节，构建一个双变量逻辑回归模型，回归结果如表 5—1 所示。

1. 人力资本指标的影响

（1）综合素质的影响。B 为 - 0.065，表明政治面貌对大学生就业的影响为负，但不显著。以学习较差的大学生为基准，成绩中等和优秀的大学生实现就业的概率分别为 1.498 倍和 1.675 倍，前者有一定的影响，不显著；后者的影响较强，在 $p < 0.2$ 的情况下显著，说明学习成绩对大学生能否就业有正面影响。与没通过英语国家四级的大学生相比，通过四级和通过六级的大学生实现就业的概率分别是 1.071 倍和1.357 倍，影响力度为微弱和一般，即英语水平较高有助于实现就业，

还存在边际收益递增的现象，不显著。与没通过计算机国家二级的大学生相比，通过二级无积极影响，而通过三级有微弱的正面影响。拥有其他证书的大学生实现就业的概率是没有其他证书的 1.254 倍，[①] 有一定的影响，也不显著。发表论文、学生干部、奖学金都没有正面影响。而有 2 个月及其以上的实习经历的大学生实现就业的概率为没有实习经历的 1.453 倍，有一定的正面影响；在 $p < 0.1$ 的情况下显著。综上所述，学习成绩、英语等级、计算机三级、其他证书、实习经历都有积极的影响，力度最强的三大指标分别是成绩优秀、成绩中等、实习经历，但政治面貌、计算机二级、发表论文、学生干部、奖学金没有正面作用。综合来看，综合素质的综合影响明显为正。

表 5—1　　人力资本、社会资本对 2012 年大学生能否就业的影响

自变量	偏回归系数 B	发生比率 EXP（B）
综合素质变量		
中共党员	− 0.065（0.229）	0.937
成绩中等	0.404（0.324）	1.498
成绩优秀	0.516#（0.381）	1.675
英语四级	0.069（0.374）	1.071
英语六级	0.305（0.384）	1.357
计算机二级	− 0.094（0.229）	0.910
计算机三级	0.159（0.451）	1.173
其他证书	0.226（0.265）	1.254
发表论文	− 0.122（0.339）	0.885
学生干部	− 0.058（0.229）	0.944
实习经历	0.374 *（0.221）	1.453
奖学金	− 0.137（0.238）	0.872

---

① 2012 年的其他证书包括英语口语，英语翻译，剑桥商务英语（BEC），托福英语考试（TOEFL），雅思（IELTS），国际交流英语考试（TOEIC），英语专业四级，英语专业八级，日语、德语、普通话等级；银行从业资格证，证券从业资格证，会计从业资格证，注册会计师（CPA），理财规划师，人力资源管理师，市场营销经理助理，国家司法考试，教师资格证；微软办公软件认证，信息系统管理工程师，计算机辅助设计（CAD），ERP 软件工程师，Adobe Photoshop 认证，ERP 应用资格证，造价员，实验员，资料员；全国大学生节能减排大赛奖，全国交通科技大赛奖，Revit 杯大学生建筑设计奖，数学建模奖，首都大学生挑战杯奖；篮球裁判，足球裁判，小提琴等级；国家奖学金，三好学生，优秀团员，优秀学生干部，优秀志愿者，社会实践先进个人，国庆游行方阵；驾照等。

续表

自变量	偏回归系数 B	发生比率 EXP（B）
就业意愿变量		
期望其他沿海地区	0.551 * * （0.243）	1.734
期望中西部地区	− 0.178（0.368）	0.837
愿意去农村	− 0.384 * （0.232）	0.681
期望低工资行业	− 0.101（0.230）	0.904
期望体制外单位	− 0.081（0.243）	0.922
期望四千元以下	− 0.410 * （0.222）	0.663
就业行为变量		
收集信息 20—49 小时	0.378 # （0.253）	1.459
收集信息 50 小时以上	− 0.080（0.318）	0.923
投递简历 20—49 份	− 0.251（0.261）	0.778
投递简历 50 份以上	− 0.129（0.379）	0.879
主动联系 5—9 次	− 0.196（0.246）	0.822
主动联系 10 次以上	0.577 * （0.334）	1.780
参加面试 5—9 次	0.108（0.245）	1.114
参加面试 10 次以上	− 0.137（0.313）	0.872
费用 1000—2999 元	− 0.386 # （0.236）	0.680
费用 3000 元以上	0.380（0.409）	1.462
社会资本变量		
北京生源	1.804 * * * （0.384）	6.074
其他沿海生源	− 0.150（0.225）	0.860
城镇生源	− 0.092（0.233）	0.912
父母为机关事业单位负责人	0.077（0.294）	1.080
父母为国有企业负责人	− 0.531 # （0.396）	0.588
人均收入 3000—4999 元	0.293（0.245）	1.341
人均收入 5000 元以上	0.514 * （0.298）	1.671
用过社会关系	− 0.545 * * （0.213）	0.580
男生	0.354 # （0.221）	1.425
常量	− 0.264（0.540）	0.768
− 2 对数似然值	649.872	
Nagelkerke R 方	0.186	
N	671	

说明：括号内为标准误差 S. E，$^{\#}p < 0.2$，$^{*}p < 0.1$，$^{**}p < 0.05$，$^{***}p < 0.01$。

（2）就业意愿的影响。与期望在北京地区就业相比，最希望在其他沿海地区就业的大学生实现就业的概率为 1.734 倍，影响较强，显著；最希望在西部地区就业的概率为 0.837 倍，无正面影响，不显著，表明避开人才拥挤的北京，去其他沿海地区就业是一个不错的选择。愿意去农村、期望在低工资行业、期望在体制外单位、期望在四千元以下，均无助于提高就业率。就业意愿对大学生能否就业的综合影响为负。

（3）就业行为的影响。与 19 小时及其以下的情况相比，收集信息 20—49 小时和 50 小时以上实现就业的发生比率分别为 1.459 倍和 0.923 倍，前者有一定的正面影响，在 $p < 0.2$ 的情况下显著；后者无正面影响，不显著，表明多收集信息对大学生充分展现人力资本的价值有一定的作用，但太多了也没有意义。多投简历没正面影响。与 4 次及其以下相比，主动联系 5—9 次和 10 次以上的大学生的就业概率分别为 0.822 倍和 1.78 倍，前者无正面影响，不显著；后者有很强的影响，显著，表明大学生需要主动加强与用人单位的更多联系。与 4 次及其以下相比，参加面试 5—9 次的大学生的就业概率为 1.114 倍，有微弱的正面影响，参加面试 10 次以上无正面影响，不显著。与 999 元以下相比，求职费用为 1000—2999 元和 3000 元以上的就业概率为 0.68 倍和 1.462 倍，前者无正面影响，后者有一定的影响，说明参加面试和增加求职费用都有一定的作用，只是对于不同的指标，"适度"的含义不尽相同。收集信息、主动联系、参加面试、求职费用对大学生就业都有一定的积极影响，但要把握一定的度；力度最大的三个因素分别是主动联系 10 次以上、费用 3000 元以上、收集信息 20—49 小时，即就业行为对大学生实现就业有正面的影响。

2. 社会资本指标的影响

与广大中西部生源的大学生相比，来自北京地区的大学生实现就业的概率为 6.074 倍，影响很强，十分显著；来自其他沿海地区的就业概率为 0.86 倍，无正面影响，即地区生源体现出来的社会资本优势主要体现在北京地区。与来自农村的大学生相比，来自城镇的大学生无就业优势。与其他情况相比，父母为机关或事业单位负责人的大学生有微弱的优势，而父母为国有企业负责人并无优势，都不显著。与低收入家庭相比，来自人均收入为 3000—4999 元的中等收入家庭、5000 元以上的高收入家庭的大学生实现就业的概率分别为 1.341 倍和 1.671 倍，前者有一定的正面影响，不显著；后者的影响较强，显著，而且呈现边际收益递增的态势。找过社会关系的大学生并没显示出就业优势，可能与有些大学生有所顾忌而故意隐瞒有关。男生实现就业的概率为女生的 1.425 倍，有一定的影响，在 $p < 0.2$ 的情况下显著。综合来看，北京生源、父母为机关或事业单位负责人、家庭收入、性别都有正面影响，力度最强的三大指标分别是北京生源、人均收入 5000 元以上和男生。综合来看，社会资本对大学生能否就业具有正面的影响。

二　人力资本、社会资本对 2012 年大学生能否就业的总体影响

下面我们分析一下人力资本指数和社会资本指数对大学生能否就业的总体影响。自变量和因变量的量化与第四章第一节相同，构建双变量逻辑回归模型，回归结果如表 5—2 的上半部分所示。

人力资本指数的偏回归系数 B 为 0.202，人力资本指数较高的大学生实现就业的概率为人力资本指数较低的大学生的 1.224 倍，表明人力资本指数对大学生能否就业有微弱的正面影响，不显著。社会资本指数的偏回归系数 B 为 0.315，社会资本指数较高的大学生实现就业的概率为社会资本指数较低的大学生的 1.37 倍，在 $p < 0.1$ 的情况下显著。这就证明了命题 A1 的正确性，即人力资本和社会资本对大学生能否实现就业都具有正面影响。

表 5—2　人力资本指数、社会资本指数对 2012 年大学生能否就业的影响

自变量	偏回归系数 B	发生比率 EXP（B）
人力资本指数	0.202（0.261）	1.224
社会资本指数	0.315*（0.179）	1.370
交互项	-0.785**（0.391）	0.456
常量	0.268**（0.118）	1.307
-2 对数似然值	901.272	
Nagelkerke R 方	0.011	
N	671	

说明：括号内为标准误差 S.E，$^{\#}p < 0.2$，$^{*}p < 0.1$，$^{**}p < 0.05$，$^{***}p < 0.01$。

比较人力资本指数和社会资本指数的影响，人力资本指数的 B 值比

社会资本指数的 B 值低 0.113，人力资本指数的 EXP（B）比社会资本指数的 EXP（B）低 0.146，p 值较高，都表明人力资本对大学生能否就业的影响力度小于社会资本的影响力度，否定了命题 A2。

三 人力资本、社会资本对 2012 年大学生能否就业的影响的关系

我们还要探讨在对大学生能否就业的作用中，人力资本和社会资本的关系如何？它们的作用是相关的还是无关的？如果相关，它们是替代关系还是互补关系？如果两者是替代关系，说明大学生只要拥有其中一个就能达到实现就业的目标；如果两者是互补关系，说明大学生只有同时拥有较高的人力资本和较高的社会资本才能顺利实现就业。

各变量的量化同第四章第一节，构建双变量逻辑回归模型，回归结果如表 5—2 的一部分。交互项的偏回归系数为 -0.785，表明人力资本的作用与社会资本的作用负相关。换句话说，随着人力资本作用的提高，社会资本的作用会降低，或者说，随着社会资本的作用提高，人力资本的作用会降低。根据 EXP（B），人力资本指数和社会资本指数相互之间的负作用，会使就业概率降低为原来的 0.456 倍，它与 1 的差额的绝对值为 0.544，大于 0.5，替代关系较强。在 $p < 0.05$ 的情况下显著，这个结论的代表性较强。

可见，在对大学生能否就业的影响中，人力资本的作用与社会资本的作用是替代的关系，即验证了子命题 A3—1，也就证实了命题 A3。如果大学生的人力资本积累较少，他可以通过较高的社会资本来实现就业；如果社会资本较少，也可以通过自身努力以及更多的人力资本积累实现就业，两者只要拥有其一即可实现就业。

第二节 人力资本、社会资本与 2012 年北京大学生接收单位的回归分析

本节将探讨人力资本和社会资本对大学生接收单位数量的影响。在原有准备就业又积极找工作的 671 个样本的基础上，删除接收单位数量空缺的情况 22 个，还有 649 个样本。其中，没有接收单位的有 64 人，占 9.9%；只有 1 家接收单位的 249 人，占 38.4%；有 2—4 家接收单位的有 286 人，占 44.1%；有 5—9 家接收单位的有 38 人，占 5.9%；

有 10 家以上接收单位的有 12 人，占 1.8%。

一　人力资本、社会资本对 2012 年大学生接收单位的具体影响

自变量人力资本、社会资本和因变量接受单位数量的指标及赋值方法同第四章第二节，构建一个逻辑回归模型，回归结果如表 5—3 所示。

1. 人力资本指标的影响

（1）综合素质的影响。B 为 – 0.132，表明政治面貌对大学生接收单位数量的影响为负，根据 EXP（B），与非党员大学生相比，具有党员身份的大学生实现就业的概率是 0.876 倍，不显著。以学习成绩较差的大学生为基准，成绩中等和成绩优秀的大学生获得 2 个及其以上接收单位的概率分别为 1.306 倍和 1.264 倍，学习成绩有一定的正面影响，但不显著。与没通过英语国家四级的大学生相比，通过四级和通过六级的大学生实现就业的概率分别是 0.812 倍和 1.153 倍，即通过四级没有意义，而通过六级有微弱的积极影响，均不显著。较高的计算机等级，没有体现出就业优势。学生干部经历在获得 2 个及其以上单位方面有一定的优势，但不显著。拥有其他证书、曾发表学术论文、有实习经历、获得奖学金，有微弱的优势，也不显著。综上所述，学习成绩、英语六级、其他证书、发表论文、学生干部、实习经历、奖学金都有积极的影响，力度最强的三大指标分别是成绩中等、学生干部和成绩优秀，但政治面貌、英语四级、计算机等级无正面影响。综合来看，综合素质对大学生接收单位的数量有正面的影响。

表 5—3　　　　　人力资本、社会资本对 2012 年大学生
能否获得 2 个及其以上接收单位的影响

自变量	偏回归系数 B	发生比率 EXP（B）
综合素质变量		
中共党员	– 0.132（0.227）	0.876
成绩中等	0.267（0.324）	1.306
成绩优秀	0.234（0.381）	1.264
英语四级	– 0.208（0.360）	0.812
英语六级	0.142（0.378）	1.153

续表

自变量	偏回归系数 B	发生比率 EXP（B）
计算机二级	−0.060（0.233）	0.941
计算机三级	−0.159（0.466）	0.853
其他证书	0.193（0.258）	1.213
发表论文	0.070（0.343）	1.072
学生干部	0.248（0.225）	1.281
实习经历	0.142（0.221）	1.153
奖学金	0.175（0.238）	1.192
就业意愿变量		
期望其他沿海地区	−0.150（0.248）	0.861
期望中西部地区	−0.094（0.383）	0.910
愿意去农村	−0.203（0.234）	0.816
期望低工资行业	0.026（0.224）	1.026
期望体制外单位	−0.063（0.240）	0.939
期望四千元以下	−0.383*（0.219）	0.682
就业行为变量		
收集信息20—49小时	0.010（0.245）	1.010
收集信息50小时以上	−0.311（0.327）	0.733
投递简历20—49份	0.247（0.257）	1.280
投递简历50份以上	−0.368（0.379）	0.692
主动联系5—9次	0.118（0.245）	1.125
主动联系10次以上	0.501#（0.344）	1.650
参加面试5—9次	0.898***（0.243）	2.454
参加面试10次以上	1.205***（0.315）	3.337
费用1000—2999元	−0.256（0.242）	0.774
费用3000元以上	−0.065（0.411）	0.937
社会资本变量		
北京生源	0.193（0.332）	1.213
其他沿海生源	0.051（0.230）	1.053
城镇生源	0.057（0.235）	1.059
父母为机关事业单位负责人	0.138（0.287）	1.148
父母为国有企业负责人	−0.277（0.379）	0.758

140

续表

自变量	偏回归系数 B	发生比率 EXP（B）
人均收入 3000—4999 元	−0.109（0.241）	0.897
人均收入 5000 元以上	0.915＊＊＊（0.300）	2.497
用过社会关系	−0.258（0.211）	0.773
男生	0.589＊＊＊（0.219）	1.802
常量	−1.224＊＊（0.547）	0.294
−2 对数似然值	654.847	
Nagelkerke R 方	0.176	
N	649	

说明：括号内为标准误差 S. E, $^{\#}p<0.2$, $^{*}p<0.1$, $^{**}p<0.05$, $^{***}p<0.01$。

（2）就业意愿的影响。与期望为高工资行业相比，期望为低工资行业获得 2 个及其以上接收单位的概率分别为 1.026 倍，有微弱的正面影响，降低行业期望可以在一定程度上换取更多的接收单位，不显著。期望其他沿海地区、期望中西部地区、愿意去农村、期望体制外单位、期望四千元以下都没有正面影响，即降低地区、城乡、性质和月薪期望，并不能获得更多的接收单位。就业意愿对大学生的接收单位的综合影响为负。

（3）就业行为的影响。与 19 小时以下的情况相比，收集信息 20—49 小时有微弱的优势，而收集信息 50 小时以上并没有优势，都不显著，表明多收集就业信息有一定的意义，但不是越多越好。投简历的情况很类似。与 4 次及其以下相比，主动联系 5—9 次和 10 次以上的大学生获得较多接收单位的概率分别为 1.125 倍和 1.65 倍，前者的影响微弱，不显著；后者的影响较强，在 $p<0.2$ 的情况下显著。与 4 次及其以下相比，面试 5—9 次和 10 次以上的大学生获得较多接收单位的概率分别为 2.454 倍和 3.337 倍，十分显著，参加更多的面试，对获得较多的接收单位的正面影响很强，而且，呈现边际收益递增的现象。增加求职费用并不能获得更多的接收单位，不显著。综上，收集信息 20—49 小时、投递简历 20—49 份、主动联系、参加面试均有积极的影响，力度最强的三大指标分别是参加面试 10 次以上、参加面试 5—9 次、主动联系 10 次以上，即积

极的就业行为具有正面的影响。

2. 社会资本指标的影响

与广大中西部生源的大学生相比，来自北京和其他沿海地区的大学生获得较多接收单位的概率为 1.213 倍和 1.053 倍，有微弱的正面影响，不显著。来自城镇的大学生在获得更多的接收单位方面具有微弱的优势。父母为机关或事业单位负责人有微弱的优势，而父母为国有企业负责人没有优势，都不显著。与家庭人均收入在 2999 元以下的低收入家庭相比，人均收入为 3000—4999 元的中等收入家庭、5000 元以上的高收入家庭的大学生，获得较多接收单位的概率分别为 0.897 倍和 2.497 倍，前者无优势，不显著；后者的优势很强，十分显著，表明家庭收入达到一定的高度，有较强正面影响。找过社会关系，没体现出优势。男生获得较多接收单位的概率为女生的 1.802 倍，影响很强，显著。影响力度最强的三大指标分别是人均收入 5000 元以上、男生、北京生源。在一定程度上，社会资本对大学生接收单位的数量具有明显的正面影响。

二 人力资本、社会资本对 2012 年大学生接收单位的总体影响

下面我们探讨一下人力资本指数和社会资本指数对大学生获得 2 个及其以上接收单位的总体影响。人力资本指数、社会资本指数的量化以及因变量的处理方法同第四章第一节，构建双变量逻辑回归模型，回归结果如表 5—4 的一部分所示。

人力资本指数的偏回归系数 B 为 0.2，与人力资本指数较低的大学生相比，人力资本指数较高的大学生获得 2 个及其以上接收单位的概率为 1.221 倍，表明人力资本对大学生接收单位有微弱的正面影响，不显著。社会资本指数的偏回归系数 B 为 0.289，社会资本指数较高的大学生获得较多接收单位的概率为社会资本指数较低的大学生的 1.336 倍，有一定的影响，在 $p < 0.2$ 的情况下显著。这证明了命题 B1 的正确性。

表 5—4　　　　　人力资本指数、社会资本指数对 2012 年大学生
能否获得 2 个及其以上接收单位的影响

自变量	偏回归系数 B	发生比率 EXP（B）
人力资本指数	0.200（0.261）	1.221
社会资本指数	0.289#（0.177）	1.336
交互项	-0.079（0.397）	0.924
常量	-0.091（0.119）	0.913
-2 对数似然值	895.194	
Nagelkerke R 方	0.008	
N	649	

说明：括号内为标准误差 S. E，#$p < 0.2$，*$p < 0.1$，**$p < 0.05$，***$p < 0.01$。

比较人力资本指数和社会资本指数的影响，人力资本指数的 B 值比社会资本指数的 B 值低 0.089，EXP（B）比社会资本指数的 EXP（B）低 0.115，p 值较高，表明人力资本对大学生能否获得较多单位的影响力度小于社会资本的影响力度，否定了命题 B2。

三　人力资本、社会资本对 2012 年大学生接收单位的影响的关系

在对大学生能否获得较多的接收单位的作用中，人力资本和社会资本的关系如何？它们是替代关系还是互补关系？同样，引入交互项模型。交互项的设置及赋值方法，同第四章第一节。仍以接收单位数量作为因变量，构建一个双变量逻辑回归模型，回归结果如表 5—4 的一部分所示。

交互项的偏回归系数为 -0.079，表明人力资本的作用与社会资本的作用呈负相关。也就是说，随着人力资本作用的提高，社会资本的作用会降低，反之亦然。EXP（B）为 0.924，表明人力资本指数和社会资本指数相互之间的负作用，会使就业概率降低为原来的 0.924 倍，替代关系较为微弱，不显著。

可见，在对大学生接收单位的影响中，人力资本的作用与社会资本的作用是替代关系，印证了子命题 B3—1，就证实了命题 B3。大学生只要拥有较多的人力资本或较多的社会资本，都可能获得较多的接收单位。

第三节　人力资本、社会资本与 2012 年北京
大学生就业地区的回归分析

前两节分析了人力资本和社会资本对大学生就业数量层面的影响。下面，我们针对已实现就业的大学生，研究人力资本和社会资本对大学生就业质量的影响。大学生就业质量具体通过就业地区分布、就业行业分布、就业单位性质分布和承诺月薪分布四个方面来体现。本节主要探讨人力资本和社会资本对大学生就业地区分布的影响。

在 2012 年的调查数据中，已实现就业的大学生共 398 人，删除就业质量填写不完整的情况 4 人，还有 394 人，构成本章第三节至第六节研究的样本。从就业地区来看，北京有 262 人，占 66.5%；上海有 13 人，占 3.3%；广东有 27 人，占 6.9%；其他沿海地区有 40 人，占 10.2%；中部地区有 29 人，占 7.4%；西部地区有 23 人，占 5.8%。

一　人力资本、社会资本对 2012 年大学生就业地区的具体影响

自变量和因变量的赋值方法同第四章第三节，构建双变量逻辑回归模型，回归结果如表 5—5 所示。

1. 人力资本指标的影响

（1）综合素质的影响。B 为 0.619，表明政治面貌对大学生能否在北京地区就业的影响为正，与非党员大学生相比，具有党员身份的大学生在北京实现就业的概率是 1.858 倍，影响很强，但不显著。与学习成绩较差的大学生相比，成绩中等和优秀的大学生在北京实现就业的概率分别为 1.729 倍和 3.091 倍，前者的影响较强，不显著；后者的影响很强，在 $p < 0.2$ 的情况下显著，表明学习成绩体现出来的人力资本对大学生就业地区有强劲的正面影响，而且，成绩越好对就业地区的正面影响越强。英语等级较高在就业地区选择方面没体现出优势。通过计算机二级对大学生的就业地区分布有微弱的积极影响，而通过三级却没有，都不显著。拥有其他证书的大学生实现在北京地区就业的概率为没有其他证书的 1.658 倍，有较强的正面影响。学生干部经历有一定的影响。发表论文和实习没有体现出积极影响。获得奖学金的同学在北京地区就业的概率为 1.966 倍，影响很强，在 $p < 0.2$ 的情况下显著。可见，政

治面貌、学习成绩、计算机二级、其他证书、学生干部、奖学金都有正面影响，影响力度最大的三个因素分别是成绩优秀、奖学金和中共党员、英语等级、计算机三级、发表论文、实习经历的影响为负。综合素质对大学生的就业地区的综合影响不确定。

表 5—5 人力资本、社会资本对 2012 年大学生能否在北京就业的影响

自变量	偏回归系数 B	发生比率 EXP（B）
综合素质变量		
中共党员	0.619（0.503）	1.858
成绩中等	0.548（0.671）	1.729
成绩优秀	1.128#（0.805）	3.091
英语四级	−2.104*（1.081）	0.122
英语六级	−2.649**（1.112）	0.071
计算机二级	0.080（0.449）	1.083
计算机三级	−0.370（0.894）	0.691
其他证书	0.506（0.566）	1.658
发表论文	−0.244（0.796）	0.784
学生干部	0.383（0.480）	1.467
实习经历	−0.136（0.488）	0.873
奖学金	0.676#（0.486）	1.966
就业意愿变量		
期望其他沿海地区	−3.371***（0.526）	0.034
期望中西部地区	−4.756***（1.001）	0.009
愿意去农村	0.138（0.509）	1.148
期望低工资行业	−0.445（0.472）	0.641
期望体制外单位	1.261**（0.512）	3.530
期望四千元以下	−1.044**（0.473）	0.352
就业行为变量		
收集信息 20—49 小时	0.269（0.545）	1.309
收集信息 50 小时以上	−0.575（0.755）	0.563
投递简历 20—49 份	1.306**（0.594）	3.693
投递简历 50 份以上	2.050**（0.865）	7.769
主动联系 5—9 次	0.288（0.541）	1.334

续表

自变量	偏回归系数 B	发生比率 EXP（B）
主动联系 10 次以上	0.274（0.659）	1.315
参加面试 5—9 次	0.348（0.553）	1.416
参加面试 10 次以上	−0.399（0.670）	0.671
费用 1000—2999 元	−0.972*（0.503）	0.378
费用 3000 元以上	−0.963#（0.739）	0.382
社会资本变量		
北京生源	2.976**（1.278）	19.602
其他沿海生源	−0.864*（0.443）	0.422
城镇生源	0.274（0.465）	1.315
父母为机关事业单位负责人	−0.128（0.586）	0.880
父母为国有企业负责人	−1.730*（0.961）	0.177
人均收入 3000—4999 元	1.282**（0.522）	3.603
人均收入 5000 元以上	0.909#（0.644）	2.481
用过社会关系	0.455（0.455）	1.576
男生	0.556（0.469）	1.743
常量	1.198（1.359）	3.313
−2 对数似然值	193.586	
Nagelkerke R 方	0.692	
N	394	

说明：括号内为标准误差 S.E，$^{\#}p<0.2$，$^{*}p<0.1$，$^{**}p<0.05$，$^{***}p<0.01$。

（2）就业意愿的影响。最希望在其他沿海和广大中西部地区就业的大学生，最终在北京实现就业的概率很低，表明实际就业地区与就业地区期望具有显著的一致性。愿意去农村就业的大学生在北京地区就业的概率为不愿意去农村的 1.148 倍，有微弱的正面影响。期望在体制外单位就业的大学生在北京地区就业的概率为 3.53 倍，具有很强的积极影响，在 $p<0.05$ 的情况下显著。期望为低工资行业、期望月薪在四千元以下，都没能增强他们的就业地区优势，即就业意愿对大学生就业地区的正面影响，主要体现在单位性质期望和城乡期望方面，但综合影响明显为负。

（3）就业行为的影响。与 19 小时以下的情况相比，收集信息 20—49 小时的大学生实现在北京地区就业的概率为 1.309 倍，有一定的影响，不显著；收集信息 50 小时以上的大学生在北京地区就业的概率为 0.563 倍，无正面影响，也不显著，说明收集信息对就业地区选择有一定的影响，但不是越多越好。与 19 份以下相比，投简历 20—49 份和 50 份以上的大学生在北京地区就业的概率分别为 3.693 倍和 7.769 倍，影响都很强，都很显著，说明投简历的重要作用，而且，呈现边际收益递增的现象。与 4 次以下相比，主动联系 5—9 次和 10 次以上的大学生在北京地区就业的概率分别为 1.334 倍和 1.315 倍，有一定的正面影响，与其被动等待不如更主动地联系用人单位。与 4 次及其以下相比，面试 5—9 次有一定的影响，而面试 10 次以上没有正面影响。求职费用没有显示出正面影响。北京高校的毕业生在北京地区就业，很方便，因而不需要太多的费用支出。综上，就业行为的积极影响主要体现在收集信息、投递简历、主动联系和参加面试方面，只是需要把握一定的度；力度最强的三大指标分别是投递简历 50 份以上、投递简历 20—49 份和参加面试 5—9 次。综合来看，就业行为对大学生就业地区选择的影响明显为正。

2. 社会资本指标的影响

与广大中西部生源的大学生相比，来自北京的大学生在北京实现就业的概率为 19.602 倍，影响很强，在 $p < 0.05$ 的情况下显著；来自其他沿海地区无正面影响，地区生源体现出来的社会资本优势主要表现在北京地区。城镇生源的大学生在北京地区就业的概率是农村生源的大学生的 1.315 倍，有一定的正面影响，但不显著。与其他情况相比，父母为机关、事业单位或国有企业的负责人的大学生并未体现出优势。与家庭人均收入在 2999 元以下的低收入家庭相比，人均收入为 3000—4999 元的中等收入家庭、5000 元以上的高收入家庭的在北京地区就业的概率分别为 3.603 倍和 2.481 倍，影响都很强，都显著，表明家庭收入水平有较强的正面影响，但呈边际收益递减的态势。找过社会关系的大学生在北京实现就业的概率是未用过社会关系的 1.576 倍，影响较强，不显著。男生在北京地区就业的概率为女生的 1.743 倍，影响较强，也不显著。北京生源、城镇生源、人均收入、用过社会关系和性别都有正面影响，力度最强的三大指标分别是北京生源、人均收入 3000—4999 元和人均收入 5000 元以上。社会资本对大学生能否在北京地区就业的综合影响为正。

二 人力资本、社会资本对 2012 年大学生就业地区的总体影响

下面，我们探讨人力资本指数和社会资本指数对大学生就业地区选择的总体影响。自变量和因变量的处理方法同第四章第一节，构建双变量逻辑回归模型，回归结果如表 5—6 的上半部分所示。人力资本指数的偏回归系数 B 为 0.181，与人力资本指数较低的大学生相比，人力资本指数较高的大学生在北京实现就业的概率为 1.198 倍，表明人力资本对大学生就业地区分布有微弱的正面影响，但不显著。社会资本指数的偏回归系数 B 为 0.821，社会资本指数较高的大学生在北京实现就业的概率为社会资本指数较低的大学生的 2.273 倍，正面影响很强，十分显著。这样，证明了命题 C1。

表 5—6　　　　人力资本指数、社会资本指数对 2012 年大学生
能否在北京就业的影响

自变量	偏回归系数 B	发生比率 EXP (B)
人力资本指数	0.181 (0.337)	1.198
社会资本指数	0.821*** (0.246)	2.273
交互项	−0.467 (0.572)	0.627
常量	0.330** (0.158)	1.391
−2 对数似然值	490.451	
Nagelkerke R 方	0.042	
N	394	

说明：括号内为标准误差 S. E，$^\# p < 0.2$，$^* p < 0.1$，$^{**} p < 0.05$，$^{***} p < 0.01$。

比较人力资本指数和社会资本指数的影响，人力资本指数的 B 值比社会资本指数的 B 值低 0.64，EXP (B) 比社会资本的 EXP (B) 低 1.075，p 值较高，表明人力资本对大学生能否在北京地区就业的影响力度小于社会资本的影响力度，否定了命题 C2。

三 人力资本、社会资本对 2012 年大学生就业地区的影响的关系

接下来，探讨在对大学生能否在北京地区实现就业的作用中，人力资本和社会资本的关系。同样，引入交互项模型。自变量、因变量的设置及赋值方法，同第四章第一节，构建双变量逻辑回归模型，回归结果

如表5—6 所示。交互项的偏回归系数为 -0.467，表明人力资本的作用与社会资本的作用呈负相关。也就是说，随着人力资本作用的提高，社会资本的作用在降低，或者说，随着人力资本作用的降低，社会资本的作用在提高。根据 EXP（B），表明人力资本指数和社会资本指数相互之间的负作用，会使就业概率下降为原来的 0.627 倍，与 1 的差额的绝对值为 0.373，具有一定的替代关系，但不显著。

可见，在对大学生就业地区的影响中，人力资本的作用与社会资本的作用是替代关系，证明了子命题 C3—1，也就证明了命题 C3。大学生只要拥有较多的人力资本或者较多的社会资本，就能实现在北京地区就业的目标。而就现实而言，虽然人力资本和社会资本可以分开，但社会资本对大学生能否在北京地区就业起主导作用。

第四节　人力资本、社会资本与 2012 年北京大学生就业行业的回归分析

本节探讨人力资本和社会资本对大学生就业行业分布的影响，样本仍为 394 人。其中，农业有 2 人，占 0.5%；采掘业有 8 人，占 2%；制造业有 40 人，占 10.2%；电力、煤气及水的生产和供应业有 13 人，占 3.3%；建筑业有 42 人，占 10.7%；地质勘查业、水利管理业有 8 人，占 2%；批发零售贸易和餐饮业有 16 人，占 4.1%；交通运输、仓储和邮电通信业有 30 人，占 7.6%；金融保险业有 73 人，占 18.5%；房地产业有 15 人，占 3.8%；社会服务业有 19 人，占 4.8%；卫生体育和社会福利业有 2 人，占 0.5%；教育文化和广播电影和电视业有 55 人，占 14%；科学研究和综合技术服务业有 46 人，占 11.7%；国家机关、党政机关和社会团体有 25 人，占 6.3%。

一　人力资本、社会资本对 2012 年大学生就业行业的具体影响

自变量和因变量的赋值方法同第四章第四节，构建逻辑回归模型，回归结果如表 5—7 所示。

1. 人力资本指标的影响

（1）综合素质的影响。B 为 0.392，表明政治面貌对大学生能否在高工资行业就业的影响为正，与非党员大学生相比，具有党员身份的大

学生在高工资行业实现就业的概率是 1.48 倍，有一定的正面影响，不显著。与学习成绩较差的同学相比，成绩中等和成绩优秀都有微弱的正面影响，而且，呈现边际收益递增态势，但不显著。与未通过英语四级的大学生相比，通过四级和六级的大学生在高工资行业实现就业的概率分别为 0.906 倍和 1.943 倍，只有较高的英语水平才有很强的影响，但不显著。通过计算机二级和三级的大学生在高工资行业就业的概率分别为 1.104 倍和 1.482 倍，前者有微弱的影响，后者有一定的影响，不显著。其他证书、发表论文、学生干部都没有正面影响。有实习经历的大学生在高工资行业就业的概率为 1.755 倍，影响很强，在 p < 0.2 的情况下显著。奖学金有微弱的正面影响，不显著。可见，政治面貌、学习成绩、英语六级、计算机等级、实习经历、奖学金都有正面的影响，影响力度最大的三个因素分别是英语六级、实习经历、计算机三级；英语四级、其他证书、发表论文、学生干部没有正面影响。综合素质对大学生的就业行业选择的综合影响为正。

表5—7　人力资本、社会资本对 2012 年大学生能否在高工资行业就业的影响

自变量	偏回归系数 B	发生比率 EXP (B)
综合素质变量		
中共党员	0.392 (0.368)	1.480
成绩中等	0.154 (0.520)	1.167
成绩优秀	0.214 (0.613)	1.239
英语四级	−0.099 (0.489)	0.906
英语六级	0.664 (0.536)	1.943
计算机二级	0.099 (0.368)	1.104
计算机三级	0.393 (0.833)	1.482
其他证书	−0.609# (0.370)	0.544
发表论文	−1.126* (0.581)	0.324
学生干部	−0.483# (0.343)	0.617
实习经历	0.563# (0.346)	1.755
奖学金	0.047 (0.356)	1.048
就业意愿变量		

续表

自变量	偏回归系数 B	发生比率 EXP（B）
期望其他沿海地区	-0.461（0.401）	0.631
期望中西部地区	0.059（0.687）	1.061
愿意去农村	0.628*（0.367）	1.874
期望低工资行业	-1.625***（0.325）	0.197
期望体制外单位	0.180（0.358）	1.198
期望四千元以下	0.031（0.351）	1.032
就业行为变量		
收集信息 20—49 小时	0.009（0.369）	1.009
收集信息 50 小时以上	0.682（0.547）	1.978
投递简历 20—49 份	-0.358（0.405）	0.699
投递简历 50 份以上	-1.221**（0.597）	0.295
主动联系 5—9 次	-0.754*（0.408）	0.470
主动联系 10 次以上	-0.927*（0.510）	0.396
参加面试 5—9 次	0.455（0.385）	1.577
参加面试 10 次以上	0.588（0.492）	1.800
费用 1000—2999 元	0.562#（0.407）	1.754
费用 3000 元以上	1.492*（0.787）	4.445
社会资本变量		
北京生源	-1.398***（0.520）	0.247
其他沿海生源	0.138（0.394）	1.148
城镇生源	0.448（0.368）	1.565
父母为机关事业单位负责人	-0.013（0.459）	0.987
父母为国有企业负责人	0.618（0.654）	1.855
人均收入 3000—4999 元	-0.121（0.378）	0.886
人均收入 5000 元以上	0.115（0.466）	1.121
用过社会关系	0.187（0.333）	1.205
男生	-0.933***（0.354）	0.393
常量	1.027（0.845）	2.793
-2 对数似然值	316.256	
Nagelkerke R 方	0.389	
N	394	

说明：括号内为标准误差 S. E.，#$p < 0.2$，*$p < 0.1$，**$p < 0.05$，***$p < 0.01$。

（2）就业意愿的影响。与期望在北京地区就业相比，最希望在其他沿海地区的影响为负，最希望在中西部地区就业有微弱的正面影响，都不显著。愿意去农村就业的大学生在高工资行业实现就业的概率为1.874倍，影响很强，显著，即随着近几年新农村的建设与发展，选择去农村是实现在高工资行业就业的一个重要途径。实际的就业行业与就业行业期望具有高度的一致性，即期望在低工资行业就业的大学生在高工资行业实现就业的概率显著很低。然而，降低单位性质要求和月薪要求，将有助于提高在高工资行业就业的概率，但力度较微弱，也不显著。可见，就业意愿对大学生就业行业的正面影响，主要体现在城乡期望、单位性质期望和月薪期望方面，但综合影响为负。

（3）就业行为的影响。与19小时以下相比，收集信息为20—49小时大学生实现高工资行业就业的概率为1.009倍，有微弱的促进作用；收集信息为50小时以上实现高工资行业就业的概率为1.978倍，影响很强，但不显著。但是，多投简历、主动联系都没体现出积极影响。与4次及其以下相比，面试5—9次和10次以上的大学生实现高工资行业就业的概率分别为1.577倍和1.8倍，有较强和很强的作用，而且呈边际收益递增的态势，但不太显著。与999元以下相比，求职费用为1000—2999元和3000元以上在高工资行业就业的概率分别为1.754倍和4.445倍，影响很强，都显著，体现了物质投入对就业行业的重要影响，而且存在边际收益递增的倾向。综上，就业行为的积极影响主要体现在收集信息、参加面试和求职费用方面，力度最强的三大指标分别是求职费用为3000元以上、收集信息50小时以上和参加面试10次以上。综合来看，积极的就业行为有正面的影响。

2. 社会资本指标的影响

与中西部生源的大学生相比，来自北京的大学生在高工资行业实现就业的概率为0.247倍，而来自其他沿海地区在高工资行业就业的概率为1.148倍，不显著，地区生源体现出来的社会资本的正面影响不强。城镇生源的大学生在高工资行业就业的概率为农村生源大学生的1.565倍，影响较强，不显著。父母为机关或事业单位负责人没优势，而父母为国有企业负责人则有很强的优势，在高工资行业就业的概率为1.855倍，不显著。中等收入家庭没有正面影响，而高等收入家庭有微弱的影响。用过社会关系的大学生在高工资行业就业的概率为1.205倍，有微弱的正面影响，不显著。相对于女生，男生无优势。总体上，其他沿海生源、城乡生源、父母为国有企业负责人、人均家庭收入在 5000 元以上、用过社会关系都有正面的影响，力度最强的三大指标分别是父母为国有企业负责人、城镇生源、用过社会关系，但社会资本对大学生能否在高工资行业就业的综合影响不确定。

二 人力资本、社会资本对 2012 年大学生就业行业的总体影响

下面，我们考查一下人力资本指数和社会资本指数的总体影响。自变量和因变量的处理方法以及模型构建同第四章第一节，回归结果如表 5—8 的上半部分所示。人力资本指数的偏回归系数 B 为 0.431，与人力资本指数较低的大学生相比，人力资本指数较高的大学生在北京实现就业的概率为 1.538 倍，表明人力资本对大学生就业行业分布有较强的正面影响，但不太显著。社会资本指数的偏回归系数 B 为 0.057，社会资本指数较高的大学生在高工资行业实现就业的概率为 1.058 倍，有微弱的影响，弥补了社会资本各指标的综合影响不明确的缺憾，但不显著。这基本上证明了命题 D1。

表 5—8　　人力资本指数、社会资本指数对 2012 年大学生
能否在高工资行业就业的影响

自变量	偏回归系数 B	发生比率 EXP（B）
人力资本指数	0.431（0.363）	1.538
社会资本指数	0.057（0.234）	1.058
交互项	0.003（0.594）	1.003
常量	0.560*** （0.162）	1.750
−2 对数似然值	502.821	
Nagelkerke R 方	0.008	
N	394	

说明：括号内为标准误差 S.E.，#$p<0.2$，*$p<0.1$，**$p<0.05$，***$p<0.01$。

比较人力资本指数和社会资本指数的影响，人力资本指数的 B 值比社会资本指数的 B 值高 0.374，EXP（B）比社会资本指数的 EXP（B）高 0.48，p 值水平较低，表明人力资本对大学生能否在高工资行业就业的影响

力度大于社会资本的影响力度，证明了命题 D2。

三 人力资本、社会资本对 2012 年大学生就业行业的影响的关系

在对大学生能否在高工资行业就业的作用中，人力资本和社会资本是替代关系还是互补关系？自变量、因变量的设置及赋值方法，同第四章第一节，构建双变量逻辑回归模型，回归结果如表 5—8 所示。交互项的偏回归系数为 0.003，表明人力资本的作用与社会资本的作用正相关，但力度较小，接近于无关。也就是说，随着人力资本作用的提高，社会资本的作用也在一定程度上提高。根据 EXP（B），表明人力资本指数和社会资本指数相互之间的正作用，会使就业概率上升为原来的 1.003 倍，互补关系微弱，很不显著。

即在对大学生就业行业的影响中，人力资本的作用与社会资本的作用是互补关系，印证了子命题 D3—2，也证明了命题 D3。同时拥有较多的人力资本和较多的社会资本，才能实现在高工资行业就业的目标。

第五节 人力资本、社会资本与 2012 年北京大学生就业性质的回归分析

本节探讨人力资本和社会资本对北京大学生的就业单位性质分布的影响，样本仍为 394 人。其中，党政机关有 27 人，占 6.9%；学校和科研单位有 22 人，占 5.6%；其他事业单位有 44 人，占 11.2%；国有企业有 169 人，占 42.9%；个体和民营企业有 94 人，占 23.9%；外资企业有 36 人，占 9.1%；军队有 2 人，占 0.5%。

一 人力资本、社会资本对 2012 年大学生就业性质的具体影响

自变量和因变量的赋值方法以及模型的构建，同第四章第五节，回归结果如表 5—9 所示。

1. 人力资本指标的影响

（1）综合素质的影响。与非党员大学生相比，具有党员身份的大学生在体制内单位实现就业的概率是 1.095 倍，表明政治面貌对就业单位性质有微弱的正面影响，但不显著。与成绩较差的大学生相比，成绩中等和成绩优秀的大学生在体制内单位实现就业的概率分别为 1.78 倍

和 1.837 倍，影响都很强，但不显著。通过英语四级的大学生在体制内单位就业的概率为 1.215 倍，有微弱的正面影响；通过英语六级的大学生在体制内单位就业的概率为 2.062 倍，影响很强，而且，呈边际收益递增的现象，但都不显著。通过计算机二级的大学生在体制内单位就业的概率为 1.438 倍，有一定的正面影响；通过计算机三级的大学生在体制内单位就业的概率为 2.677 倍，影响很强，但不显著。其他证书和实习经历未体现出正面影响。曾发表论文的大学生在体制内单位就业的概率为 4.111 倍，影响很强，在 $p < 0.05$ 的情况下显著。学生干部有一定的正面影响，奖学金有微弱的正面影响。可见，政治面貌、学习成绩、英语等级、计算机等级、发表论文、学生干部和奖学金都有正面的影响，影响力度最大的三个指标是发表论文、计算机三级、英语六级；其他证书、实习经历没有正面影响。因而，综合素质对大学生的就业单位性质的综合影响为正，但大多数指标并不显著。

表 5—9　　　　人力资本、社会资本对 2012 年大学生
能否在体制内单位就业的影响

自变量	偏回归系数 B	发生比率 EXP（B）
综合素质变量		
中共党员	0.090（0.361）	1.095
成绩中等	0.576（0.505）	1.780
成绩优秀	0.608（0.590）	1.837
英语四级	0.194（0.515）	1.215
英语六级	0.724（0.580）	2.062
计算机二级	0.363（0.363）	1.438
计算机三级	0.985（0.838）	2.677
其他证书	− 0.075（0.377）	0.928
发表论文	1.414**（0.706）	4.111
学生干部	0.239（0.330）	1.271
实习经历	− 0.271（0.341）	0.762
奖学金	0.136（0.340）	1.146
就业意愿变量		
期望其他沿海地区	0.172（0.377）	1.188
期望中西部地区	1.503*（0.813）	4.497

续表

自变量	偏回归系数 B	发生比率 EXP（B）
愿意去农村	0.360（0.379）	1.433
期望低工资行业	0.031（0.332）	1.032
期望体制外单位	−1.754＊＊＊（0.345）	0.173
期望四千元以下	0.215（0.336）	1.240
就业行为变量		
收集信息20—49小时	0.254（0.382）	1.289
收集信息50小时以上	0.033（0.515）	1.034
投递简历20—49份	−1.103＊＊＊（0.427）	0.332
投递简历50份以上	−0.617（0.586）	0.540
主动联系5—9次	0.214（0.390）	1.239
主动联系10次以上	−1.039＊＊（0.473）	0.354
参加面试5—9次	0.404（0.392）	1.498
参加面试10次以上	1.081＊＊（0.492）	2.949
费用1000—2999元	−0.041（0.378）	0.960
费用3000元以上	1.649＊（0.851）	5.204
社会资本变量		
北京生源	0.881＊（0.527）	2.413
其他沿海生源	0.359（0.386）	1.432
城镇生源	−0.325（0.367）	0.722
父母为机关事业单位负责人	0.511（0.421）	1.667
父母为国有企业负责人	0.210（0.642）	1.234
人均收入3000—4999元	−0.114（0.361）	0.892
人均收入5000元以上	−0.285（0.436）	0.752
用过社会关系	0.331（0.326）	1.393
男生	1.133＊＊＊（0.337）	3.104
常量	−1.326#（0.869）	0.266
−2对数似然值	323.017	
Nagelkerke R方	0.354	
N	394	

说明：括号内为标准误差 S. E.，#$p<0.2$，＊$p<0.1$，＊＊$p<0.05$，＊＊＊$p<0.01$。

（2）就业意愿的影响。与期望在北京地区就业相比，最希望在其他沿海地区和中西部地区就业的大学生，在体制内单位就业的概率分别为 1. 188 倍和 4. 497 倍，前者有微弱的影响，不显著；后者有很强的影响，在 $p < 0.1$ 的情况下显著，选择广大中西部地区可以大大提高就业单位性质的层次。愿意去农村就业，找到一份稳定工作岗位的概率为 1. 433 倍，有一定的正面影响。期望低工资行业和期望四千元以下都有微弱的正面影响。实际的就业单位性质与期望的单位性质具有高度的一致性，即期望在体制外单位就业的、实际在体制内单位就业的概率显著较低。可见，除了就业单位性质期望以外，其他指标均有正面影响，但大多数指标的影响并不显著，显著指标的作用为负，因而，就业意愿的综合影响不确定。

（3）就业行为的影响。与 19 小时以下相比，收集信息为 20—49 小时的大学生实现在体制内单位就业的概率为 1. 289 倍，积极的就业行为有一定的促进作用；收集信息为 50 小时以上的大学生实现在体制内单位就业的概率为 1. 034 倍，有微弱影响，均不显著。多投简历没有积极的影响。与 4 次及其以下相比，主动联系 5—9 次有微弱的正面影响，联系 10 次以上无正面影响。与 4 次及其以下相比，参加面试 5—9 次在体制内单位就业的概率为 1. 498 倍，有一定的正面影响，不显著；面试 10 次以上在体制内单位就业的概率为 2. 949 倍，影响很强，显著。与 999 元以下相比，求职费用为 1000—2999 元和 3000 元以上的在体制内单位就业的概率分别为 0. 96 倍和 5. 204 倍，前者无正面影响，不显著；后者的影响很强，显著，表明了物质投入对就业单位性质的重要影响。综合来看，就业行为对大学生就业单位性质的影响不太确定。

2. 社会资本指标的影响

与中西部生源的大学生相比，来自北京的大学生在体制内单位实现就业的概率为 2. 413 倍，影响很强，在 $p < 0.1$ 的情况下显著；来自其他沿海地区的大学生在体制内单位就业的概率为 1. 432 倍，有一定的正面影响，不显著，说明地区生源表现出来的社会资本对单位性质的正面影响主要体现在北京地区。与农村生源的大学生相比，城镇生源的大学生没有优势。父母为机关或事业单位负责人的大学生实现在体制内单位就业的概率为 1. 667 倍，影响较强；父母为国有企业负责人的就业概率为 1. 234 倍，有微弱的影响，都不显著。家庭收入水平较高没体现出正面影响。找过社会关系的大学生在体制内单位就业的概率为 1. 393 倍，有一定的正面影响，不显著。男生获得体制内单位的概率为女生的

3.104 倍，影响很强，十分显著。总体上，地区生源、父母职业、找过社会关系、性别都有一定的正面影响，力度最强的三大指标分别是男生、北京生源、父母为机关或事业单位负责人。社会资本对大学生能否在体制内单位就业的综合影响明显为正。

二 人力资本、社会资本对 2012 年大学生就业性质的总体影响

自变量和因变量的处理方法以及模型的构建，同第四章第一节，回归结果如表 5—10 的上半部分所示。人力资本指数的偏回归系数 B 为 0，人力资本指数较高的大学生在体制内单位实现就业的概率，与人力资本指数较低的大学生相同，表明人力资本对就业单位性质选择总体上没影响，但非常不显著。社会资本指数的偏回归系数 B 为 0.039，社会资本指数较高的大学生在体制内单位实现就业的概率为 1.04 倍，有微弱的正面影响，也不显著，即只印证了命题 E1 的一部分。

表 5—10　　　人力资本指数、社会资本指数对 2012 年大学生能否在体制内单位就业的影响

自变量	偏回归系数 B	发生比率 EXP（B）
人力资本指数	0.000（0.348）	1.000
社会资本指数	0.039（0.239）	1.040
交互项	−0.039（0.563）	0.962
常量	0.693＊＊＊（0.165）	2.000
−2 对数似然值	499.673	
Nagelkerke R 方	0.000	
N	394	

说明：括号内为标准误差 S. E，$^{\#}p<0.2$，$^{*}p<0.1$，$^{**}p<0.05$，$^{***}p<0.01$。

人力资本指数的 B 值比社会资本指数的 B 值低 0.039，EXP（B）比社会资本指数的 EXP（B）低 0.04，p 值较高，表明人力资本对大学生能否在体制内单位就业的影响力度小于社会资本的影响力度，否定了命题 E2。

三 人力资本、社会资本对 2012 年大学生就业性质的影响的关系

自变量、因变量的设置及赋值方法以及模型的构建同第四章第一

节，回归结果如表 5—10。交互项的偏回归系数为 – 0.039，表明人力资本的作用与社会资本的作用呈负相关。也就是说，随着人力资本作用的降低，社会资本的作用在提高。根据 EXP（B），人力资本指数和社会资本指数相互之间的负作用，会使就业概率降为原来的 0.962 倍，它与 1 的差额的绝对值仅为 0.038，替代关系十分微弱，也不太显著。

可见，在对大学生就业单位性质的影响中，人力资本的作用与社会资本的作用是替代关系，印证了子命题 E3—1，也就证明了命题 E3。大学生只要拥有较多的人力资本或者较多的社会资本，就可能实现在体制内单位就业的目标。结合本节第二部分的实证检验，由于人力资本的总体作用为 0，这样，只有拥有较多的社会资本才能获得较稳定的工作岗位。

第六节　人力资本、社会资本与 2012 年北京大学生承诺月薪的回归分析

本节探讨人力资本和社会资本对北京大学生的承诺月薪分布的影响，样本仍为 394 人。其中，用人单位的承诺月薪为 2000 元以下的有 10 人，占 2.5%；2000—2999 元的有 87 人，占 22.1%；3000—3999 元的有 123 人；占 31.2%；4000—4999 元的有 89 人，占 22.6%；5000—5999 元的有 45 人，占 11.4%；6000 元以上的有 40 人，占 10.2%。

一　人力资本、社会资本对 2012 年大学生承诺月薪的具体影响

自变量和因变量的赋值方法以及模型的构建，同第四章第六节，回归结果如表 5—11 所示。

1. 人力资本指标的影响

（1）综合素质的影响。政治面貌、学习成绩、其他证书和实习经历在大学生获得高月薪单位方面无优势。与没通过英语四级的大学生相比，通过四级和六级的大学生获得高月薪单位的概率分别为 2.035 倍和 2.844 倍，影响很强，前者不显著，后者在 $p < 0.2$ 的情况下显著。通过计算机二级和三级的大学生在高月薪单位实现就业的概率分别为 1.232 倍和 0.3 倍，说明计算机知识较多有微弱的帮助，但不是越多越好。发表过学术论文的大学生获得高月薪单位的概率为 3.314 倍，影响

很强，显著。曾做学生干部的大学生获得高月薪的概率为 1.878 倍，影响很强，也显著。获得奖学金的就业概率为 1.637 倍，影响较强，在 $p < 0.2$ 的情况下显著。可见，英语等级、计算机二级、发表论文、学生干部和奖学金都有正面的影响，影响力度最大的三个指标是发表论文、英语六级和英语四级；政治面貌、学习成绩、计算机三级、其他证书、实习经历没正面影响。综合来看，综合素质对大学生的就业单位性质的综合影响为正。

表 5—11　　　　　　人力资本、社会资本对 2012 年大学生
能否获得高月薪的影响

自变量	偏回归系数 B	发生比率 EXP（B）
综合素质变量		
中共党员	− 0.917 * * （0.387）	0.400
成绩中等	− 0.670 （0.538）	0.512
成绩优秀	− 0.671 （0.630）	0.511
英语四级	0.711 （0.639）	2.035
英语六级	1.045[#] （0.649）	2.844
计算机二级	0.208 （0.371）	1.232
计算机三级	− 1.203[#] （0.853）	0.300
其他证书	− 0.273 （0.389）	0.761
发表论文	1.198 * * （0.602）	3.314
学生干部	0.630 * （0.375）	1.878
实习经历	− 0.170 （0.368）	0.843
奖学金	0.493[#] （0.366）	1.637
就业意愿变量		
期望其他沿海地区	− 0.033 （0.407）	0.967
期望中西部地区	0.526 （0.663）	1.693
愿意去农村	0.097 （0.398）	1.102
期望低工资行业	− 0.457[#] （0.353）	0.633
期望体制外单位	0.669 * （0.371）	1.952
期望四千元以下	− 2.992 * * * （0.455）	0.050
就业行为变量		

续表

自变量	偏回归系数 B	发生比率 EXP（B）
收集信息 20—49 小时	0.308（0.405）	1.360
收集信息 50 小时以上	−0.179（0.554）	0.836
投递简历 20—49 份	0.491（0.440）	1.634
投递简历 50 份以上	0.085（0.613）	1.089
主动联系 5—9 次	−0.263（0.396）	0.768
主动联系 10 次以上	0.215（0.525）	1.240
参加面试 5—9 次	−0.668*（0.400）	0.513
参加面试 10 次以上	−0.157（0.515）	0.855
费用 1000—2999 元	0.247（0.391）	1.280
费用 3000 元以上	0.730（0.640）	2.076
社会资本变量		
北京生源	−0.612（0.539）	0.542
其他沿海生源	−0.056（0.387）	0.945
城镇生源	0.305（0.375）	1.356
父母为机关事业单位负责人	−0.486（0.441）	0.615
父母为国有企业负责人	−0.936#（0.657）	0.392
人均收入 3000—4999 元	0.056（0.378）	1.058
人均收入 5000 元以上	0.775#（0.474）	2.170
用过社会关系	0.425（0.349）	1.529
男生	0.495#（0.355）	1.640
常量	−0.859（0.953）	0.424
−2 对数似然值	298.376	
Nagelkerke R 方	0.506	
N	394	

说明：括号内为标准误差 S. E，$^{\#}p < 0.2$，$^{*}p < 0.1$，$^{**}p < 0.05$，$^{***}p < 0.01$。

（2）就业意愿的影响。与期望在北京地区就业相比，期望在其他沿海地区就业无正面影响，不显著；期望在中西部地区就业获得高月薪单位的概率为 1.693 倍，降低就业地区期望有较强的正面影响。愿意去农村就业的大学生获得高月薪单位的概率为 1.102 倍，有微弱的正面影响。降低行业期望并不能提高获得高月薪单位的概率，而期望在体制外单位就业的大学生、实现在高月薪单位就业的概率为 1.952 倍，表明就业单位性质与月薪之间存在着很强的替代关系，可以通过降低单位性质要求来换取更高的月薪水平，显著。期望月薪较低，实际获得高月薪的概率也较低，同样表现出高度的一致性，表明大学生总体的就业意愿是合理的，尽管大学生个体的预期可能偏高。就业意愿对大学生就业单位承诺月薪的正面影响，主要体现在中西部地区期望、城乡期望和单位性质期望方面，但综合影响为负。

（3）就业行为的影响。与 19 小时及其以下相比，收集信息 20—49 小时和 50 小时以上的大学生获得高月薪的概率为 1.36 倍和 0.836 倍，说明收集信息有一定的重要性，但不是越多越好。投简历 20—49 份和 50 份以上的大学生获得高月薪的概率为 1.634 倍和 1.089 倍，有正面影响，但存在边际收益递减的情况，不显著。与 4 次及其以下相比，主动联系 5—9 次没有正面影响，而联系 10 次以上有微弱的正面影响。与 999 元以下相比，求职费用为 1000—2999 元的大学生获得高月薪的概率为 1.28 倍，有一定的正面影响；3000 元以上的大学生在高月薪单位就业的概率为 2.076 倍，影响很强，都不显著。可见，收集信息、投递简历、主动联系和求职费用都有正面的影响。力度最大的三个因素分别是求职费用在 3000 元以上、投递简历 20—49 份和收集信息 20—49 小时。积极的就业行为的综合影响为正。

2. 社会资本指标的影响

地区生源和父母职业都没表现出积极影响。来自城镇的大学生获得高月薪单位的概率为来自农村的大学生的 1.356 倍，有一定的正面影响。中等收入家庭、高收入家庭的大学生获得高月薪的概率分别为 1.058 倍和 2.17 倍，前者有微弱的影响，不显著，后者的影响很强，在 $p < 0.2$ 的情况下显著，家庭富裕程度体现出来的社会资本具有重要的影响。用过社会关系的大学生获得高月薪的概率为 1.529 倍，影响较强，不显著。男生获得高月薪的概率是女生的 1.64 倍，在 $p < 0.2$ 的情况下显著。可见，城乡生源、家庭收入、找社会关系、性别都是影响大学生月薪水平的重要因素，力度最大的三个因素分别是人均收入在 5000 元以上、男生和用过社会关系。综合来看，社会资本对大学生获

得高月薪的综合影响为正。

二 人力资本、社会资本对 2012 年大学生承诺月薪的总体影响

自变量和因变量的处理方法以及模型的构建，同第四章第一节，回归结果如表5—12。人力资本指数的 B 值为 0.188，与人力资本指数较低的大学生相比，人力资本指数较高的大学生获得高月薪单位的概率为1.207 倍，表明人力资本对大学生就业的月薪收入有微弱的正面影响，但不显著。社会资本指数的 B 值为 0.041，社会资本指数较高的大学生获得高月薪单位的概率为 1.042 倍，有微弱的正面影响，也不显著。两者相结合，基本上印证了命题 F1 的结论。

表5—12 人力资本指数、社会资本指数对 2012 年大学生
能否获得高月薪的影响

自变量	偏回归系数 B	发生比率 EXP（B）
人力资本指数	0.188（0.330）	1.207
社会资本指数	0.041（0.227）	1.042
交互项	0.991*（0.560）	2.694
常量	-0.355**（0.158）	0.701
-2 对数似然值	532.373	
Nagelkerke R 方	0.028	
N	394	

说明：括号内为标准误差 S.E，#$p < 0.2$，*$p < 0.1$，**$p < 0.05$，***$p < 0.01$。

与社会资本指数相比人力资本指数的 B 值高 0.147，EXP（B）高0.165，p 值较低，人力资本对大学生获得高月薪单位的影响力度大于社会资本的影响力度，证明了命题 F2。

三 人力资本、社会资本对 2012 年大学生承诺月薪的影响的关系

自变量、因变量的赋值方法，以及模型的构建，同第四章第一节，回归结果如表5—12。交互项的偏回归系数为 0.991，表明人力资本的作用与社会资本的作用呈正相关。即随着人力资本作用的降低，社会资

本的作用也在降低。人力资本指数和社会资本指数相互之间的正向影响，会使就业概率上升为原来的 2.694 倍，表明这种互补的关系很强，在 $p < 0.1$ 的情况下显著，这证明了子命题 F3—2，也就证明了命题 F3。大学生只有同时拥有较多的人力资本和较多的社会资本，才能获得更高的月薪水平。

第六章　人力资本、社会资本与大学生就业：三次数据检验的变化

将对三次调查数据的检验联系起来，可以看到人力资本和社会资本对北京大学生就业的整体影响及其动态的变化趋势。

第一节　人力资本、社会资本与北京大学生能否就业：动态变化

一　人力资本、社会资本对大学生能否就业的具体影响的变化

人力资本和社会资本的各指标对大学生能否就业的影响，在不同年份是不同的。我们试图做出梳理，以期发现一些有规律的变化趋势。

1. 人力资本指标的影响的变化

（1）综合素质的影响的变化。表6—1和图6—1都显示出综合素质各指标对大学生能否就业的影响的变化。从总体水平来看，根据各项指标的 B 值的三次调查的平均数大小，英语六级、英语四级和成绩优秀成为最主要的三大影响因素，成绩中等居第四，实习经历居第五。也就是说，从最近五年的就业经验来看，学习成绩、英语等级水平和实习经历更突出了人力资本的价值，加强这方面的修炼，是大学生实现就业的最有利的工具。

表6—1　人力资本、社会资本对大学生能否就业的影响（ B 值）的变化①

自变量	2008 年	2010 年	2012 年	平均值	2010 年与 2008 年差	2012 年与 2010 年差
综合素质变量						
中共党员	− 0.055	0.539	− 0.065	0.140	0.594	− 0.604

① A 表示本年的调查问卷没有设计此项指标，因而数据缺失；由于本年数据缺失，与相邻年份的调查数据的差额也空缺，也用 A 表示。下同。

续表

自变量	2008 年	2010 年	2012 年	平均值	2010 年与 2008 年差	2012 年与 2010 年差
成绩中等	0.293	0.151	0.404	0.283	− 0.142	0.253
成绩优秀	0.966	− 0.157	0.516	0.442	− 1.123	0.673
英语四级	1.153	0.527	0.069	0.583	− 0.626	− 0.458
英语六级	1.124	0.521	0.305	0.650	− 0.603	− 0.216
计算机二级	0.188	− 0.538	− 0.094	− 0.148	− 0.726	0.444
计算机三级	0.044	− 1.060	0.159	− 0.286	− 1.104	1.219
其他证书	− 0.367	− 0.227	0.226	− 0.123	0.140	0.453
发表论文	A	− 0.095	− 0.122	− 0.109	A	− 0.027
学生干部	0.352	0.279	− 0.058	0.191	− 0.073	− 0.337
实习经历	0.644	− 0.280	0.374	0.246	− 0.924	0.654
奖学金	− 0.311	0.418	− 0.137	− 0.010	0.729	− 0.555
就业意愿变量						
期望其他沿海地区	0.326	− 0.250	0.551	0.209	− 0.576	0.801
期望中西部地区	0.909	− 0.553	− 0.178	0.059	− 1.462	0.375
愿意去农村	− 0.452	− 0.385	− 0.384	− 0.407	0.067	0.001
期望低工资行业	− 0.357	0.928	− 0.101	0.157	1.285	− 1.029
期望体制外单位	0.000	− 0.120	− 0.081	− 0.067	− 0.120	0.039
期望四千元以下	− 0.678	− 0.587	− 0.410	− 0.558	0.091	0.177
就业行为变量						
收集信息 20—49 小时	A	0.239	0.378	0.309	A	0.139
收集信息 50 小时以上	A	0.465	− 0.080	0.193	A	− 0.545
投递简历 20—49 份	0.727	0.304	− 0.251	0.260	− 0.423	− 0.555
投递简历 50 份以上	0.096	− 0.547	− 0.129	− 0.193	− 0.643	0.418
主动联系 5—9 次	A	0.073	− 0.196	− 0.062	A	− 0.269
主动联系 10 次以上	A	0.199	0.577	0.388	A	0.378
参加面试 5—9 次①	0.985	− 0.319	0.108	0.258	− 1.304	0.427
参加面试 10 次以上	1.109	− 0.396	− 0.137	0.192	− 1.505	0.259
费用 1000—2999 元	0.420	0.544	− 0.386	0.193	0.124	− 0.930
费用 3000 元以上	0.067	− 0.088	0.380	0.120	− 0.155	0.468

---

① 2008 年参加面试为 6—9 次。

续表

自变量	2008 年	2010 年	2012 年	平均值	2010 年与 2008 年差	2012 年与 2010 年差
社会资本变量						
北京生源	0.160	0.307	1.804	0.757	0.147	1.497
其他沿海生源	− 0.162	− 0.500	− 0.150	− 0.271	− 0.338	0.350
城镇生源	0.269	− 0.396	− 0.092	− 0.073	− 0.665	0.304
父母为机关事业单位负责人	A	0.206	0.077	0.142	A	− 0.129
父母为国有企业负责人	A	− 0.553	− 0.531	− 0.542	A	0.022
人均收入 3000—4999 元	0.550	0.253	0.293	0.365	− 0.297	0.040
人均收入 5000 元以上	0.314	− 0.371	0.514	0.152	− 0.685	0.885
用过社会关系	A	− 0.364	− 0.545	− 0.455		− 0.181
男生	0.314	0.326	0.354	0.331	0.012	0.028

从变化趋势来看，成绩优秀、英语四级、英语六级、计算机二级、发表论文、学生干部的影响呈现明显的下降之势，表明它们的作用在下降；而成绩中等、其他证书的影响则呈上升趋势，它们的影响在上升；其他指标的影响的变化趋势不明显。

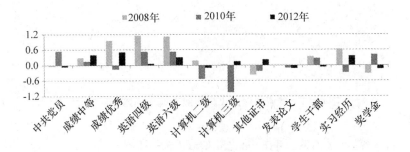

图 6—1　综合素质对大学生能否就业的影响的变化

从变化程度来看，根据相邻两年调查的 B 值的差额的绝对值大小，变化幅度最大的分别是计算机三级、成绩优秀和实习经历，差额的绝对值分别达到 1.219、1.123 和 0.924，表明它们的影响最不稳定。所有

综合素质指标的 B 值的相邻两年差额的绝对值的平均数为 0.551，表明综合素质对大学生能否就业的影响"较稳定"。①

（2）就业意愿的影响的变化。如表6—1和图6—2所示，从总体水平来看，根据各项指标的 B 值的三次调查的平均数，期望其他沿海地区、期望低工资行业和期望中西部地区成为最主要的三大影响因素。从最近五年的就业经验来看，降低地区期望和行业期望，即避开北京和高工资行业，可以提高就业的成功率。

从变化趋势来看，期望中西部地区的影响呈现下降之势，表明其作用在下降，而愿意去农村、期望在四千元以下的影响呈上升趋势，其他指标的影响的变化趋势不明显。

从变化程度来看，根据相邻两年调查的 B 值的差额的绝对值，变化幅度最大的分别是期望中西部地区、期望低工资行业和期望其他沿海地区，差额的绝对值分别达到 1.462、1.285 和 0.801，为最不稳定的三大影响因素。所有就业意愿指标的 B 值的相邻两年差额的绝对值的平均数为 0.502，表明就业意愿对大学生能否就业的影响较稳定。

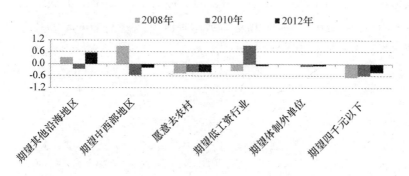

图6—2　就业意愿对大学生能否就业的影响的变化

（3）就业行为的影响的变化。如表6—1和图6—3所示，从总体水平来看，根据各项指标的 B 值的三年调查的平均数，主动联系 10 次以上、收集信息 20—49 小时和投递简历 20—49 份成为最主要的三大影响

---

①　界定：所有两年相邻的 B 值的差额的绝对值的平均数小于 0.4 的为很稳定，大于等于 0.4 而小于 0.8 为较稳定，大于等于 0.8 而小于 1.2 的为不稳定，大于 1.2 的为很不稳定。

因素。根据最近五年的就业经验，多收集就业信息、多投递简历和多主动联系用人单位，有助于提高就业的成功率。

从变化趋势来看，收集信息 50 小时以上、投递简历 20—49 份、投递简历 50 份以上、主动联系 5—9 次、参加面试 10 次以上、求职费用 1000—2999 元的影响呈现下降之势，而收集信息 20—49 小时、主动联系 10 次以上、求职费用 3000 元的影响呈上升趋势，其他指标的影响的变化不明显。影响下降的指标居多，表明就业行为的总体影响下降，即相同的努力程度，实现就业的概率却下降了。

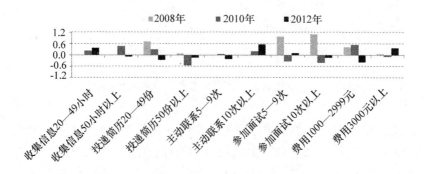

图 6—3　就业行为对大学生能否就业的影响的变化

从变化程度来看，根据相邻两年调查的 B 值的差额的绝对值，变化幅度最大的分别是参加面试 10 次以上、参加面试 5—9 次、求职费用 1000—2999 元，差额的绝对值分别达到 1.505、1.304 和 0.93；所有就业行为指标的 B 值的相邻两年差额的绝对值的平均数为 0.534，表明就业行为对大学生能否就业的影响较稳定。

综合素质、就业意愿和就业行为对大学生就业的影响发生了一定的变化，但总体上变化不是太大，即人力资本对 2008 年、2010 年和 2012 年大学生就业的影响具有较强的稳定性，证明了子命题 G1—1—1。

2. 社会资本指标的影响的变化

如表 6—1 和图 6—4 所示，从总体水平来看，根据各项指标的 B 值的三次调查的平均数，北京生源、人均收入 3000—4999 元和男生成为最主要的三大影响因素。即根据最近五年的经验，地区生源、家庭收入和性别体现出来的社会资本较高，将更有助于提高就业的成功率。

从变化趋势来看，城镇生源、父母为机关或事业单位负责人、人均收入 3000—4999 元、用过社会关系的影响呈下降趋势，而北京生源和男生的影响呈上升趋势，其他指标的影响的变化不明显。

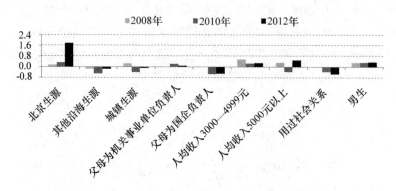

图 6—4　社会资本对大学生能否就业的影响的变化

从变化程度来看，根据相邻两次调查的 B 值的差额的绝对值，变化幅度最大的分别是北京生源、人均收入 5000 元以上、城镇生源，差额的绝对值分别达到 1. 497、0. 885 和 0. 665；所有社会资本指标的 B 值的相邻两年差额的绝对值的平均数为 0. 372，表明社会资本对大学生能否就业的影响很稳定，证明了子命题 G1—1—2 的正确性。

同时证明了子命题 G1—1—1 和 G1—1—2，就证明了子命题 G1—1 的正确性，即人力资本和社会资本对大学生能否就业的影响具有稳定性。

二　人力资本、社会资本对大学生能否就业的总体影响的变化

如表 6—2 和图 6—5 所示，从总体水平来看，人力资本指数和社会资本指数的 B 值的平均数分别为 0. 277 和 0. 199。即根据最近几年的就业经验，人力资本对大学生就业的总体影响力大于社会资本的总体影响力，说明人力资本机制发挥主导作用，但社会资本机制也不可忽视。

表6—2　　　　　　　人力资本指数、社会资本指数对大学生
能否就业的影响（B值）的变化

自变量	2008 年	2010 年	2012 年	平均值	2010 年与 2008 年差	2012 年与 2010 年差
人力资本指数	0.567	0.063	0.202	0.277	-0.504	0.139
社会资本指数	0.264	0.019	0.315	0.199	-0.245	0.296
交互项	-0.327	-0.984	-0.785	-0.699	-0.657	0.199

　　从变化趋势来看，人力资本指数的影响呈先下降再上升而总体下降的变化趋势，社会资本指数也呈现先下降再上升而总体上升的趋势。即人力资本和社会资本对大学生能否就业的影响发生了一定的变化。

　　从变化程度来看，从 2008 年到 2010 年，人力资本的影响下降得较快，而从 2010 年到 2012 年人力资本的影响却回升得较慢；而社会资本在前一段时间下降得较慢，而在后一段时间却上升得较快。人力资本指数的 B 值的差额的绝对值的平均数为 0.322，社会资本指数的 B 值的差额的绝对值的平均数为 0.271，表明人力资本指数和社会资本指数对大学生能否就业的总体影响都很稳定，即证明了子命题 G2—1 的正确性。但相对于人力资本而言，社会资本的影响更为稳定。

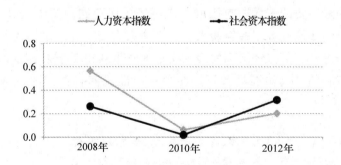

图6—5　人力资本指数和社会资本指数对大学生能否就业的影响的变化

三　人力资本、社会资本对大学生能否就业的影响的关系的变化

　　如表6—2 所示，人力资本指数和社会资本指数的交互项分别为 -0.327、-0.984 和 -0.785，均为负值，表明人力资本和社会资本

一直是替代关系，平均值为 -0.699。

交互项的 B 值呈现先下降后上升而总体下降的变化趋势。人力资本指数和社会资本指数对大学生能否就业的总体影响的关系，在数量方面发生了一定的变化，但性质方面却没有变。B 值的差额的绝对值的平均数为 0.428，表明人力资本指数和社会资本指数对大学生能否就业的总体影响较稳定，证明了子命题 G3—1 的正确性。

第二节 人力资本、社会资本与北京大学生接收单位：动态变化

本节将研究人力资本和社会资本对大学生接收单位数量的影响的变化情况。

一 人力资本、社会资本对大学生接收单位的具体影响的变化

1. 人力资本指标的影响的变化

（1）综合素质的影响的变化。从表6—3和图6—6都可以看出，综合素质各指标对大学生接收单位的具体影响的变化。从总体水平来看，根据各项指标的 B 值的三次调查的平均数，发表论文、成绩中等、成绩优秀成为最主要的三大影响因素，实习经历居第四，英语六级居第五。也就是说，从最近五年的经验来看，作为人力资本的突出体现，学习成绩、英语等级、实习经历和发表论文是大学生获得2个及其以上接收单位的最有利的工具。谁具备了这些条件，谁就拥有更大的主动性和选择权。

表6—3　　　　人力资本、社会资本对大学生接收单位
数量的影响（B值）的变化

自变量	2008 年	2010 年	2012 年	平均值	2010 年与 2008 年差	2012 年与 2010 年差
综合素质变量						
中共党员	0.576	0.340	-0.132	0.261	-0.236	-0.472
成绩中等	0.473	0.551	0.267	0.430	0.078	-0.284
成绩优秀	0.452	0.421	0.234	0.369	-0.031	-0.187
英语四级	0.275	-0.093	-0.208	-0.009	-0.368	-0.115

续表

自变量	2008 年	2010 年	2012 年	平均值	2010 年与 2008 年差	2012 年与 2010 年差
英语六级	0.616	0.227	0.142	0.328	-0.389	-0.085
计算机二级	-0.283	-0.310	-0.060	-0.218	-0.027	0.250
计算机三级	0.352	-0.114	-0.159	0.026	-0.466	-0.045
其他证书	0.085	0.397	0.193	0.225	0.312	-0.204
发表论文	A	0.862	0.070	0.466	A	-0.792
学生干部	-0.288	0.200	0.248	0.053	0.488	0.048
实习经历	0.730	0.179	0.142	0.350	-0.551	-0.037
奖学金	-0.090	0.457	0.175	0.181	0.547	-0.282
就业意愿变量						
期望其他沿海地区	-0.215	-0.103	-0.150	-0.156	0.112	-0.047
期望中西部地区	-0.201	0.337	-0.094	0.014	0.538	-0.431
愿意去农村	-0.175	-0.237	-0.203	-0.205	-0.062	0.034
期望低工资行业	-0.313	0.196	0.026	-0.030	0.509	-0.170
期望体制外单位	0.035	0.470	-0.063	0.147	0.435	-0.533
期望四千元以下	0.086	-0.709	-0.383	-0.335	-0.795	0.326
就业行为变量						
收集信息 20—49 小时	A	0.424	0.010	0.217	A	-0.414
收集信息 50 小时以上	A	-0.019	-0.311	-0.165	A	-0.292
投递简历 20—49 份	-0.072	0.464	0.247	0.213	0.536	-0.217
投递简历 50 份以上	-0.601	0.157	-0.368	-0.271	0.758	-0.525
主动联系 5—9 次	A	0.444	0.118	0.281	A	-0.326
主动联系 10 次以上	A	0.789	0.501	0.645	A	-0.288
参加面试 5—9 次	1.655	0.248	0.898	0.934	-1.407	0.650
参加面试 10 次以上	2.084	0.525	1.205	1.271	-1.559	0.680
费用 1000—2999 元	0.451	0.166	-0.256	0.120	-0.285	-0.422
费用 3000 元以上	1.643	-0.804	-0.065	0.258	-2.447	0.739
社会资本变量						
北京生源	0.331	-0.249	0.193	0.092	-0.580	0.442
其他沿海生源	0.114	-0.390	0.051	-0.075	-0.504	0.441
城镇生源	0.330	-0.352	0.057	0.012	-0.682	0.409

续表

自变量	2008 年	2010 年	2012 年	平均值	2010 年与2008 年差	2012 年与2010 年差
父母为机关事业单位负责人	A	−0.397	0.138	−0.130	A	0.535
父母为国有企业负责人	A	−0.359	−0.277	−0.318	A	0.082
人均收入 3000—4999 元	−0.100	−0.062	−0.109	−0.090	0.038	−0.047
人均收入 5000 元以上	−0.098	0.819	0.915	0.545	0.917	0.096
用过社会关系	A	0.223	−0.258	−0.018	A	−0.481
男生	0.254	0.080	0.589	0.308	−0.174	0.509

从变化趋势来看，中共党员、成绩中等、成绩优秀、英语四级、英语六级、计算机三级、发表论文、实习经历的影响呈现明显的下降趋势，而计算机二级、其他证书、学生干部和奖学金的影响则呈上升趋势。可见，综合素质的总体影响是下降的，即同样的综合素质，大学生获得的就业机会是逐年下降的。

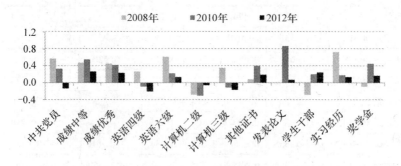

图6—6 综合素质对大学生接收单位数量的影响的变化

从变化程度来看，根据相邻两年调查的 B 值的差额的绝对值大小，变化幅度最大的分别是发表论文、实习经历和奖学金，差额的绝对值分别达到 0.792、0.551 和 0.547，为最不稳定的三大影响因素。所有综合素质指标的 B 值的相邻两年差额的绝对值的平均数为 0.274，对大学生获得更多的接收单位的影响很稳定。

（2）就业意愿的影响的变化。如表6—3和图6—7所示，从总体水平来看，根据各项指标的 B 值的三次调查的平均数，期望体制外单位和期望中西部地区是两个具有正面影响的指标。换句话说，最近五年的就业经验表明，适当降低地区期望和单位性质期望，可以增加接收单位的数量，而降低其他方面的意愿，则不行。

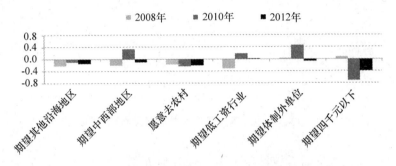

图6—7　就业意愿对大学生接收单位数量的影响的变化

从变化趋势来看，期望四千元以下的影响呈现下降之势，而期望低工资行业的影响上升，其他指标的影响的变化趋势不明显。

从变化程度来看，根据相邻两年调查的 B 值的差额的绝对值，变化幅度最大的分别是期望四千元以下、期望中西部地区和期望体制外单位，差额的绝对值分别达到0.795、0.538和0.533，为最不稳定的三大影响因素。所有就业意愿指标的 B 值的相邻两年差额的绝对值的平均数为0.333，表明就业意愿对大学生接收单位的影响很稳定。

（3）就业行为的影响的变化。如表6—3和图6—8所示，从总体水平来看，根据各项指标的 B 值的三年调查的平均数大小，参加面试10次以上、参加面试5—9次、主动联系10次以上成为最主要的三大影响因素。即就业经验表明，主动联系用人单位并做更多、更充分的面试准备，可获得更多的接收单位。

从变化趋势来看，收集信息20—49小时、收集信息50小时以上、主动联系5—9次、主动联系10次以上、参加面试5—9次、参加面试10次以上、求职费用1000—2999元、求职费用3000元以上的影响呈现下降之势，只有投递简历20—49份呈微弱的上升趋势，表明就业行为对大学生接收单位的总体影响是下降的，即就业行为相同，他们所能获得的接收单位会越来越少。

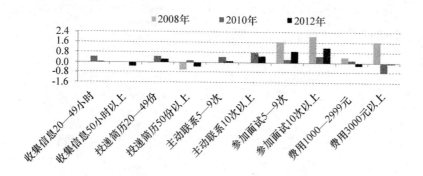

图6—8　就业行为对大学生接收单位数量的影响的变化

从变化程度来看，根据相邻两年调查的 B 值的差额的绝对值大小，变化幅度最大的分别是求职费用3000元以上、参加面试10次以上、参加面试5—9次，差额的绝对值分别达到2.447、1.559和1.407，为最不稳定的三大影响因素。所有就业行为指标的 B 值的相邻两年差额的绝对值的平均数为0.722，表明就业行为对大学生能否获得更多的接收单位的影响较稳定。

综合素质和就业意愿对大学生接收单位的影响很稳定，就业行为的影响较稳定，即人力资本对2008年、2010年和2012年大学生就业的总体影响具有很强的稳定性，证明了子命题G1—2—1。

2. 社会资本指标的影响的变化

如表6—3和图6—9所示，从总体水平来看，根据各项指标的 B 值的三次调查的平均数，人均收入5000元以上、男生和北京生源成为最主要的三大影响因素。即根据就业经验，地区生源、家庭富裕程度和性别体现出来的社会资本较高的大学生，将获得更多的接收单位。

从变化趋势来看，城镇生源、用过社会关系的影响呈下降趋势，而父母为机关或事业单位负责人、父母为国有企业负责人、人均收入5000元以上和男生的影响呈上升趋势，其他指标的影响的变化不明显。

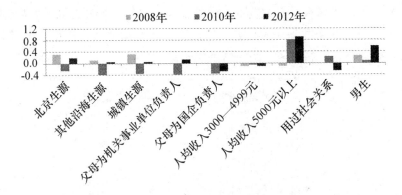

图6—9　社会资本对大学生接收单位数量的影响的变化

从变化程度来看，根据相邻两次调查的 B 值的差额的绝对值，变化幅度最大的分别是人均收入 5000 元以上、城镇生源和北京生源，差额的绝对值分别达到 0.917、0.682 和 0.58，为最不稳定的三大影响因素。所有社会资本指标的 B 值的相邻两年差额的绝对值的平均数为 0.396，表明社会资本对大学生接收单位的影响很稳定，证明了子命题 G1—2—2 的正确性。

同时证明了子命题 G1—2—1 和 G1—2—2，就证明了子命题 G1—2 的正确性，即人力资本和社会资本对大学生接收单位的影响具有很强的稳定性。

二　人力资本、社会资本对大学生接收单位的总体影响的变化

如表6—4 和图6—10 所示，从总体水平来看，人力资本指数和社会资本指数的 B 值的平均数分别为 0.648 和 0.191。即根据最近几年的就业经验，人力资本对大学生就业的总体影响力大于社会资本的总体影响力，说明人力资本机制处于主导地位，而社会资本机制处于辅助地位。

表6—4　　　　人力资本指数、社会资本指数对大学生
接收单位数量的影响（B 值）的变化

自变量	2008 年	2010 年	2012 年	平均值	2010 年与 2008 年差	2012 年与 2010 年差
人力资本指数	0.877	0.868	0.200	0.648	-0.009	-0.668
社会资本指数	0.238	0.046	0.289	0.191	-0.192	0.243
交互项	-0.051	-1.473	-0.079	-0.534	-1.422	1.394

从变化趋势来看，人力资本指数的影响一直呈下降的趋势，而社会资本指数呈现先下降再上升的趋势。这种反向的变动关系，使得 2012 年社会资本的总体影响超过了人力资本的总体影响。

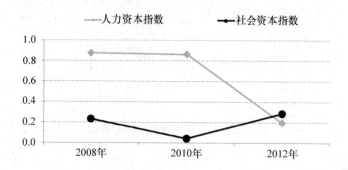

图 6—10   人力资本指数和社会资本指数对大学生接收单位数量的影响的变化

从变化程度来看，人力资本的影响的变化从 2008 年到 2010 年比较平衡，而从 2010 年到 2012 年下降得较快；社会资本的影响的下降和回升都相对较慢。人力资本指数的相邻两年的 B 值的差额的绝对值的平均数为 0.339，社会资本指数的 B 值的差额的绝对值的平均数为 0.218，表明人力资本指数和社会资本指数对大学生接收单位的总体影响都很稳定，即证明了子命题 G2—2 的正确性。

三   人力资本、社会资本对大学生接收单位的影响的关系的变化

如表 6—4 所示，人力资本指数和社会资本指数的交互项分别为 −0.051、−1.473 和 −0.079，均为负值，表明人力资本和社会资本一直是替代关系，平均值为 −0.534。

交互项的 B 值呈现先下降后上升、总体下降的变化趋势。人力资本指数和社会资本指数对大学生能否就业的总体影响的关系，在数量方面发生了较大变化，但没有改变人力资本和社会资本之间的关系属性。

相邻两年的 B 值的差额的绝对值的平均数为 1.408，表明人力资本指数和社会资本指数对大学生接收单位的影响的关系很不稳定，否定了子命题 G3—2 的正确性。

第三节　人力资本、社会资本与北京大学生
就业地区：动态变化

本节探讨人力资本和社会资本对于大学生就业地区分布的影响的动态变化。

一　人力资本、社会资本对大学生就业地区的具体影响的变化

1. 人力资本指标的影响的变化

（1）综合素质的影响的变化。表6—5和图6—11都显示出综合素质各指标对大学生就业地区的影响的变化。从总体水平来看，根据各项指标的 B 值的三次调查的平均数，成绩优秀、成绩中等、学生干部成为最主要的三大影响因素，中共党员居第四，其他证书居第五。也就是说，从最近五年的经验来看，学习成绩、其他证书、学生干部和政治面貌是大学生实现在北京地区就业的最重要条件。

表6—5　人力资本、社会资本对能否在北京就业的影响（B 值）的变化

自变量	2008 年	2010 年	2012 年	平均值	2010 年与 2008 年差	2012 年与 2010 年差
综合素质变量						
中共党员	0.424	0.301	0.619	0.448	- 0.123	0.318
成绩中等	- 0.574	1.886	0.548	0.620	2.460	- 1.338
成绩优秀	- 0.017	3.279	1.128	1.463	3.296	- 2.151
英语四级	- 0.420	0.484	- 2.104	- 0.680	0.904	- 2.588
英语六级	0.255	0.747	- 2.649	- 0.549	0.492	- 3.396
计算机二级	0.331	0.015	0.080	0.142	- 0.316	0.065
计算机三级	- 0.521	0.156	- 0.370	- 0.245	0.677	- 0.526
其他证书	- 0.374	0.560	0.506	0.231	0.934	- 0.054
发表论文	A	0.392	- 0.244	0.074	A	- 0.636
学生干部	1.267	0.176	0.383	0.609	- 1.091	0.207
实习经历	- 0.577	0.079	- 0.136	- 0.211	0.656	- 0.215
奖学金	- 0.151	- 0.608	0.676	- 0.028	- 0.457	1.284
就业意愿变量						

续表

自变量	2008 年	2010 年	2012 年	平均值	2010 年与 2008 年差	2012 年与 2010 年差
期望其他沿海地区	− 2.040	− 1.795	− 3.371	− 2.402	0.245	− 1.576
期望中西部地区	− 3.373	− 22.662	− 4.756	− 10.264	− 19.289	17.906
愿意去农村	0.439	− 0.211	0.138	0.122	− 0.650	0.349
期望低工资行业	0.727	0.324	− 0.445	0.202	− 0.403	− 0.769
期望体制外单位	− 0.153	0.624	1.261	0.577	0.777	0.637
期望四千元以下	− 0.572	− 0.506	− 1.044	− 0.707	0.066	− 0.538
就业行为变量						
收集信息 20—49 小时	A	1.417	0.269	0.843	A	− 1.148
收集信息 50 小时以上	A	0.994	− 0.575	0.210	A	− 1.569
投递简历 20—49 份	0.487	− 0.537	1.306	0.419	− 1.024	1.843
投递简历 50 份以上	1.481	− 0.072	2.050	1.153	− 1.553	2.122
主动联系 5—9 次	A	1.121	0.288	0.705	A	− 0.833
主动联系 10 次以上	A	1.021	0.274	0.648	A	− 0.747
参加面试 5—9 次	1.056	0.119	0.348	0.508	− 0.937	0.229
参加面试 10 次以上	0.142	− 0.796	− 0.399	− 0.351	− 0.938	0.397
费用 1000—2999 元	− 0.223	− 0.228	− 0.972	− 0.474	− 0.005	− 0.744
费用 3000 元以上	− 1.850	− 1.412	− 0.963	− 1.408	0.438	0.449
社会资本变量						
北京生源	2.142	5.152	2.976	3.423	3.010	− 2.176
其他沿海生源	− 0.076	0.286	− 0.864	− 0.218	0.362	− 1.150
城镇生源	− 0.329	0.384	0.274	0.110	0.713	− 0.110
父母为机关事业单位负责人	A	0.043	− 0.128	− 0.043	A	− 0.171
父母为国有企业负责人	A	21.426	− 1.730	9.848	A	− 23.156
人均收入 3000—4999 元	0.402	0.095	1.282	0.593	− 0.307	1.187
人均收入 5000 元以上	0.603	2.076	0.909	1.196	1.473	− 1.167
用过社会关系	A	1.283	0.455	0.869	A	− 0.828
男生	0.075	0.234	0.556	0.288	0.159	0.322

从变化趋势来看，成绩优秀、发表论文、学生干部的影响呈现明显的

下降趋势，而成绩中等、其他证书和奖学金的影响为上升趋势，其他指标的影响的变化趋势不明显。

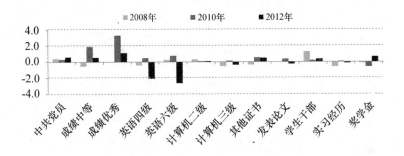

图6—11　综合素质对能否在北京就业的影响的变化

从变化程度来看，根据相邻两年调查的 B 值的差额的绝对值，变化幅度最大的分别是英语六级、成绩优秀和英语四级，差额的绝对值分别达到3.396、3.296和2.588，为最不稳定的三大影响因素。所有综合素质指标的 B 值的相邻两年差额的绝对值的平均数为1.051，表明综合素质对大学生在北京地区实现就业的影响不稳定。

（2）就业意愿的影响的变化。如表6—5和图6—12所示，从总体水平来看，根据各项指标的 B 值的三次调查的平均数，期望体制外单位、期望低工资行业和愿意去农村是最主要的三大影响因素。也就是说，最近五年的就业经验表明，适当降低单位性质、行业和城乡期望，可以提高在北京地区就业的概率。

从变化趋势来看，期望其他沿海地区、期望中西部地区、期望低工资行业和期望四千元以下的影响呈现下降之势，只有期望在体制外单位就业的影响上升。

从变化程度来看，根据相邻两年调查的 B 值的差额的绝对值，变化幅度最大的分别是期望中西部地区、期望其他沿海地区和期望体制外单位，差额的绝对值分别达到19.289、1.576和0.777，为最不稳定的三大影响因素。所有就业意愿指标的 B 值的相邻两年差额的绝对值的平均数为3.6，表明就业意愿对大学生就业地区的影响很不稳定。

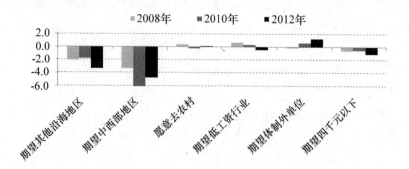

图6—12   就业意愿对能否在北京就业的影响的变化①

（3）就业行为的影响的变化。如表6—5和图6—13所示，从总体水平来看，根据各项指标的 B 值的三年调查的平均数，投递简历50份以上、收集信息20—49小时和主动联系5—9次，是最主要的三大影响因素。即根据近几年的就业经验，在收集信息、投递简历和主动联系方面多下工夫，将会提升在北京地区实现就业的概率。

从变化趋势来看，收集信息20—49小时、收集信息50小时以上、主动联系5—9次、主动联系10次以上、参加面试5—9次、参加面试10次以上、求职费用1000—2999元的影响都呈现下降之势，只有求职费用3000元以上的影响呈上升趋势，可见，就业行为对大学生就业地区的总体影响是下降的。

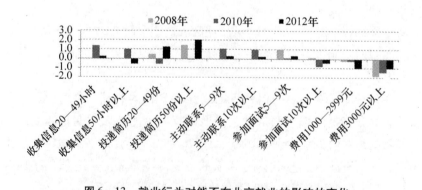

图6—13   就业行为对能否在北京就业的影响的变化

---

① 为了使图中的数据对比度更清楚，2010年期望中西部地区的数据只截取了一部分。

从变化程度来看，根据相邻两年调查的 B 值的差额的绝对值，变化幅度最大的分别是投递简历 50 份以上、投递简历 20—49 份、收集信息 50 小时以上，差额的绝对值分别达到 2.122、1.843 和 1.569，为最不稳定的三大影响因素。所有就业行为指标的 B 值的相邻两年差额的绝对值的平均数为 0.936，表明就业行为对大学生就业地区的影响不稳定。

综合素质、就业意愿、就业行为对大学生就业地区的影响分别为不稳定、很不稳定和不稳定，即人力资本对 2008 年、2010 年和 2012 年大学生就业地区的总体影响不太稳定，否定了子命题 G1—3—1。

2. 社会资本指标的影响的变化

如表 6—5 和图 6—14 所示，从总体水平来看，根据各项指标的 B 值的三次调查的平均数，父母为国有企业负责人、北京生源和人均收入 5000 元以上成为最主要的三大影响因素。即根据 2008 年、2010 年和 2012 年的就业经验，地区生源、家庭富裕水平、父母职业体现出来的社会资本，更有利于实现在北京地区就业。

从变化趋势来看，父母为国有企业负责人、用过社会关系的影响呈下降趋势，而北京生源、城镇生源、人均收入 3000—4999 元、人均收入 5000 元以上和男生的影响呈现稍微上升的态势。

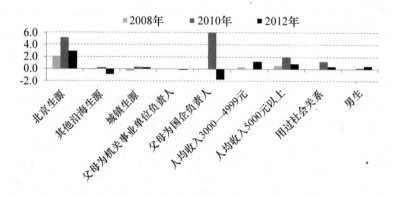

图6—14　社会资本对能否在北京就业的影响的变化①

从变化程度来看，根据相邻两次调查的 B 值的差额的绝对值，变化

---

① 为了使图中的数据对比度更清楚，2010 年父母为国企负责人的数据只截取了一部分。

幅度最大的分别是父母为国有企业负责人、北京生源和人均收入5000元以上，差额的绝对值分别为23.156、3.01和1.473，为最不稳定的三大影响因素。所有社会资本指标的 B 值的相邻两年差额的绝对值的平均数为2.419，表明社会资本对大学生就业地区的影响很不稳定，就否定了子命题 G1—3—2 的正确性。

由于子命题 G1—3—1 和 G1—3—2 都没有被证明，子命题 G1—3 也没得到证实，即人力资本和社会资本对大学生就业地区的影响不具有稳定性。

二 人力资本、社会资本对大学生就业地区的总体影响的变化

表6—6　　　　　　　人力资本指数、社会资本指数对大学生能否
在北京就业的影响（B 值）的变化

自变量	2008 年	2010 年	2012 年	平均值	2010 年与2008 年差	2012 年与2010 年差
人力资本指数	0.025	− 0.091	0.181	0.038	− 0.116	0.272
社会资本指数	0.039	1.199	0.821	0.686	1.160	− 0.378
交互项	0.590	− 0.813	− 0.467	− 0.230	− 1.403	0.346

根据表6—6和图6—15，从总体水平来看，人力资本指数和社会资本指数的 B 值的平均数分别为0.038和0.686。即人力资本对大学生就业地区的总体影响力远远小于社会资本的总体影响力，说明人力资本机制处于从属地位，而社会资本机制处于主导地位。

从变化趋势来看，人力资本指数的影响是先下降后上升的趋势，而社会资本指数的影响恰恰相反，是先升后降的趋势，就2012 年而言，社会资本的总体影响远远超过了人力资本的影响。

从变化程度来看，人力资本的变动幅度不大，而社会资本出现了较大幅度的变动。人力资本指数的 B 值的差额的绝对值的平均数为0.194，很稳定，社会资本指数的 B 值的差额的绝对值的平均数为0.769，较稳定，表明人力资本和社会资本对大学生就业地区的总体影响较稳定，即证明了子命题 G2—3 的正确性。与前面的人力资本和社会资本的各指标的具体影响相比，综合指数的总体影响的变动幅度更小一些，这是可以理解的。由于不同指标的变动情况有上升趋势的变动，也有下降趋势的变动，可能

正负相互抵消，因而，其影响相对更为稳定。

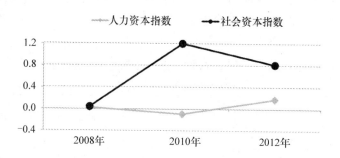

图6—15 人力资本指数和社会资本指数对能否在北京就业的影响的变化

三 人力资本、社会资本对大学生就业地区的影响的关系的变化

如表6—6所示，人力资本指数和社会资本指数的交互项分别为0.59、-0.813和-0.467，平均值为-0.23，表明人力资本和社会资本总体上是替代关系。

交互项的B值呈现先下降、后上升的变化趋势。不仅数量方面发生一定的变化，而且还改变了关系的属性，表现为人力资本和社会资本的关系由2008年的互补关系转变为后两年的替代关系。

相邻两年的B值的差额的绝对值的平均数为0.875，表明人力资本、社会资本对大学生就业地区的总体作用的关系不稳定，否定了子命题G3—3。

第四节 人力资本、社会资本与北京大学生就业行业：动态变化

本节探讨人力资本和社会资本对大学生就业行业分布的影响的变化趋势。

一 人力资本、社会资本对大学生就业行业的具体影响的变化

1. 人力资本指标的影响的变化

（1）综合素质的影响的变化。表6—7和图6—16都体现了综合素质各指标对大学生就业行业的影响的变化。从总体水平来看，根据各项指标的B值的三次调查的平均数，计算机三级、其他证书、中共党员成为最

主要的三大影响因素，接下来是实习经历。也就是说，近五年的经验表明，计算机等级、其他证书、实习经历和政治面貌是大学生实现在高工资行业就业的最重要的人力资本变量。

表6—7　　　人力资本、社会资本对大学生能否在高工资行业
就业的影响（*B* 值）的变化

自变量	2008 年	2010 年	2012 年	平均值	2010 年与 2008 年差	2012 年与 2010 年差
综合素质变量						
中共党员	0.173	0.577	0.392	0.381	0.404	−0.185
成绩中等	−1.754	0.092	0.154	−0.503	1.846	0.062
成绩优秀	−1.702	−0.035	0.214	−0.508	1.667	0.249
英语四级	−19.930	0.863	−0.099	−6.389	20.793	−0.962
英语六级	−20.328	0.810	0.664	−6.285	21.138	−0.146
计算机二级	0.039	−0.420	0.099	−0.094	−0.459	0.519
计算机三级	−0.442	2.181	0.393	0.711	2.623	−1.788
其他证书	2.045	0.329	−0.609	0.588	−1.716	−0.938
发表论文	A	0.339	−1.126	−0.394	A	−1.465
学生干部	−0.389	0.023	−0.483	−0.283	0.412	−0.506
实习经历	−0.155	0.510	0.563	0.306	0.665	0.053
奖学金	−0.257	−0.822	0.047	−0.344	−0.565	0.869
就业意愿变量						
期望其他沿海地区	−0.715	−0.065	−0.461	−0.414	0.650	−0.396
期望中西部地区	0.175	0.036	0.059	0.090	−0.139	0.023
愿意去农村	−0.617	0.320	0.628	0.110	0.937	0.308
期望低工资行业	−2.045	−1.461	−1.625	−1.710	0.584	−0.164
期望体制外单位	0.066	0.104	0.180	0.117	0.038	0.076
期望四千元以下	0.439	−0.499	0.031	−0.010	−0.938	0.530
就业行为变量						
收集信息 20—49 小时	A	0.776	0.009	0.393	A	−0.767
收集信息 50 小时以上	A	0.778	0.682	0.730	A	−0.096
投递简历 20—49 份	0.112	−0.693	−0.358	−0.313	−0.805	0.335
投递简历 50 份以上	0.156	−0.927	−1.221	−0.664	−1.083	−0.294
主动联系 5—9 次	A	−0.366	−0.754	−0.560	A	−0.388
主动联系 10 次以上	A	−0.158	−0.927	−0.543	A	−0.769

续表

自变量	2008 年	2010 年	2012 年	平均值	2010 年与 2008 年差	2012 年与 2010 年差
参加面试 5—9 次	−0.592	0.095	0.455	−0.014	0.687	0.360
参加面试 10 次以上	−0.266	0.354	0.588	0.225	0.620	0.234
费用 1000—2999 元	1.064	1.156	0.562	0.927	0.092	−0.594
费用 3000 元以上	0.272	0.506	1.492	0.757	0.234	0.986
社会资本变量						
北京生源	−0.924	0.208	−1.398	−0.705	1.132	−1.606
其他沿海生源	0.437	0.640	0.138	0.405	0.203	−0.502
城镇生源	−0.084	0.622	0.448	0.329	0.706	−0.174
父母为机关事业单位负责人	A	−0.512	−0.013	−0.263	A	0.499
父母为国有企业负责人	A	20.811	0.618	10.715	A	−20.193
人均收入 3000—4999 元	0.709	−0.382	−0.121	0.069	−1.091	0.261
人均收入 5000 元以上	0.652	−1.537	0.115	−0.257	−2.189	1.652
用过社会关系	A	0.893	0.187	0.540	A	−0.706
男生	0.091	−0.652	−0.933	−0.498	−0.743	−0.281

　　从变化趋势来看，其他证书、发表论文的影响呈现下降趋势，而中共党员、成绩中等、成绩优秀、英语六级、计算机三级、实习经历的影响稍微呈现上升趋势，可见，影响上升的指标居多。

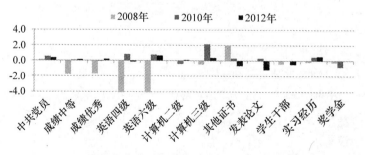

图 6—16　综合素质对大学生能否在高工资行业就业的影响①

---

① 为了使图中的数据对比度更清楚，2008 年英语四、六级的数据只截取了一部分。

从变化程度来看，根据相邻两年调查的 B 值的差额的绝对值，变化幅度最大的分别是英语六级、英语四级和计算机三级，差额的绝对值分别达到 21. 138、20. 793 和 2. 623，为最不稳定的三大影响因素。所有综合素质指标的 B 值的相邻两年差额的绝对值的平均数为 2. 61，表明综合素质对大学生就业行业的影响很不稳定。

（2）就业意愿的影响的变化。如表 6—7 和图 6—17 所示，从总体水平来看，根据各项指标的 B 值的三次调查的平均数，期望体制外单位、愿意去农村和期望中西部地区是三个最主要影响因素。适当降低地区期望、城乡期望和单位性质期望，可以改善大学生的就业行业质量。

从变化趋势来看，无影响明显下降趋势的因素，而期望其他沿海地区、愿意去农村、期望体制外单位的影响则具有一定的上升趋势，总体变化不大。

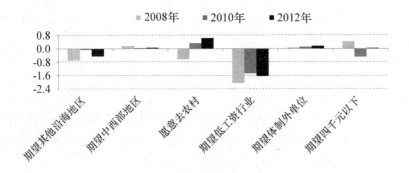

图 6—17　就业意愿对大学生能否在高工资行业就业的影响

从变化程度来看，根据相邻两年调查的 B 值的差额的绝对值，变化幅度最大的分别是期望四千元以下、愿意去农村、期望其他沿海地区，差额的绝对值分别达到 0. 938、0. 937 和 0. 65。所有就业意愿指标的 B 值的相邻两年差额的绝对值的平均数为 0. 399，表明就业意愿对大学生就业行业的影响很稳定。

（3）就业行为的影响的变化。如表 6—7 和图 6—18 所示，从总体水平来看，根据各项指标的 B 值的三年调查的平均数，求职费用 1000—2999 元、费用 3000 元以上、收集信息 50 小时以上成为最主要的三大影响因素。即就业行为对大学生就业行为的正面影响主要体现在收集信息和求职费用方面。

从变化趋势来看，收集信息20—49小时、收集信息50小时以上、投递简历20—49份、投递简历50份以上、主动联系5—9次、主动联系10次以上、求职费用1000—2999元的影响呈现下降之势，参加面试5—9次、参加面试10次以上、求职费用3000元以上的影响上升。

从变化程度来看，根据相邻两年调查的B值的差额的绝对值，变化幅度最大的分别是投递简历50份以上、求职费用3000元以上和投递简历20—49份，差额的绝对值分别达到1.083、0.986和0.805，即为最不稳定的三大影响因素。所有就业行为指标的B值的相邻两年差额的绝对值的平均数为0.522，表明就业行为对大学生就业行为的影响较稳定。

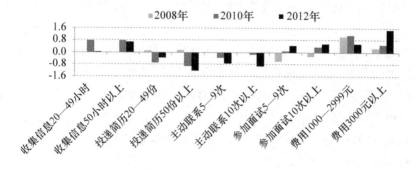

图6—18 就业行为对大学生能否在高工资行业就业的影响

综合素质、就业意愿和就业行为对大学生就业行业的影响分别为很不稳定、很稳定、较稳定，人力资本对2008年、2010年和2012年大学生就业的总体影响较稳定，证明了子命题G1—4—1。

2. 社会资本指标的影响的变化

如表6—7和图6—19所示，从总体水平来看，根据各项指标的B值的三次调查的平均数，父母为国有企业负责人、用过社会关系、其他沿海地区生源成为最主要的三大影响因素。即社会资本对大学生就业行业的正面影响主要体现在地区生源、父母职业以及社会关系的实际运用方面。

从变化趋势来看，父母为国有企业负责人、人均收入3000—4999

元、找过社会关系、男生的影响下降，而只有城镇生源呈上升的变化
趋势。

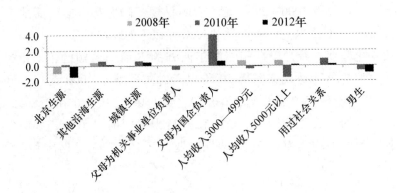

图6—19　社会资本对大学生能否在高工资行业就业的影响（B值）的变化①

从变化程度来看，根据相邻两次调查的 B 值的差额的绝对值，变化
幅度最大的分别是父母为国有企业负责人、人均收入 5000 元以上和北
京生源，差额的绝对值分别达到 20.193、2.189 和 1.606，为最不稳定
的三大因素。所有社会资本指标的 B 值的差额的绝对值的平均数为
2.129，表明社会资本对大学生就业行业的影响很不稳定，没能证明子
命题 G1—4—2。

子命题 G1—4—1 在一定程度上被证明了，而子命题 G1—4—2 没能
被证明，子命题 G1—4 的正确性只是被部分地证明了。

二　人力资本、社会资本对大学生就业行业的总体影响的变化

如表6—8 和图6—20 所示，从总体水平来看，人力资本指数和社
会资本指数的 B 值的平均数分别为 0.07 和 0.233。即人力资本对大学
生就业行业的总体影响力远远小于社会资本的总体影响力，说明社会资
本机制发挥主导作用，而人力资本机制的影响很弱。

---

① 为了使图中的数据对比度更清楚，2010 年父母为国企负责人的数据只截取了一部分。

表6—8　　　　　　　人力资本指数、社会资本指数对大学生能否在
高工资行业就业的影响（B 值）的变化

自变量	2008 年	2010 年	2012 年	平均值	2010 年与 2008 年差	2012 年与 2010 年差
人力资本指数	- 0. 277	0. 055	0. 431	0. 070	0. 332	0. 376
社会资本指数	0. 472	0. 169	0. 057	0. 233	- 0. 303	- 0. 112
交互项	- 0. 796	0. 279	0. 003	- 0. 171	1. 075	- 0. 276

从变化趋势来看，人力资本指数的影响一直呈上升的趋势，而社会资本指数的影响一直下降。这种反向的变动关系，使得 2012 年人力资本的总体影响超过了社会资本的总体影响。

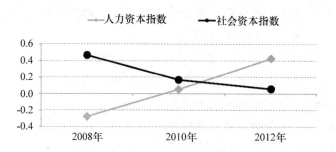

图6—20　人力资本指数和社会资本指数对大学生能否在高工资行业就业的影响

从变化程度来看，人力资本的影响上升得较快，而社会资本的影响下降得相对较慢，但差距不大。人力资本指数和社会资本指数的 B 值的相邻两年差额的绝对值的平均数分别为 0. 354 和 0. 208，表明人力资本和社会资本对大学生就业行业的总体影响都很稳定，即证明了子命题 G2—4 的正确性。

三　人力资本、社会资本对大学生就业行业的影响的关系的变化

如表 6—8 所示，人力资本指数和社会资本指数的交互项分别为 - 0. 796、0. 279 和 0. 003，平均值为 - 0. 171，表明人力资本和社会资本总体上是替代关系。

交互项的 B 值呈现先上升后下降的变化趋势。人力资本和社会资本

对大学生就业行业的总体影响的关系，既存在数量方面的变化，也存在质量方面的变化，即人力资本和社会资本对大学生就业行业的影响的关系由 2008 年的替代关系转变为后两年的互补关系。

B 值的差额的绝对值的平均数为 0.676，表明人力资本和社会资本对大学生就业行业的总体影响较稳定，证明了子命题 G3—4 的正确性。

第五节　人力资本、社会资本与北京大学生就业性质：动态变化

本节探讨人力资本和社会资本对北京大学生的就业单位性质分布的影响的变化趋势。

一　人力资本、社会资本对大学生就业性质的具体影响的变化

1. 人力资本指标的影响的变化

（1）综合素质的影响的变化。表 6—9 和图 6—21 都反映了综合素质各指标对大学生就业单位性质的影响的变化。从总体水平来看，根据各项指标的 B 值的三次调查的平均数，发表论文、英语六级、英语四级成为最主要的三大影响因素，第四是其他证书，第五是成绩优秀。即在对大学生就业性质的正面影响方面，学习成绩、英语等级、其他证书和发表论文更好地凸显了人力资本的价值。

表 6—9　　　　人力资本、社会资本对大学生能否在体制内
单位就业的影响（B 值）的变化

自变量	2008 年	2010 年	2012 年	平均值	2010 年与 2008 年差	2012 年与 2010 年差
综合素质变量						
中共党员	0.165	0.282	0.090	0.179	0.117	-0.192
成绩中等	-0.562	0.442	0.576	0.152	1.004	0.134
成绩优秀	-0.851	1.134	0.608	0.297	1.985	-0.526
英语四级	0.277	1.321	0.194	0.597	1.044	-1.127
英语六级	0.150	1.277	0.724	0.717	1.127	-0.553
计算机二级	0.068	-0.433	0.363	-0.001	-0.501	0.796

续表

自变量	2008 年	2010 年	2012 年	平均值	2010 年与2008 年差	2012 年与2010 年差
计算机三级	0.067	−0.573	0.985	0.160	−0.640	1.558
其他证书	0.392	0.818	−0.075	0.378	0.426	−0.893
发表论文	A	0.710	1.414	1.062	A	0.704
学生干部	0.122	−0.921	0.239	−0.187	−1.043	1.160
实习经历	−1.101	−0.382	−0.271	−0.585	0.719	0.111
奖学金	0.195	−0.550	0.136	−0.073	−0.745	0.686
就业意愿变量						
期望其他沿海地区	0.038	0.069	0.172	0.093	0.031	0.103
期望中西部地区	1.965	1.501	1.503	1.656	−0.464	0.002
愿意去农村	−0.277	−0.089	0.360	−0.002	0.188	0.449
期望低工资行业	−0.132	−0.701	0.031	−0.267	−0.569	0.732
期望体制外单位	−1.396	−2.501	−1.754	−1.884	−1.105	0.747
期望四千元以下	0.639	−0.997	0.215	−0.048	−1.636	1.212
就业行为变量						
收集信息 20—49 小时	A	−0.813	0.254	−0.280	A	1.067
收集信息 50 小时以上	A	−0.486	0.033	−0.227	A	0.519
投递简历 20—49 份	−0.761	−0.135	−1.103	−0.666	0.626	−0.968
投递简历 50 份以上	−0.976	−0.748	−0.617	−0.780	0.228	0.131
主动联系 5—9 次	A	−0.049	0.214	0.083	A	0.263
主动联系 10 次以上	A	0.445	−1.039	−0.297	A	−1.484
参加面试 5—9 次	−0.372	0.588	0.404	0.207	0.960	−0.184
参加面试 10 次以上	−0.442	1.705	1.081	0.781	2.147	−0.624
费用 1000—2999 元	1.027	0.738	−0.041	0.575	−0.289	−0.779
费用 3000 元以上	1.312	0.393	1.649	1.118	−0.919	1.256
社会资本变量						
北京生源	0.485	2.319	0.881	1.228	1.834	−1.438
其他沿海生源	−0.279	−0.111	0.359	−0.010	0.168	0.470
城镇生源	0.412	0.357	−0.325	0.148	−0.055	−0.682
父母为机关事业单位负责人	A	0.708	0.511	0.610	A	−0.197

续表

自变量	2008 年	2010 年	2012 年	平均值	2010 年与 2008 年差	2012 年与 2010 年差
父母为国有企业单位负责人	A	-21.687	0.210	-10.739	A	21.897
人均收入 3000—4999 元	-0.267	-1.691	-0.114	-0.691	-1.424	1.577
人均收入 5000 元以上	-0.270	-2.362	-0.285	-0.972	-2.092	2.077
用过社会关系	A	1.320	0.331	0.826	A	-0.989
男生	0.406	-0.098	1.133	0.480	-0.504	1.231

从变化趋势来看，无明显影响下降的因素，而成绩中等、成绩优秀、英语六级、发表论文、实习经历的影响则呈较明显的上升趋势，其他指标的影响的变化趋势不明显。

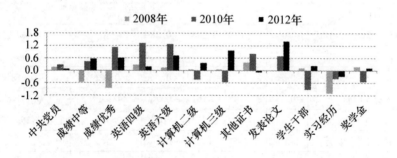

图 6—21 综合素质对大学生能否在体制内单位就业的影响的变化

从变化程度来看，根据相邻两年调查的 B 值的差额的绝对值，变化幅度最大的三个因素分别是成绩优秀、计算机三级和学生干部，差额的绝对值分别达到 1.985、1.558 和 1.16。所有综合素质指标的 B 值的相邻两年差额的绝对值的平均数为 0.774，表明综合素质对大学生就业单位性质的影响较稳定。

（2）就业意愿的影响的变化。如表 6—9 和图 6—22 所示，从总体水平来看，根据各项指标的 B 值的三次调查的平均数，只有期望中西部地区和期望其他沿海地区两个指标具有正面的影响。即降低地区期望，

194

是改善大学生就业单位性质的重要途径。

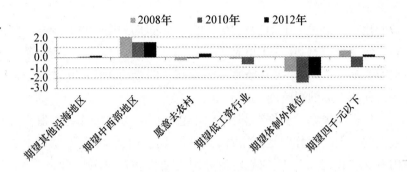

图6—22 就业意愿对大学生能否在体制内单位就业的影响的变化

从变化趋势来看，期望中西部地区的影响下降，而愿意去农村的影响上升，其他指标的影响的变化走向不明显。

从变化程度来看，根据相邻两年调查的 B 值的差额的绝对值，变化幅度最大的三大因素分别是期望四千元以下、期望体制外单位和期望低工资行业，差额的绝对值分别达到 1.636、1.105 和 0.732。所有就业意愿指标的 B 值的相邻两年差额的绝对值的平均数为 0.603，表明综合素质对大学生就业单位性质的影响较稳定。

（3）就业行为的影响的变化。如表6—9 和图6—23 所示，从总体水平来看，根据各项指标的 B 值的三年调查的平均数，求职费用3000

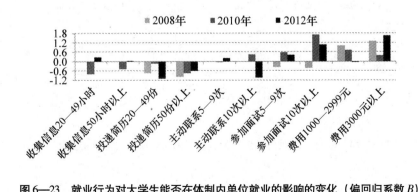

图6—23 就业行为对大学生能否在体制内单位就业的影响的变化（偏回归系数 B）

元以上、参加面试 10 次以上、求职费用 1000—2999 元成为最主要的三大影响因素。即就业行为对大学生就业单位性质的正面影响主要体现在参加面试和求职费用方面。

从变化趋势来看，主动联系 10 次以上、求职费用 1000—2999 元的影响下降，而收集信息 20—49 小时、收集信息 50 小时以上、投递简历 50 份以上、主动联系 5—9 次、参加面试 5—9 次、参加面试 10 次以上的影响上升，其他指标的影响的变化不明显。

从变化程度来看，根据相邻两年调查的 B 值的差额的绝对值，变化幅度最大的三大因素分别是参加面试 10 次以上、主动联系 10 次以上、求职费用 3000 元以上，差额的绝对值分别达到 2.147、1.484 和 1.256。所有就业行为的 B 值的相邻两年差额的绝对值的平均数为 0.778，表明就业行为对大学生就业性质的影响较稳定。

综合素质、就业意愿和就业行为对大学生就业的影响都比较稳定，即人力资本对 2008 年、2010 年和 2012 年大学生就业性质的影响具有较强的稳定性，证明了子命题 G1—5—1。

2. 社会资本指标的影响的变化

如表 6—9 和图 6—24 所示，从总体水平来看，根据各项指标的 B 值的三次调查的平均数，北京生源、找过社会关系和父母为机关或事业单位负责人为最主要的三大影响因素，说明地区生源、父母职业和社会关系的运用所体现出来的社会资本发挥了最重要的作用。

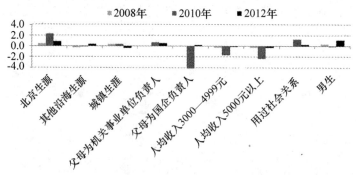

图 6—24　社会资本对大学生能否在体制内单位就业的影响的变化①

---

① 为了使图中的数据对比度更清楚，2010 年父母为国企负责人的数据只截取了一部分。

从变化趋势来看，城镇生源、父母为机关或事业单位负责人、找过社会关系的影响下降，而其他沿海生源和父母为国有企业负责人的影响上升。

从变化程度来看，根据相邻两次调查的 B 值的差额的绝对值，变化幅度最大的三个因素分别是父母为国有企业负责人、人均收入 5000 元以上和北京生源，差额的绝对值分别达到 21.897、2.092 和 1.834。所有社会资本指标的 B 值的相邻两年差额的绝对值的平均数为 2.442，表明社会资本对大学生就业性质的影响很不稳定，推翻了子命题 G1—5—2。

子命题 G1—5—1 被证明，而子命题 G1—5—2 被推翻，因而只部分地证明了子命题 G1—5。

二　人力资本、社会资本对大学生就业性质的总体影响的变化

如表 6—10 和图 6—25 所示，从总体水平来看，人力资本指数和社会资本指数的 B 值的平均数分别为 -0.011 和 0.247。人力资本对大学生就业性质的总体影响力为负，而社会资本的总体影响力为正。可能的一种解释是，一些党政机关、事业单位和国有企业招聘时，为了维护社会关系网络、更好地实现社会资本的价值，故意剔除一些人力资本特别高的大学生而录取较差的大学生。可见，社会资本在对大学生就业性质的影响中处于绝对控制的地位。

表 6—10　　　　人力资本指数、社会资本指数对大学生能否在体制内单位就业的影响（B 值）的变化

自变量	2008 年	2010 年	2012 年	平均值	2010 年与 2008 年差	2012 年与 2010 年差
人力资本指数	0.072	-0.104	0.000	-0.011	-0.176	0.104
社会资本指数	0.270	0.432	0.039	0.247	0.162	-0.393
交互项	-0.488	-0.289	-0.039	-0.272	0.199	0.250

从变化趋势来看，人力资本指数的影响呈先下降后上升的趋势，而社会资本指数呈先上升后下降的趋势。这种反向的变动关系，使得 2012 年人力资本的总体影响与社会资本的总体影响接近，都趋于零，表明这两种资本形式对大学生就业单位性质的影响很小。

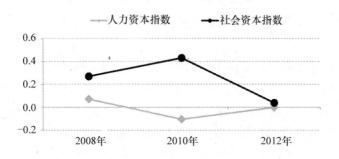

图 6—25　人力资本指数和社会资本指数对大学生能否在体制内单位就业的影响的变化

从变化程度来看，尽管变动方向不同，但人力资本的影响的变动幅度与社会资本的影响的变动幅度不大；但两者相比较而言，社会资本指数的变动幅度更大一些。

人力资本指数和社会资本指数的 B 值的差额的绝对值的平均数分别为 0.14 和 0.278，表明人力资本和社会资本对大学生就业单位性质的总体影响都很稳定，证明了子命题 G2—5 的正确性。

三　人力资本、社会资本对大学生就业性质的影响的关系的变化

如表 6—10 所示，人力资本指数和社会资本指数的交互项分别为 −0.488、−0.289 和 −0.039，均为负值，表明人力资本和社会资本一直是替代关系，平均值为 −0.272。

交互项的 B 值一直是上升的变化趋势，人力资本指数和社会资本指数的这种替代关系的强度逐渐减弱。尽管数量方面有一定的变化，但没有改变性质层面的这种反向变动关系。

B 值的差额的绝对值的平均数为 0.225，表明人力资本和社会资本对大学生就业性质的总体影响很稳定，证明了子命题 G3—5 的正确性。

第六节　人力资本、社会资本与北京大学生
承诺月薪：动态变化

本节探讨人力资本和社会资本对北京大学生的承诺月薪分布的影响的

变化趋势。

一　人力资本、社会资本对大学生承诺月薪的具体影响的变化

1. 人力资本指标的影响的变化

（1）综合素质的影响的变化。如表6—11和图6—26所示，从总体水平来看，根据各项指标的 B 值的三次调查的平均数，计算机二级、实习经历、发表论文成为最主要的三大影响因素，接下来分别是英语四级和英语六级。可见，英语等级水平、计算机等级水平、发表论文和实习经历作为人力资本的核心体现，对大学生就业的薪酬水平起很大的作用。

表6—11　　　　　　　人力资本、社会资本对大学生能否获得
高月薪的影响（B值）的变化

自变量	2008 年	2010 年	2012 年	平均值	2010 年与2008 年差	2012 年与2010 年差
综合素质变量						
中共党员	1.233	−0.849	−0.917	−0.178	−2.082	−0.068
成绩中等	1.554	−2.820	−0.670	−0.645	−4.374	2.150
成绩优秀	2.540	−1.043	−0.671	0.275	−3.583	0.372
英语四级	−0.376	0.941	0.711	0.425	1.317	−0.230
英语六级	−0.790	0.851	1.045	0.369	1.641	0.194
计算机二级	1.192	1.634	0.208	1.011	0.442	−1.426
计算机三级	−0.157	−0.499	−1.203	−0.620	−0.342	−0.704
其他证书	2.605	−2.992	−0.273	−0.220	−5.597	2.719
发表论文	A	0.275	1.198	0.737	A	0.923
学生干部	−0.072	−0.030	0.630	0.176	0.042	0.660
实习经历	1.507	1.143	−0.170	0.827	−0.364	−1.313
奖学金	−1.934	0.237	0.493	−0.401	2.171	0.256
就业意愿变量						
期望其他沿海地区	0.654	0.677	−0.033	0.433	0.023	−0.710
期望中西部地区	0.930	−1.094	0.526	0.121	−2.024	1.620
愿意去农村	−1.907	−0.745	0.097	−0.852	1.162	0.842
期望低工资行业	−0.080	−0.731	−0.457	−0.423	−0.651	0.274
期望体制外单位	2.635	0.621	0.669	1.308	−2.014	0.048
期望四千元以下	−7.560	−3.219	−2.992	−4.590	4.341	0.227
就业行为变量						
收集信息 20—49 小时	A	0.797	0.308	0.553	A	−0.489

续表

自变量	2008 年	2010 年	2012 年	平均值	2010 年与 2008 年差	2012 年与 2010 年差
收集信息 50 小时以上	A	-0.701	-0.179	-0.440	A	0.522
投递简历 20—49 份	-1.182	0.680	0.491	-0.004	1.862	-0.189
投递简历 50 份以上	-0.721	-1.414	0.085	-0.683	-0.693	1.499
主动联系 5—9 次	A	0.146	-0.263	-0.059	A	-0.409
主动联系 10 次以上	A	0.687	0.215	0.451	A	-0.472
参加面试 5—9 次	1.460	-0.176	-0.668	0.205	-1.636	-0.492
参加面试 10 次以上	1.569	-0.185	-0.157	0.409	-1.754	0.028
费用 1000—2999 元	0.952	-0.298	0.247	0.300	-1.250	0.545
费用 3000 元以上	1.077	3.560	0.730	1.789	2.483	-2.830
社会资本变量						
北京生源	-1.578	-0.170	-0.612	-0.787	1.408	-0.442
其他沿海生源	-0.230	-0.319	-0.056	-0.202	-0.089	0.263
城镇生源	-1.876	-0.913	0.305	-0.828	0.963	1.218
父母为机关事业单位负责人	A	-1.791	-0.486	-1.139	A	1.305
父母为国有企业负责人	A	-0.294	-0.936	-0.615	A	-0.642
人均收入 3000—4999 元	-0.515	1.055	0.056	0.199	1.570	-0.999
人均收入 5000 元以上	0.633	1.527	0.775	0.978	0.894	-0.752
用过社会关系	A	0.841	0.425	0.633	A	-0.416
男生	-1.419	1.664	0.495	0.247	3.083	-1.169

　　从变化趋势来看,中共党员、成绩中等、成绩优秀、计算机二级、计算机三级、实习经历的影响呈明显的下降趋势,而英语四级、英语六级、发表论文、学生干部和奖学金的影响上升。

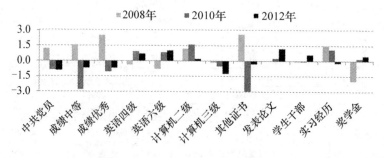

图 6—26　综合素质对大学生能否获得高月薪的影响的变化

从变化程度来看，根据相邻两年调查的 B 值的差额的绝对值，变化幅度最大的三个因素分别是其他证书、成绩中等和成绩优秀，差额的绝对值分别达到 5.597、4.374 和 3.583。所有综合素质指标的 B 值的相邻两年差额的绝对值的平均数为 1.433，表明综合素质对大学生获得高月薪单位的影响很不稳定。

（2）就业意愿的影响的变化。如表 6—11 和图 6—27 所示，从总体水平来看，根据各项指标的 B 值的三次调查的平均数，期望体制外单位、期望其他沿海地区和期望中西部地区是三大主要影响因素。即适当降低地区期望和单位性质期望，可以提高大学生工作岗位的薪酬水平。

从变化趋势来看，期望体制外单位的影响下降，而愿意去农村、期望四千元以下的影响上升，其他指标的影响的变化不明显。

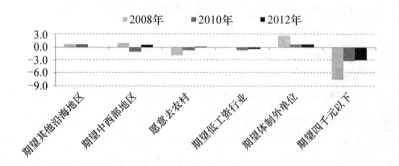

图 6—27　就业意愿对大学生能否获得高月薪的影响的变化

从变化程度来看，根据相邻两年调查的 B 值的差额的绝对值，变化幅度最大的三个因素分别是期望四千元以下、期望中西部地区和期望体制外单位，差额的绝对值分别为 4.341、2.024 和 2.014。所有就业意愿指标的 B 值的相邻两年差额的绝对值的平均数为 1.161，表明综合素质对大学生承诺月薪的影响不稳定。

（3）就业行为的影响的变化。如表 6—11 和图 6—28，从总体水平来看，根据各项指标的 B 值的三年调查的平均数，求职费用 3000 元以上、收集信息 20—49 小时、主动联系 10 次以上成为最主要的三大影响因素。即就业行为对大学生承诺月薪的正面影响，主要体现在收集信息、主动联系和求职费用方面。

从变化趋势来看，收集信息 20—49 小时、主动联系 5—9 次、主动联系 10 次以上、参加面试 5—9 次、参加面试 10 次以上的影响下降，只有收集信息 50 小时以上和投递简历 20—49 份的影响呈上升走势，说明就业行为对大学生承诺月薪的总体影响是下降的。

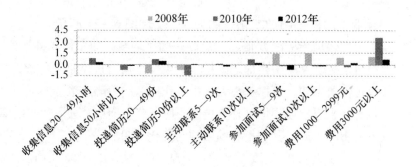

图 6—28　就业行为对大学生能否获得高月薪的影响的变化

从变化程度来看，根据相邻两年调查的 B 值的差额的绝对值，变化幅度最大的三大因素分别是求职费用 3000 元以上、投递简历 20—49 份、参加面试 10 次以上，差额的绝对值分别达到 2.83、1.862 和 1.754。所有就业行为的 B 值的相邻两年差额的绝对值的平均数为 1.072，表明就业行为的影响不稳定。

综合素质、就业意愿和就业行为的影响都不稳定，即人力资本对大学生薪酬水平的影响不具有稳定性，否定了子命题 G1—6—1。

2. 社会资本指标的影响的变化

如表 6—11 和图 6—29 所示，从总体水平来看，根据各项指标的 B

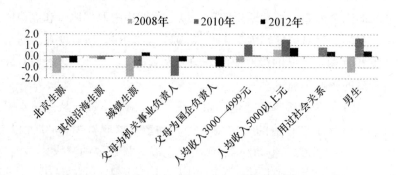

图 6—29　社会资本对大学生能否获得高月薪的影响的变化

值的三次调查的平均数，人均收入 5000 元以上、用过社会关系、男生成为最主要的三大影响因素。这三个因素体现出来的社会资本，对大学生的工资收入水平有较强的正面影响。

从变化趋势来看，父母为国有企业负责人、用过社会关系的影响下降，而城镇生源、父母为机关或事业单位负责人和男生的影响上升。

从变化程度来看，根据相邻两次调查的 B 值的差额的绝对值，变化幅度最大的三大因素分别是男生、人均收入 3000—4999 元和北京生源，差额的绝对值分别达到 3.083、1.57 和 1.408。所有社会资本指标的 B 值的相邻两年差额的绝对值的平均数为 1.014，表明社会资本对大学生工资收入的影响不稳定，否定了子命题 G1—6—2。

子命题 G1—6—1 和 G1—6—2 均被否定了，也就否定了子命题 G1—6，即人力资本和社会资本对大学生就业的薪酬水平的影响不具有稳定性。

二　人力资本、社会资本对大学生承诺月薪的总体影响的变化

如表 6—12 和图 6—30 所示，从总体水平来看，人力资本指数和社会资本指数的 B 值的平均数分别为 0.235 和 0.185。即人力资本对大学生薪酬水平的总体影响力大于社会资本的总体影响力，说明人力资本机制发挥着主导作用，而社会资本机制处于辅助地位。

表 6—12　　　　人力资本指数、社会资本指数对大学生
能否获得高月薪的影响（B 值）的变化

自变量	2008 年	2010 年	2012 年	平均值	2010 年与 2008 年差	2012 年与 2010 年差
人力资本指数	0.079	0.439	0.188	0.235	0.360	− 0.251
社会资本指数	0.488	0.026	0.041	0.185	− 0.462	0.015
交互项	0.096	0.163	0.991	0.417	0.067	0.828

从变化趋势来看，人力资本指数的影响呈现出先上升后下降的趋势，而社会资本指数呈现先下降后上升的趋势，形成了一种反向变动的关系。

从变化程度来看，人力资本指数的影响从 2008 年到 2010 年的上升

幅度较大，从 2010 年到 2012 年的下降速度也较快，体现出大起大落态势。社会资本指数的影响的下降幅度较大，而回升速度却较慢。

人力资本指数和社会资本指数的 B 值的差额的绝对值的平均数分别为 0.306 和 0.239，表明人力资本和社会资本对大学生承诺月薪的总体影响都很稳定，证明了子命题 G2—6。

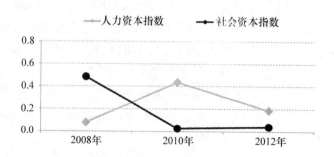

图6—30　人力资本指数和社会资本指数对大学生能否获得高月薪的影响的变化

三　人力资本、社会资本对大学生承诺月薪的影响的关系的变化

如表6—12 所示，人力资本指数和社会资本指数的交互项分别为 0.096、0.163 和 0.991，均为正值，表明人力资本和社会资本一直是互补关系；平均值为 0.417。

交互项的 B 值一直是上升的，表明人力资本和社会资本对大学生月薪水平的互补关系在加强。

B 值的差额的绝对值的平均数为 0.448，表明人力资本指数和社会资本指数对大学生承诺月薪水平的影响较稳定，证明了子命题 G3—6。

第七章　基本结论与探讨

本章结合第二章提出的假设命题，总结第三章、第四章、第五章和第六章的实证检验结果，并对这些结论展开探讨。

第一节　基本结论

通过 2008 年、2010 年、2012 年北京高校大学生就业状况的调查数据，检验了第二章所提出的几条假设命题，基本结论如下。

一　人力资本和社会资本对大学生就业是否有正面的影响？

1. 2008 年数据检验结果

图 7—1 显示的是人力资本指数和社会资本指数对于 2008 年北京大学生就业的影响，包括对大学生能否就业、接收单位、就业地区、就业

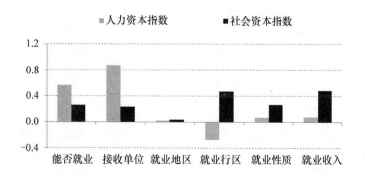

图 7—1　人力资本指数和社会资本指数对 2008 年北京大学生就业的影响（B 值）

行业、就业性质和就业收入六个方面的具体影响。人力资本指数对就业行业有负面影响，也就是说，综合素质较高、就业意愿较低和就业行为较积极的大学生，在高工资行业就业并无优势。人力资本指数对大学生就业的其他方面均有正面的影响。社会资本指数对大学生就业的各层面都有正面影响。从总体上来看，人力资本和社会资本对 2008 年大学生就业有正面影响。

2. 2010 年数据检验结果

图 7—2 显示了人力资本指数和社会资本指数对于 2010 年北京大学生就业的影响。人力资本指数对大学生能否在北京地区就业以及能否在体制内单位就业没有正面影响，对其他四个层面都有正面影响。社会资本指数的各种影响均为正。即 2010 年人力资本指数和社会资本指数的大多数影响都是正的。

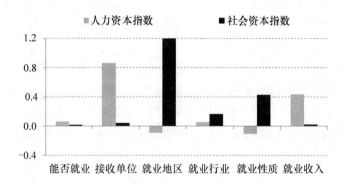

图 7—2　人力资本指数和社会资本指数对 2010 年北京大学生就业的影响（B 值）

3. 2012 年数据检验结果

如图 7—3 所示，2012 年只有人力资本指数对大学生就业单位性质的影响为零，对其他层面均有正面影响。社会资本指数对大学生就业的各个层面的影响均为正。

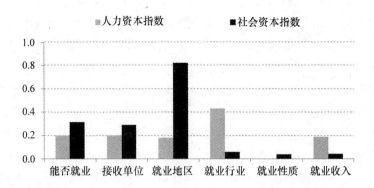

图7—3　人力资本指数和社会资本指数对2012年北京大学生就业的影响（B值）

2008年、2010年和2012年调查数据的检验结果表明，在36个B值中，除了3个为负，1个为零，剩余的32个均为正，从总体上表明人力资本和社会资本对北京大学生就业均有正面影响，即证明了理论分析框架的第一个核心问题。

二　人力资本还是社会资本对大学生就业的影响更大？

1. 2008年数据检验结果

图7—1同时显示了人力资本指数和社会资本指数对2008年北京大学生就业的影响力度的对比关系。在大学生就业数量方面，包括能否就业和接收单位个数，人力资本指数的影响力度都远远大于社会资本指数的影响力度。而在大学生就业质量方面，包括就业地区、就业行业、就业性质和就业收入四个方面，人力资本指数的影响力度则明显低于社会资本指数。人力资本指数对北京高校大学毕业生能否就业、接收单位、就业地区、就业行业、就业性质、就业收入的B值的平均数为0.224，而社会资本指数对大学生能否就业、接收单位、就业地区、就业行业、就业性质、就业收入的B值的平均数为0.295。综合来看，人力资本指数的总体影响力度小于社会资本指数的总体影响力度。

2. 2010年数据检验结果

根据图7—2，在对2010年大学生就业数量方面，人力资本指数的影响力度仍然大于社会资本指数。在就业质量方面，人力资本指数对就业地区、就业行业和就业性质的影响力度小于社会资本指数的影响力度；而人力资本指数对就业收入的影响力度大于社会资本指数。人力资本指数和社会资本指数对 2010 年北京高校大学生能否就业、接收单位、就业地区、就业行业、就业性质、就业收入的 B 值的平均数分别为 0.205 和 0.315，即人力资本指数的总体影响力度小于社会资本指数。

3. 2012 年数据检验结果

根据图 7—3 所示，在对 2012 年大学生就业数量方面，人力资本指数的影响力度小于社会资本指数。在就业质量方面，人力资本指数对就业地区和就业性质的影响力度小于社会资本指数的影响力度；而人力资本指数对就业行业和就业收入的影响力度大于社会资本指数。2012 年人力资本指数和社会资本指数对北京高校大学生能否就业、接收单位、就业地区、就业行业、就业性质、就业收入的 B 值的平均数分别为 0.2 和 0.26，人力资本指数的总体影响力度也小于社会资本指数。

综合三次检验结果，在 18 组 B 值中，人力资本指数较大的有 7 组，社会资本指数较大的有 11 组，所有人力资本指数和社会资本指数的 B 值的平均数分别为 0.21 和 0.29，从总体上表明人力资本的影响力度小于社会资本的影响力度，即否定了理论分析框架的第二个核心问题。

三 人力资本和社会资本对大学生就业的影响的关系如何？

1. 2008 年数据检验结果

根据 2008 年的检验结果，在对北京高校大学毕业生能否就业、接收单位、就业行业和就业性质方面，人力资本指数和社会资本指数的交互项的 B 值为负，表明两者是替代关系。即大学生只要具备较高的人力资本或者较高的社会资本，就可以实现就业、获得 2 个及其以上的接收单位、在高工资行业就业和在体制内单位就业的目标。而在就业地区和就业收入方面，两者是互补关系，即大学生只有同时拥有较高的人力资本和较高的社会资本，才能提高在北京地区就业和获得 4000 元月薪单位的概率。将人力资本指数和社会资本指数的交互项的六个 B 值取平均数为 -0.163，表明人力资本指数和社会资本指数对 2008 年北京高校大学生就业的总体影响是一种替代的关系。

2. 2010 年数据检验结果

根据 2010 年的检验结果，在对北京高校大学生能否就业、接收单位、就业地区和就业性质方面，人力资本指数和社会资本指数是替代关系，即大学生只要具备较高的人力资本或者较高的社会资本，就可以实现在能否就业、接收单位、就业地区和就业性质层面实现目标；而在对就业行业和就业收入方面，两者是互补关系，大学生只有同时拥有较高的人力资本和社会资本，才能改善就业行业质量、提高月薪收入。交互项的六个 B 值的平均数为 -0.52，表明人力资本指数和社会资本指数对2010年北京大学生就业的影响总体上也是一种替代的关系。

3. 2012 年数据检验结果

根据 2012 年的检验结果，在对北京高校大学生能否就业、接收单位、就业地区和就业性质方面，人力资本指数和社会资本指数是替代关系；而在对就业行业和就业收入方面，两者是互补关系。交互项的六个 B 值的平均数为 -0.063，表明人力资本指数和社会资本指数对2012年北京大学生就业的影响总体上也是替代关系。

结合 2008 年、2010 年和 2012 年的调查数据的检验结果，在 18 个交互项的 B 值中，人力资本指数和社会资本指数具有替代关系的有 12 个，具有互补关系的有 6 个，以替代关系居多。交互项的 B 值的平均数为 -0.248，表明人力资本和社会资本总体上是替代关系，即证明了理论分析框架的第三个核心问题。

四 人力资本和社会资本对大学生就业的影响是否具有稳定性?

1. 人力资本的影响的变化

图 7—4 显示了 2008 年、2010 年和 2012 年人力资本指数的影响及其变化。人力资本指数对能否就业、就业地区和就业性质的影响是先下降、后上升的变化趋势，对就业收入的影响则相反，是先上升、后下降的趋势；对接收单位的影响一直是下降趋势，而对就业行业的影响一直上升。

根据六个 B 值的平均数，2008 年、2010 年和 2012 年人力资本指数对北京大学生就业的总体影响分别为 0.224、0.205 和 0.2，呈现日益下降的趋势，表明人力资本在大学生就业中的功能日趋下降，但变化幅度不大。根据相邻两年的 B 值的差额的绝对值的平均数，人力资本指数对北京大学生能否就业、接收单位、就业地区、就业行业、就业性质和就业收入的影响的变动幅度分别为 0.322、0.339、0.194、0.354、

0.14 和 0.306，均小于 0.4，一直很稳定。

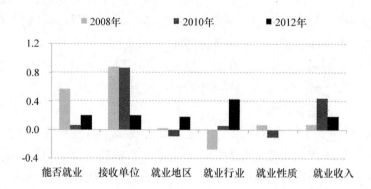

图 7—4　人力资本指数对北京大学生就业的影响（B 值）的变化

2. 社会资本的影响变化

图 7—5 显示了 2008 年、2010 年和 2012 年社会资本指数的影响及其变化。社会资本指数对能否就业、接收单位和就业收入的影响是先下降、后上升的变化趋势，对就业地区和就业性质的影响则相反，是先上升、后下降的趋势；对就业行业的影响一直呈下降趋势。

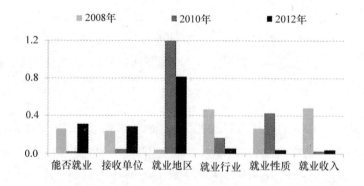

图 7—5　社会资本指数对北京大学生就业的影响（B 值）的变化

　　根据六个 *B* 值的平均数，2008 年、2010 年和 2012 年社会资本指数对北京大学生就业的总体影响分别为 0.295、0.315 和 0.26，呈现先上升、后下降的变动趋势。根据相邻两年的 *B* 值的差额的绝对值的平均数，社会资本指数对北京大学生就业地区的影响的变动幅度为 0.769，较稳定；对能否就业、接收单位、就业行业、就业性质和就业收入的影响的变动幅度分别为 0.271、0.218、0.208、0.278 和 0.239，均小于 0.4，一直很稳定。

　　3. 交互项的影响的变化

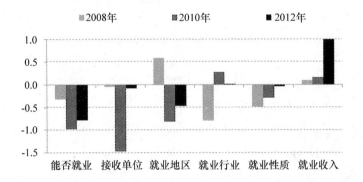

图7—6　交互项对北京大学生就业的影响（*B* 值）的变化

　　如图 7—6 所示，人力资本指数和社会资本指数的交互项对北京高校大学生能否就业和接收单位的影响均为负，都是先下降、后上升的变化趋势；对就业地区的影响的关系由 2008 年为正转变成 2010 年、2012 年为负，也是先下降、后上升的变化趋势；对就业行业的影响的关系由 2008 年为负，转变成 2010 年为正，2012 年又有所回落；对就业性质的影响的关系一直为负，呈上升的趋势；对就业收入的影响的关系一直为正，也呈上升趋势。

　　根据六个 *B* 值的平均数，2008 年、2010 年和 2012 年交互项对北京大学生就业的总体影响分别为 -0.163、-0.52 和 -0.063，呈现先下降、后上升的变动趋势，表明两者的替代程度经历了一个先加强、再减弱的过程。根据相邻两年的 *B* 值的差额的绝对值的平均数，交互项对大学生就业性质的影响的变动幅度为 0.225，影响很稳定；对能否就业、就业行业和就业收入的影响的变动幅度分别为 0.428、0.676 和 0.448，影响较稳定；对就业地区的影响的变动幅度为 0.875，不稳定；而对接收单位的影响的变动幅度为 1.408，很不稳定。总体来看，人力资本指数与社会资本指数的交互项的影响具有一定的稳定性。

综合人力资本、社会资本和交互项的影响的变化情况，人力资本、社会资本对大学生就业的影响都具有稳定性，即证实了理论分析框架的第四个核心问题。

第二节　相关问题探讨

本节将就第一节得出的基本结论及相关问题展开进一步讨论。

一　大学生就业结果的差距扩大

1. 大学生就业结果的差距扩大

大学生就业困难问题，是伴随着就业体制变革和高校扩招而出现的。在传统的计划经济时代，大学生实行"国家分配"制度。考上了大学就等于端上了"金饭碗"，不仅上学期间拥有"干部"身份可以领取一定的生活补贴，而且毕业后，一般被分配到党政机关、事业单位和国有企业，不存在就业困难问题，而且就业质量的差异也不大。随着我国市场化取向的改革，大学生就业体制由"国家分配"转变为"双向选择、自主择业"。政府不再直接插手；作为市场的两个独立主体，用人单位和大学生在就业市场上自由选择、自愿决策。于是，大学生获得了更多的就业自主权，也面临着较大的失业风险。同时，随着 1999 年我国高校大规模扩招，大学毕业生逐年增加，高等教育由"精英化"阶段过渡到"大众化"阶段。在大学生需求变化不大的情况下，大学生增加自然会导致就业困难。2008 年全球经济危机导致外向型企业减产或倒闭，以及跨国公司的裁员，宏观经济环境的这些变化，都使大学生就业难问题更加突出。从微观个体来看，有些大学生仍然能找到较好的工作岗位，有些大学生只能从事普通岗位的工作，甚至有些大学生找不到工作。因而，随着就业形势日益严峻，大学生就业结果的差异扩大的现象十分明显。

2. 大学生就业结果差距扩大的合理性

从微观角度来看，对于很多大学生来说，就业困难一定不是一件好事。从人力资本投资的角度看，大学生已经付出了投资成本，但由于就业困难而无法获得投资收益，接受高等教育就成为一种不合算的投资行为。尤其是一些家庭贫困的大学生，为了上大学，花费了整个家庭的所有积蓄，甚至很多亲戚和邻居都给予了资助，还借了国家的助学贷款，到头来，毕业后找不到工作，他们将面临很多的现实生活问题无法解决，这将是一个不小的打击。①

但从宏观层面来看，大学生就业困难并不能简单地归因于就业体制变革和高校扩招。事实上，大学生就业困难和整体就业质量差异扩大是我国经济改革和教育发展过程的必然产物和正常现象，而且具有一定的历史进步性。

（1）大学生就业体制的变革。不可否认，在新中国成立初期，经历多年战争，经济严重困难，还受到帝国主义的政治抵制和经济封锁，通过"国家计划"这只有形的手，保障了国民经济体系的构建和国家重点工程的建设。与此相对应，大学生作为天之骄子，相当稀缺，通过"国家分配"保证了精英人才向国家急需的重点部门倾斜。这种宏观视角的分配，虽然实现了大学生的全部就业，但会导致微观主体的不完全匹配，大学生与用人单位未必相互满意，即国家分配的就业体制存在着一定程度的低效率，尤其是当就业信息不充分的时候。大学生就业体制由"国家分配"向"双向选择、自主择业"转变，实质上就是大学生就业问题原本由"有形的手"来解决转变为由市场这只"无形的手"来解决的过程。在劳动力市场上，大学生和用人单位作为微观主体，自愿、自主决定是否建立劳动雇佣关系。没有真才实学或有真才实学而无市场需求的都可能失业。"双向选择、自主择业"这种筛选机制是建立在尊重主体意愿和市场供求关系的现实基础上的，能提高劳动力资源配置的效率；相对于传统的"国家分配"，是经济体制改革深化的体现，

---

① 肖欢欢、程钰惠：《就业难放大"读书无用论"》，《广州日报》2013 年 6 月 21 日第 29 版。王慧出生于广东清远市的一个偏僻小山村，母亲长期生病，养家的担子全部落在父亲身上。2007 年她考上中国农业大学，每年至少 1.5 万元支出，成为全家的沉重负担，她借了助学贷款。2011 年托关系才进入河南的一所中学当老师，月薪 2500 元，至今助学贷款还没还清。其弟弟今年就放弃了高考。

是一种历史进步。有些大学生无法就业或者就业质量较差是市场竞争、优胜劣汰的结果，是一种合理的经济现象。

（2）高等教育扩张政策。作为高层次人才，当大学生较少时，能够全部被精英岗位所吸纳，当毕业生增加时，就迫使部分大学生向普通的基层岗位上流动，甚至无业可就。但是，作为提高国民素质和经济发展质量的基本手段，实施高等教育扩张政策是大势所趋，基本方向没有错。我国的人口基数很大，就业压力一直很大。在劳动力总数和就业岗位既定的情况下，如果存在总量性失业，扩张前，可能是更多的中学毕业生失业，主要表现为大量的新生代农民工；扩张后，则是更多的大学毕业生失业。两者相比较而言，解决中学生就业问题的难度会更大。因而，为了避免大学生就业困难而停止扩招是一种因噎废食的做法。从定量的角度，当然也不是高校扩招的规模越大越好。当大学毕业生过多，而根本不可能完全被社会吸纳，这时，大学生要么失业，要么从事中学生就可以胜任的工作，即出现了过度教育，这意味着教育的发展远远超出了经济发展的需要。大学生支付了高等教育的成本，而无法收回人力资本投资收益或者收益较低，接受高等教育就成为一种无效率的经济行为，折射出社会资源配置不当的问题。也就是说，高校扩招没有错，大学生就业困难也存在着一定的合理性；至于高校扩招的速度是否适当，则需要进一步地探讨。

二　人力资本对大学生就业的影响

既然大学生就业困难问题是一种正常的经济现象，而且具有一定的合理性，只要不超过一定的限度，就不应该大惊小怪。我们关注的重点应该转向什么样的大学生存在就业困难？目前的大学生就业机制是什么？这种就业机制是否合理？

1. 人力资本的影响的合理性

人力资本作为大学生能否就业和就业质量差异的重要驱动力，其合理性可通过人力资本理论得到证明。传统人力资本理论认为，接受高等教育是一种重要的人力资本投资形式，使受教育者获得更多的知识和技能，并在工作中转为更高的劳动生产率，从而能获得更高的收益。也就是说，人力资本积累会提高人们的生产能力、增加单位的财富和社会的财富，作为一种回报，他们获得了更高的收益，显然是无可非议的。以赖德胜为代表的配置能力理论认为，投资教育等人力资本能获得持久的较高回报，是因为人力资本提高了人们的配置能力。①以斯潘斯为代表的筛选理论认为，教育并不能直接提高受教育者的劳动生产率，它只是一种反映个人能力的信号装置，雇主据此将雇员有效地分配到不同的工作岗位上。不论直接还是间接，接受高等教育能提高或显示出人们的工作能力，获得相应的回报都是天经地义的。事实上，接受高等教育是弱势群体改变代际格局、实现阶层移动的最主要途径，很多贫困家庭的孩子通过上大学改变了命运，通过自身努力实现了自己的梦想。

2. 就业意愿与人力资本的关系

在分析社会资本对大学生就业的影响的时候，很多学者沿着林南的研究思路，从接近的社会资本和动员的社会资本两个方面展开；但在分析人力资本的时候，往往只关注现有的人力资本存量，即通常所说的综合素质，而很少关注影响人力资本价值实现的因素。事实上，就业意愿过高，大学生会拒绝不太理想的接收单位，失业的概率较高，也会降低他们获得高质量单位的机会；被动、消极的就业行为也会导致失去一些就业机会。即就业意愿和就业行为都会影响大学生人力资本价值的实现，在本书中被纳入了人力资本的研究范畴。

实证检验表明，积极的就业行为对于展示大学生的人力资本存量，促进大学生实现就业以及改善就业质量至关重要；而就业意愿的影响却不明显。也就是说，降低就业意愿并不能显著地促进大学生就业，这与我们之前的理论设想存在着较大的差异。

为何会出现这种情况呢？这还需要从现实中寻找答案。第一，就业意愿对大学生就业的影响具有双重性。虽然在理论上，就业意愿越高，他们实现就业的难度越大。而在现实中，就业意愿较高却是一把双刃剑，既有不利的影响，也有有利的影响。就业意愿作为一种设想，可能在大一、大二就已经萌芽，并影响到大学生的学习和就业准备。由于就业期望较高，为了能够在更激烈的市场竞争中脱颖而出，他们会更加努力地学习，更有针对性地提高综合素质，也会更积极、主动地找工作；

---

① 赖德胜：《教育、劳动力市场与创新型人才的涌现》，《教育研究》2011 年第 9 期，第 8—13 页。

这样，就业结果就会相对较好。相反，就业意愿较低的大学生，胸无大志，学习和就业的动机和行为都比较消极，就业结果也较差。比如说，甘肃的两名大学生，一名刚进校就特别希望在北京就业，因而，认真学习，积极参加北京一些企业的实习，结果被北京的一家公司录用，其就业地区较好；而另一名大学生对就业地区没有要求，学习和求职行为都很盲目，结果没找到工作。也就是说，就业意愿较高，一方面缩小了求职的范围，对就业结果不利；另一方面，也会对大学生的学习行为和就业行为产生正向的激励，通过提高综合素质和积极的就业行为改善了就业结果。就业意愿的最终影响到底是正向的还是负向的，取决于这两种影响的对比关系。

事实上，就业意愿的总体影响不明显，并不意味着就业意愿对于大学生个体的就业结果没有影响。根据 2010 年对北京某高校国际经济与贸易的某同学访谈，4 月份他曾接收到北京一家外贸公司的接收函，承诺底薪为 3500 元，但由于不解决北京户口就没去，事后看来，非常后悔。

第二，经济发展不均衡影响了就业意愿的作用发挥。不均衡是我国经济发展的一个突出特点，这在城乡之间、不同地区之间、不同经济成分之间均有体现。一般来说，广大中西部地区高素质人才较少，竞争相对较弱，大学生选择去中西部就业可能会容易一些；而事实上却不尽然。就业的难易不仅取决于大学生的供给，还取决于大学生的需求。我国东部沿海地区改革开放较早，经济较发达；虽然"西部大开发"战略已实施十多年，"中部崛起"战略也实施多年，但中西部地区与东部沿海地区的经济和社会发展差距依然很大，因而，对大学生的需求极其有限。根据笔者的调查，2008—2010 年北京高校大学毕业生在北京就业的比率分别为 48.4%、57.2% 和 58%，而在中部地区就业的比率分别为 7.2%、9.9%、5.6%，在西部地区就业的比率分别为 7.6%、6.7%、7.8%，[①] 间接地反映了广大中西部地区对大学生的吸纳能力有限。即不同地区经济发展水平的巨大差异，弱化了就业意愿的积极影响。同样，我国属于政府主导型的经济发展模式，国有企业的信贷等生

---

① 黄敬宝：《2008—2010 年北京大学生就业与创业调查报告》，中国社会科学出版社 2012 年版，第 250—275 页。

存环境较好，很多国有企业还拥有一定的垄断性，受全球危机的负面影响较小，对大学生的需求较大；而广大民营企业的生存环境和发展能力较差，对大学生的需求也较小。不同经济成分的发展差距导致了对大学生的需求量的差异，也弱化了就业意愿的影响。总之，就业意愿对大学生就业结果应该有一定的正面影响，只是在目前中国的宏观经济现实中，没有得到充分体现而已。

3. 人力资本与高等教育的关系

除了自身努力因素之外，大学生积累了多少人力资本，在很大程度上取决于高校教育状况。可以说，高校提供的教育服务构成了大学生积累人力资本的最大边界，数量较少、质量较差的教育服务会缩小人力资本积累的空间。由于我国高等教育改革滞后，传授给大学生的实用知识和技能较少，使得最优秀大学生的人力资本存量也很有限，与最差大学生的差距较小，从而对大学生就业结果的差距的解释力度有限。

第一，高等教育采取"严进宽出"的模式。考上大学很难，但毕业要相对容易得多，即使是"混"。高考是"千军万马过独木桥"，而一旦进入高校，很多学生就有一种如释重负的感觉，不认真学习，不积极参加社会实践，由于"出口"较松，绝大多数大学生都可以毕业，而事实上，有些同学是通过"临时抱佛脚"的突击方式拿到学分的，并没有学到足够的知识和技能，就业能力较差。

第二，高校教学与现实脱节。关于高校教育功能的定位，一直是有争议的。就业是大学生生存的基础，如果连就业这个基本的生存问题都解决不了，"人的全面发展"只能是空中楼阁。很多高校似乎并没有完全认识到社会需要和劳动力市场的重要性，培养目标、专业设置、课程设置、教育方法和教育管理都存在着与现实脱节的问题。有些高校的教学内容比较陈旧，与用人单位所需要的知识和技能相差甚远。比如，《〈资本论〉选读》作为相关专业的研究生课程没有问题，但作为本科生的必修课则不太合适，由于其基本理论框架已经在另一门必修课《马克思主义政治经济学》中讲授过，受到学时的限制，又不可能太深入；况且，这门课在现实中的实用性极弱。这样，很多大学生毕业时感觉没学到什么东西，或者感觉学到的很多知识在现实工作中用不上。由于读大学期间积累的人力资本太小，或者说教育的经济功能太弱，使得大学生虽然接受了高等教育，但综合能力和生产率并没有提高太多，这在一定程度上为"读书无用论"提供了依据。这充分反映了我国高等教育滞后的基本现实和改革发展的必要性和紧迫性。事实上,更多地关注市场需求和社会变化,并不意味着高等教育的功利化。根据调查,很多大学生希望加强哲学、国学课程的学习[1],是因为这些课程对他们的未来成长与发展会产生持久的影响,即使并不能带来立竿见影的现实利益。以"太功利化"为由拒绝教育改革的观点,是站不住脚的。

随着高等教育的大众化,高校教育的经济功能和筛选功能的弱化是一种正常的现象,文凭"无用"有一定的现实基础;但能力"无用"是没有现实基础的,高校应该推动就业能力导向的教育改革。

4. 人力资本与市场环境的关系

如果劳动力市场是接近完全竞争的,其他条件相同或相近,工资收入就是大学生就业质量高低的唯一标准。而一旦劳动力市场的竞争不完全,就业质量高低的衡量标准就复杂得多。一般来说,选择东部地区就业是就业质量较高的一种体现,在城市就业的质量较高,在体制内单位就业的质量较高。如果有三家单位,每家只能满足上述的一个标准,大学生究竟怎么选择,就成为一个难题。也就是说,由于劳动力市场的不完善,会导致就业质量的判断标准的多元化,而大学生的选择往往又不能兼顾,人力资本较高的大学生的最终选择未必是质量最高的就业岗位。因而,劳动力市场环境会影响人力资本作用的发挥。或者,更一般地说,劳动力市场越完善,人力资本的影响力度越大,两者是正向的关系。这与赖德胜[2]和陈海平[3]的研究结论是一致的。

三 社会资本对大学生就业的影响

1. 社会资本运用的现实证据

梁漱溟曾指出,中国社会既非个人本位,亦非社会本位,而是关系本位。[4] 由于社会关系能够给当事人带来收益,所以被称为社会资本。

---

① 黄敬宝:《以就业能力为导向的高校教学内容改革》,《高等农业教育》2013年第3期,第99—102页。

② 赖德胜:《2012中国劳动力市场报告:高等教育扩展背景下的劳动力市场变革》,北京师范大学出版社2012年版,第10—11页。

③ 陈海平:《人力资本、社会资本与高校毕业生就业——对高校毕业生就业影响因素的研究》,《青年研究》2005年第11期,第10—17页。

④ 梁漱溟:《中国文化要义》,生活·读书·新知三联书店1987年版,第87页。

实证研究表明，父母及其职业的社会地位较高、家庭比较富裕，都会为大学生带来一定的就业帮助。尤其是我国处于社会转型期，大学生就业市场尚未实现充分竞争，劳动力市场的特殊性使社会资本有更大的作用发挥空间。①

现实中，社会资本在大学生就业中得到了广泛的运用。（1）招聘信息的不公开。在近几年的公务员、事业单位招考中，一些单位在内部小范围内发布招考通知，外界无从知晓，参加考试的对象基本上全是某些领导或内部员工的亲戚、朋友等。根据上海用人单位需求信息登记机构反映，企事业单位通过内部程序招聘大学生约占一半。②（2）招聘过程的潜规则。2012 年 2 月，网络曝光湖南涟源市经济开发区公开选调的考生成绩表，除了笔试、面试和测评成绩外，备注栏标有"副市长侄女"、"市领导打招呼"、"家境好"等，最终入选的 15 名考生中，13 人是"关系户"。③ 2012 年 4 月，湖北省利川市人力资源和社会保障局为直属事业单位城乡居民保险管理局招聘 2 名工作人员，20 多人应聘，研究生学历 7 人，面试成绩第一名的是该局医疗保险股股长的儿子，第二名是就业服务股股长的儿子。④ 潜规则得以运行的前提是父母及其家庭关系过硬，一般被称为"拼爹招聘"或"拼爹游戏"。（3）岗位设置的量身定制。正常情况下，先有工作岗位空缺，然后根据该工作岗位的职位规范即通俗所称的"坑"，寻求并考查应聘者即所说的"萝卜"，是否能胜任。而"萝卜招聘"的规则是，根据"萝卜"的特点，"量身定制、精确刨坑"，或者说，根据某个应聘者的特点炮制出一个岗位。2010 年 11 月，福建省屏南县财政局下属收费票据管理所公开招聘工作人员 1 名，报考条件为"获得国外学士学位，国际会计专业，大学英语四级，屏南户籍，女，25 周岁以下"，结果只有某领导之女符合招考条件。江苏省句容市 2010 年市政府接待服务中心公务接待人员的应聘条

---

① 赖德胜、孟大虎：《中国大学毕业生失业问题研究》，中国劳动社会保障出版社 2008 年版，第 51—52 页。

② 翟春、刘庆宇、熊义：《构建教育公平要重视就业公平》，《现代教育管理》2012 年第 7 期，第 42—45 页。

③ 陈黎明、谢樱：《湖南涟源"萝卜招聘"谜局调查》，《新华每日电讯》2012 年 2 月 28 日第 5 版。

④ 冯国栋：《偶然巧合，还是制度缺失？——湖北利川人社局"萝卜招聘"调查》，《人民日报》2012 年 5 月 20 日第 4 版。

件为本地户口、女性、身高 1.63 米以上、有两年相关工作经验，都具有"萝卜招聘"的鲜明特征。[①] （4）"萝卜影子招聘"，吃空饷。有时候，"萝卜"还没有生成，只有一个"萝卜的影子"，就把他先招进来"占坑"。山西静乐县县委书记女儿刚读大学就进入山西省疾控中心"上班"，并高调吃空饷，五年达 10 万元。[②] 不论是招聘信息的不公开发布，还是招聘过程的"拼爹"潜规则，不论是"萝卜招聘"，还是"萝卜影子招聘"，背后都是社会资本的运用。

2. 社会资本运用的关系强度

由于运用社会资本的毕业生较少，而且很多同学没有填写具体的信息，因而，没有把关系强度纳入逻辑回归模型。我们可以通过统计分析反映社会资本运用中的关系强度。在动用过社会关系的大学生中，帮助来自父母的占 60.1%，亲戚朋友占 54.1%，老师同学占 27.6%，邻居同乡占 13.7%，配偶恋人占 11.8%，实习老师等其他方式占 0.6%。[③] 根据薛在兴的关系强度标准，家人、亲戚朋友、老师同学应该纳入强关系的范畴，其他情况为弱关系。[④] 可见，在我国大学生就业中主要运用的是强关系；弱关系虽然也有运用，但比重较小。

3. 社会资本的影响的合理性

对于大学生个人来说，社会资本增强了就业优势，肯定是一件好事。然而，从宏观层面，我们可以看到社会资本具有明显的两面性。

（1）社会资本可以弥补市场信息不充分的局限，促进大学生就业。当劳动力市场是一个完全竞争的市场，信息充分，用人单位可以根据实际需要雇佣合适的员工，并根据"边际收益等于边际成本"的原则支付工资；大学生会结合工作岗位、薪酬待遇和偏好择优应聘。结果，高素质人才被配置到较好的工作岗位上，较差的大学生被配置到较差的工作岗位上，实现了帕累托最优，大学生和用人单位都实现了利益最大化。然而，现实中，信息是不充分的，或者说是不对称的。尤其是我国

① 盛若蔚：《事业单位——"萝卜招聘"何时休》，《人民日报》2011 年 10 月 18 日第 17 版。

② 王石川：《清除"萝卜招聘"更要清污泥》，《人民日报》2012 年 1 月 17 日第 9 版。

③ 黄敬宝：《2008—2010 年北京大学生就业与创业调查报告》，中国社会科学出版社 2012 年版，第 245—246 页。

④ 薛在兴：《打开大学生就业之门的钥匙——社会资本、人力资本与大学生就业》，中国社会科学出版社 2011 年版，第 138—139 页。

处于计划经济向市场经济转轨的过程中，存在着很多的信息发布的主体和渠道，甚至包括一些虚假的信息，而又无法辨别或很难辨别。大学生还可以通过互联网获得某用人单位的一些基本信息；而用人单位很难查到某大学生的具体信息，从而很难准确考查该生的知识和工作技能。即使求职简历上的信息完全真实、准确，也可能出现签约后而违约的情况，使用人单位错失招聘他人的良机。这时，利用社会资本可以避免信息不充分的局限，大大降低大学生的求职风险和用人单位的招聘风险。由于熟人和社会关系的介入，可以基本确认双方材料的真实性，促进双方更全面地了解对方，并做出是否满意与是否签约的准确判断；而一旦签约，由于多了一个"熟人关系"的信用担保，尽管也有违约风险，但碍于推荐人的情面和信用，违约风险会大大降低。这时，社会关系网络架起了一座双方沟通的桥梁，弥补了市场信息不充分的局限，降低了大学生供求双方的搜寻成本和交易成本，促进大学生人力资源的优化配置，故发挥了积极的正面作用。对于劳动力市场不完善的中国，发挥社会资本的"弱关系"功能，以弥补就业信息不完善的空间很大，因而，社会资本对大学生就业的积极作用空间也很大。

（2）社会资本干扰大学生人力资源的合理配置，不利于大学生就业。

在形成方面，社会资本主要依赖父母及其家庭关系。尽管可以通过实习等途径构建自己的社会关系，但对于尚未走进社会的大学生来说，更多地还是依赖父母、家庭及其延伸的各种关系，不论是具有先天性的性别，还是作为宏观环境的地区生源和城乡生源，还是作为家庭背景的父母职业与家庭收入，都不是通过大学生的个人努力而获取的，即社会资本作为一个大学生无法控制的先赋因素和外生变量，影响甚至决定着大学生的命运，就出现了"前人栽树、后人乘凉"的情况，有悖于社会公平。

在功能方面，社会资本只有分配效应，没有增长效应。尽管各单位的用人理念不尽相同，但"德才兼备"可能是招聘录用的一个共同标准。也就是说，所有单位都希望招聘到一个态度认真、拥有较多知识和技能、能胜任本职工作的劳动者。而大学生的基本技能可以通过汉语、英语、计算机等级证书来体现，专业技能通过专业类别、学习成绩、职业从业资格证书来体现，思想面貌通过党员身份、获奖证书等来体现，这些都与社会资本无关。或者说，社会资本并不能增加大学生的知识以及将知识转化为生产力的能力；只是对于不同的学生进入不同的工作岗位起作用。即社会资本对大学生就业没有增长效应，只有分配效应。

当社会资本取代了人力资本成为招聘录用的主要依据，决定着劳动力的配置和流动时，即"以关系取人"而非"以能力取人"，"学好数理化，不如有个好爸爸"，就会干扰大学生人力资源配置，产生一系列的不良后果。

第一，社会资本可能使用人单位招聘不到最优秀的员工，不利于单位，尤其是企业获得更有竞争力的人力资源，从而影响业务发展与壮大。

第二，大学生找不到与其人力资本相对应的工作岗位，经常会出现"大材小用"的情况，无法获得较高的人力资本投资收益，必然会强化对人力资本投资的打压效果[1]，影响一国国民素质的提高和国民经济的可持续发展。

第三，大学生与用人单位的不合理匹配，优秀大学生无法被配置到较好的岗位上，反映了劳动力市场配置人力资源的效率不高，影响社会生产力的发展和社会财富的创造。

第四，社会资本大行其道，会导致高校教育的价值取向迷失。高校教育的功能主要是"教书育人"；而当社会资本成为大学生就业的主要因素，那么，高校的核心任务是什么？教育学生如何建立、经营自己的"圈子"，还是为大学生积累社会资本提供更好的条件？理想与现实的巨大反差，会使高校教育面临着价值取向的迷失，影响我国教育的健康发展。

第五，从代际关系来看，导致社会关系的沿袭和社会阶层的固化。当大学生就业主要靠"拼关系"、"拼爹"，就会形成"龙生龙、凤生凤"的局面，原有的社会关系实现了代际沿袭，权力和社会资源得到了世袭，"官二代"、"富二代"掌握更多的社会资源，而弱势群体的子女则很难通过努力与奋斗获得较多的财富并提升自己的社会地位。另外，社会资本还在一定程度上影响人们的人力资本投资条件。[2] 以教育资源

---

① 赖德胜：《大学毕业生就业难的人力资本投资效应》，《北京大学教育评论》2004年第4期，第13—15页。

② Coleman, James S., "Social Capital in the Creation of Human Capital", *American Journal of Sociology*, Vol. 94, No. 1, 1988, pp. 95—120.

为例，从城乡生源来看，2011 年中国农业大学招收的农村生源生占 1/3，清华大学不到两成，北京大学 2010 年只有一成。① 从父母职业来看，有国家与社会管理者、经理人员、私营企业主、专业技术人员、商业服务业员工、产业工人、农业劳动者、无业失业半失业人员的家庭的高等教育阶层辈出率分别为 3.83、2.57、5.81、2.62、0.5、0.78、0.62、0.11，② 反映出不同阶层家庭的子女所能获得的教育资源有很大的差异，即社会资本已经超出了自身运行的轨道，影响到人力资本投资的条件和机会。而且，当大多数人都在"拼爹"，社会关系网络进一步自我强化，"圈子"的经济功能就会越来越大，"圈内"的人获得丰厚的福利，而"圈外"的人将失去很多机会。由于缺乏社会关系而被社会排斥，还会出现"马太效应"，至少在大学生就业环节为"寒门难以出贵子"提供了一个佐证。而且，当大家都忙于经营自己的"圈子"，而不是提升自身素质，将会导致社会固化与社会不流动，③ 形成一个投机专营、缺乏生机与活力的社会生态，这肯定不是我们希望看到的。

第六，违反社会规则和法律。中国深受儒家思想的影响，"关系"在社会生活中扮演着十分重要的角色，人们甚至为了维护良好的社会关系而放弃对法律和原则的坚守。④ 尤其是党政机关和事业单位的工作人员拥有更多的公共资源或者具有支配公共资源的权力，有建立自己的社会关系网络和寻租的更大空间。事实上，只有"萝卜选官"，才有大量"萝卜招聘"和"萝卜影子招聘"的存在。社会关系的不断强化，就会不断触碰社会道德和法律的底线，不利于法制建设。

显然，当社会资本为某些大学生带来利益的同时，损害了其他大学生的利益或者干扰了社会发展的正常机制，显然是不合理的，也是无效率的。

---

① 王小妮：《出身寒门的大学生》，《南方周末》2011 年 11 月 10 日第 D25 版。
② 谢作栩、王伟宜：《高等教育大众化视野下我国社会各阶层子女高等教育入学机会差异的研究》，《教育学报》2006 年第 2 期，第 65—74 页。高等教育阶层辈出率是指某社会阶层子女在大学生中的比例与该阶层人口在社会全体职业人口中所占比例之比。
③ 陈永杰：《大学生就业能力与社会不流动》，《武汉大学学报》（哲学社会科学版）2011 年第 3 期，第 81—89 页。
④ 薛在兴：《打开大学生就业之门的钥匙——社会资本、人力资本与大学生就业》，中国社会科学出版社 2011 年版，第 274—283 页。

四 人力资本和社会资本对大学生就业的影响的力度

1. 人力资本和社会资本的影响力度

尽管人力资本和社会资本对北京高校大学毕业生能否就业、就业机会、就业地区、就业行业、就业性质和就业收入的具体影响不尽相同，但大多数都有正面的影响。一方面，这说明上大学、大学生认真学习，积累更多的人力资本是有价值的；另一方面，也说明大学生利用父母及家庭所拥有的社会关系网络是有好处的。

就两者的影响力度大小比较，人力资本指数和社会资本指数的 B 值的平均数分别为 0.21 和 0.29，人力资本的总体影响力小于社会资本的总体影响力，即在对大学生就业的影响机制中，社会资本机制居主导地位，而人力资本机制居其次地位；两者相差 0.08，差距不大，表明人力资本和社会资本的作用都不容忽视。一方面，证明了依靠个人努力和才能提升为核心的人力资本积累，不如依靠"贵人帮助"和"圈子建设"为核心的社会资本积累，说明"学好数理化，不如有个好爸爸"有一定道理。另一方面，"学好数理化"还是有价值的，"读书"并非完全"无用"。

可见，在青年就业和成才的过程中，"豪门"、"贵人"等他人因素的影响较大，而个人努力因素被弱化了。缺乏社会资本的大学生，经过自身努力，虽然也有一定的上升空间，但与有社会资本的大学生相比，仍处于相对劣势的地位，他们上升的渠道比较狭窄，上升的过程比较艰难。当"拼知识"不如"拼爹"，会出现"劣币驱逐良币"的现象，反映了大学生就业机制的弊病。这显然是不合理的，而且是有害的。

2. "读书无用论"及其解释

河北大学的中国近现代史专业研究生苗卫芳，毕业后一直没找到理想工作，回到农村种地，其父为此试图服药自杀，引起了"读书无用论"的社会热议。[①] 事实上，"读书无用论"正在广大农村广泛弥散。根据调查，有些人说，让孩子读个初中就算了，现在城市正缺工人，工钱比大学生还高；有些人说，孩子读了大学后几年都找不到工作，还不如高中毕业就去打工；还有些人说，孩子在大学里根本就学不到知识，学校抓得不紧，6 月没过完就放暑假，一进元月就放寒假，孩子耽误了

---

① 《硕士回乡种地、读书真的无用》，《中国教育报》2012 年 10 月 25 日第 3 版。

学习，耽误了青春……总结一句话，读书划不来！[①]　高考弃考成为"读书无用论"的一个直接后果。据中央教育科学研究院研究员储朝晖测算，2013 年弃考学生约 100 万人，其中 80% 是农村考生。[②]

根据本书的研究结论，一方面，人力资本机制的作用小于社会资本机制的作用，这意味着，与拥有社会资本的大学生相比，没有社会资本的大学生，即使通过人力资本积累，在就业时仍处于劣势，不太容易实现就业或获得较好的工作岗位，这在很大程度上支持了"读书无用论"的观点；另一方面，人力资本机制的作用比较接近社会资本机制的作用，表明自身努力和奋斗对于命运的改变和前程的发展是有帮助的。如果不读大学，高中毕业生的就业和职业发展一般会更差。根据研究，高校扩招后大学毕业生相对于高中毕业生在就业上仍旧延续了优势地位，并且没有明显的变化。[③]　与新生代农民工相比，接受过高等教育的智力型民工的收入较高、生活较为时尚、更愿意移居城市，表明"读书"能够在一定程度上改变人们的命运。[④]

3."寒门难以出贵子"及其解释

关于"寒门能否出贵子"的讨论，源于高考录取时农村籍大学生比例下降的现实，尤其是北京大学、清华大学、中国农业大学等一流高校农村籍大学生比例的下降。这实质上是"读书无用论"的一个翻版，只是前者更关注受教育机会的不平等，而后者更关注就业机会的不平等。高考是广大农村寒门弟子"鲤鱼跃龙门"的重要途径，几乎也是唯一途径。当接受高等教育的机会减少，尤其是当一流高校的受教育机会减少，很多农村寒门弟子失去了人力资本投资的机会，"大富大贵"无望。其实，考上大学只是寒门弟子成才的第一步，就业则是关系到他们能否"大富大贵"的另一个重要环节。无法就业或者就业质量不高，寒门弟子的职业发展就受到很大限制。

社会资本为主的大学生就业机制，至少在就业环节为"寒门难以出

---

①　修远：《警惕新的"读书无用"论》，《中国县域经济报》2013 年 7 月 1 日第 3 版。

②　肖欢欢、程钰惠：《就业难放大"读书无用论"》，《广州日报》2013 年 6 月 21 日第 29 版。

③　孙志军：《高校扩招使得个体就业状况更糟糕吗?》，《北京师范大学学报》（社会科学版）2013 年第 2 期，第 108—115 页。

④　韩恒：《知识能否改变命运——从硕士农民谈起》，《中国青年研究》2010 年第 12 期，第 67—70 页。

贵子"提供证据。无"爹"可拼，无"贵人"相助，仅仅通过自身努力，很难出人头地。而人力资本机制的重要作用，也表明积累更多的人力资本可以促进职业生涯的发展与进步，即使达不到"大富大贵"，也可以达到"小富小贵"或"中富中贵"。

4. 人力资本、社会资本与软约束

在完全竞争的市场环境中，如果存在利益硬约束和法律硬约束，人力资本的作用空间较大，而社会资本的作用空间较小。所谓的"利益硬件约束"，是指存在着明确的产权主体，而且他们都是"理性人"、按照利益最大化的原则行事。比如，民营企业老板，为了企业的盈利和发展，必须强调雇佣行为的成本—收益比较，在相同的工资水平下，要严格考查，争取招聘到知识和技能最多、生产率最高的员工。所谓的"法律硬约束"，是指该社会的法治比较完善、违法成本较高，所有用人单位都在法律的框架内合法经营。

而一旦这些前提条件不完全具备，人力资本和社会资本的作用空间就会发生变化。与利益硬约束相对应，利益软约束往往出现在公共部门，如党政机关、事业单位或者国有企业。比如，对于某大学生，人力资本较少，但他是某国有企业总经理的亲戚，以同样的工资待遇把他招聘进来，该企业的利益受损，而这种损失不会影响或者不会全部转嫁到总经理头上，但增强了总经理的社会关系及其潜在收益。即这种现象以牺牲公共机构的利益为代价个人获得了私利。也就是说，由于利益软约束，社会资本可能喧宾夺主，在大学生就业中起决定性作用。相反，如果在私营部门，这种收益与成本必须同时由总经理来承担，上述现象一般不会发生，因为他不可能为了维系社会关系而损害自身利益。即使发生了，这种成本—收益的不对称，也被企业内部化了。换句话说，为了解决他亲戚的就业问题，总经理承担了相应的代价，就如同他为自己的子女上学而支付了学费一样，因为没有给他人带来不利影响，也就不成为一个社会问题。因而，如图7—7所示，在利益硬约束的条件下，主要是人力资本起作用，社会资本发挥作用的空间，仅限于弥补信息不充分的局限；随着利益软约束的出现，人力资本的作用空间缩小，而社会资本的作用空间扩大；当无利益约束时，当事人无所顾忌，不惜牺牲单位的利益而维护自己的社会关系网络。即利益软约束，使得人力资本的作用空间缩小、社会资本的作用空间增大，直到被社会资本所完全占据。

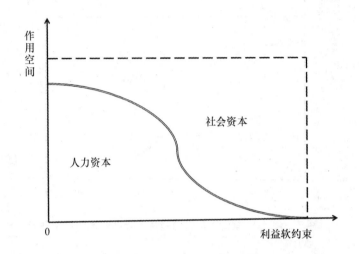

图7—7　利益软约束与人力资本、社会资本的作用空间

与法律强约束相对应，法律软约束一般出现在法制不健全的国家。在违法成本为零或很低的情况下，当某大学生的人力资本较少，而拥有过硬的社会关系并能带来一些公共资源和经济利益，当带来的收益超过支付的工资，即使是私营企业，录用他也是有利可图的。这种关系营销的背后，往往是官商勾结的不同形式。由于法律软约束，国有企业、事业单位或党政机关，出于社会关系的考虑而录用人力资本较低的大学生，就具有更广泛的现实基础。法律软约束与人力资本和社会资本的作用空间的关系，与利益软约束的情况相似。如图7—8所示，在法律硬约束的条件下，主要是人力资本起作用，社会资本发挥作用的空间仅限于弥补信息不充分的局限；随着法律软约束的出现，人力资本的作用空间缩小，而社会资本的作用空间扩大；当无法律约束时，当事人可以为所欲为，不惜牺牲单位的利益而维护自己的社会关系网络。即法律软约束，使得人力资本的作用空间缩小、社会资本的作用空间增大，直到被社会资本所完全占据。

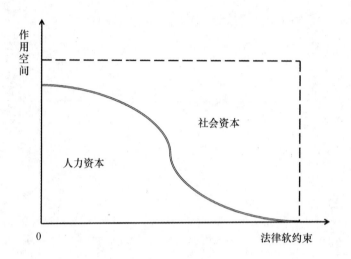

图7—8 　法律软约束与人力资本、社会资本的作用空间

5. 人力资本、社会资本与指标选择

通常所说的人力资本差异，一般是指学历或者受教育年限的差异。而本书所指的人力资本和社会资本都是针对大学本科毕业生而言的。他们都接受了四年的高等教育，大多数都获得了本科毕业证和学位证，这是无差异的；他们的人力资本差异，主要体现在综合素质、就业意愿和就业行为方面。也就是说，本书所探讨的人力资本差异，是在基本方面一致的前提下，不同大学生在综合素质、就业意愿和就业行为方面的细微差异。由于不同大学生的这种细微差异表现出来的人力资本的差距不大，因而对大学生就业的影响力度不大或者不显著。而社会资本作为一个外生变量，与大学生的个人努力和时间长短的关系不是很直接，受社会资本指标的选择的影响不大。

也就是说，指标选择弱化人力资本的影响，而对社会资本的影响不大。如果将高中毕业生作为参照，而将本科学历作为人力资本指标，可能会提高人力资本的影响力度，并改变它与社会资本的影响力度的大小关系。

五　人力资本和社会资本对大学生就业的影响的关系

探讨人力资本和社会资本的关系，其微观意义在于大学生如何运用人力资本和社会资本以便找到更好的工作岗位，其宏观意义在于揭示人力资本和社会资本在大学生就业机制中的作用及其合理性。

在对大学生就业的不同层面的影响中，人力资本和社会资本的具体关系是不同的。人力资本指数和社会资本指数具有替代关系的有 12 个，具有互补关系的有 6 个，替代关系的情况居多。人力资本指数和社会资本指数的交互项的 B 值的平均数为 -0.248。总体来看，两者是一种替代关系。

从微观层面来看，两者的替代关系表明，大学生只要拥有其中的一个，便可以实现就业或者获得较高的就业质量。人力资本较少的大学生可以通过更多的社会资本来弥补，而社会资本较少的大学生则可以认真学习和人力资本积累，都能获得较好的就业结果。

从宏观层面来看，两者的替代关系表明，人力资本和社会资本可以相互分离，都可以单独作为决定大学生就业结果的一个因素。换句话说，人力资本和社会资本是决定大学生就业的两条并行的机制。人力资本较高的大学生，即使没有社会资本也同样能够找到好工作，这不存在合理性的问题；但问题是，人力资本较低的大学生，可以不学习，但完全可以发挥社会关系的作用而获得就业竞争优势，也能获得较好的就业结果，他们上大学就是为了拿一个文凭，是否拥有真才实学并不重要。这时的教育仅仅发挥着信号功能，显然与我国高等教育的初衷不符。

六　人力资本和社会资本对大学生就业影响的稳定性

1. 人力资本和社会资本对大学生就业的影响的变化

不同人力资本指标对大学生就业不同层面的影响不尽相同。根据各指标 B 值的平均数，2008 年、2010 年和 2012 年人力资本对北京高校大学毕业生就业的总体影响分别是 0.224、0.205 和 0.2，呈逐年下降的趋势，表明拥有同样的人力资本的大学生，其就业状况是逐年下降的，个人努力因素在大学生就业中的作用日益下降，他们更难以把握自己的命运和前程。我们知道，近几年，高校毕业生是逐年增多的，将人力资本的影响与大学毕业生的供给数量相结合，就会发现人力资本（Human Capital）与大学生供给（Graduates Supply）之间的规律，即 HCGS 定律：人力资本对大学生就业的影响力度与大学毕业生的供给量呈反比。也就是说，随着大学毕业生日益增加，人力资本对于大学生就业的影响力度越来越小，表明教育的经济功能在下降。这说明了，人力资本机制对于大学生就业的作用，还受到劳动力市场供求关系的影响，当大学毕业生增多，意味着"买方"，即用人单位处于优势，而"卖方"之间的竞争更为激烈，从而处于劣势地位。这时，人力资本虽然有用，但作用力度却大大降低了。

社会资本对 2008 年、2010 年和 2012 年北京大学生就业的总体影响分别为 0.295、0.315 和 0.26，呈先上升后下降的变动趋势，表明社会资本在大学生就业中的作用经历了一个先增强、后减弱的过程。

如果将社会资本的影响的这种变化与我国的宏观经济环境相结合，就会发现一些有趣的现象。

2008 年美国次贷危机引发全球经济危机，对我国的出口和就业产生了很大的负面影响。第一，受美国国民收入水平下降和贸易保护主义抬头的影响，我国外向型企业大量减产或倒闭，迫使大量的员工下岗，包括大量的农民工返乡。第二，很多跨国公司在中国的分公司，如微软、IBM 等公司大幅裁员。第三，由于外向型企业和跨国公司的倒闭或减产，引发其上游产业和下游产业企业的微缩或减产。这些都使中国的就业环境雪上加霜，并对大学生就业造成了不利的影响。

在本书的三次调查中，2008 年大学生就业发生在全球经济危机之前，2009—2011 年是经济危机影响最严重的时期，随着经济复苏，2012 年中国的宏观经济和就业形势有所好转。根据中国青年政治学院"北京大学生就业研究课题组"对北京十余所高校大学生的调查，2008 年、2010 年和 2012 年北京高校大学生的狭义就业率分别为 40.5%、34%、39.7%，广义就业率分别为 56.3%、50.3%、51.1%，都反映出就业形势由好变坏、再变好的 U 型变动趋势。而社会资本的总体影响恰恰是由低到高再到低的倒 U 型变动趋势。因而，可以总结出社会资本（Social Capital）与就业形势（Employment Condition）之间的规律，即 SCEC 定律：社会资本对大学生就业的影响力度与宏观就业形势呈反比。也就是说，就业形势越好，社会资本的总体影响越小，而就业形势越不好，社会资本的总体影响越大。事实上，这个规律是有现实基础的。当经济繁荣时，就业形势较好，就业岗位较多，大学生可以通过自身努力积累更多的人力资本来实现自己的就业理想；而当经济衰退时，就业岗位较少，就业竞争更加激烈，这时，只拥有较多的人力资本的大学生就失去了就业优势，而拥有较多的社会资本的大学生的就业优势更为明显。这仍然说明了，在我国大学生就业机制中，社会资本起主导作用，尤其是就业形势十分严峻的时候。马莉萍和丁小浩的研究表明，随着就业竞争的日益激烈，社会关系对工作找寻的重要性程度日益凸显，与本书揭示的规律是基本一致的。①

2008 年、2010 年和 2012 年交互项对北京大学生就业的总体影响分别为 -0.163、-0.522 和 -0.063，呈现先下降、后上升的变动趋势。与我国就业形势相结合，也可以发现相似的规律。相互关系（Mutual Relation）与就业形势（Employment Condition）之间的规律，即 MREC 定律：交互项体现出来的这种替代关系与宏观就业形势呈反比。也就是说，就业形势越好，人力资本与社会资本的替代性越小；而就业形势越不好，两者的替代性越大。而替代性越大，表明社会资本越可能脱离人力资本而单独发挥作用。MREC 定律与 SCEC 定律在本质上是一致的。

2. 人力资本和社会资本对大学生就业影响的稳定性

从变化程度来看，人力资本和社会资本对大学生就业的总体影响都很稳定，交互项的总体影响较稳定，表明这些结论在这三次调查中没有发生太大的变化，说明人力资本和社会资本对大学生就业的这种影响是有一定的必然性和规律性的。

---

① 马莉萍、丁小浩：《高校毕业生求职中人力资本与社会关系作用感知的研究》，《清华大学教育研究》2010 年第 1 期，第 84—92 页。

第八章　对策与建议

2013 年被称为最难就业年，短期内我国大学生的就业形势不可能有太大的改观，促进大学生就业成为摆在我们面前的一个现实问题。

本书研究的核心是揭示人力资本和社会资本在大学生就业机制的作用及其效率问题。通过对具体指标影响和总体影响的分析，可以为大学毕业生找到更好的工作提供参考；通过人力资本机制和社会资本机制的合理性评价，以完善我国大学生就业机制，促进大学生人力资源的优化配置，并形成"人力资本—大学生就业—经济发展"的良性循环。

第一节　改善大学生就业机制

为什么有些大学生就业了，而有些大学生没找到工作？为什么有些大学生找到了较好的工作岗位，而有些大学生只找到了较差的工作岗位？这些都是大学生就业机制发挥作用的结果。从微观的角度，大学生就业机制的合理性与高效性，会影响到大学生能否就业以及就业质量，进而影响生活质量和职业生涯发展；从宏观的角度，大学生就业机制的合理性与高效性，会影响到大学生人力资源的配置效率以及人力资本投资的积极性，进而影响到一国国民素质的提高和国民经济的长期发展。

1. 建立人力资本为主、社会资本为辅的大学生就业机制

实证研究表明，人力资本和社会资本构成了大学生就业机制的两个基本要素。经过合理性论证，笔者认为，应该建立人力资本为主、社会资本为辅的大学生就业机制，才能保证大学生人力资源配置的效率与公平。

建立人力资本为主、社会资本为辅的大学生就业机制，具体包括三层基本含义。

（1）人力资本和社会资本是大学生就业机制中不可缺少的组成部分。这同时肯定了人力资本和社会资本对大学生就业的作用及其合理性的一面。大学生可以凭借较多的人力资本和社会资本，获得就业竞争优势。政府应该创造条件，确保人力资本和社会资本对大学生就业的合理性作用的充分发挥。

（2）人力资本起主导作用。就人力资本和社会资本的比较而言，应突出人力资本的主导地位。这意味着，一个人，不管出身如何，只要通过自身的努力和人力资本投资，从而拥有更多的知识和技能，就能获得较好的就业结果和生活质量。发展平台和成才机会对于每个人都是平等的，每个人都能通过人力资本投资获得更多的知识和技能，有机会在为社会创造更多价值的同时，获得更多的经济与非经济回报。尤其是对于广大的寒门弟子而言，"命运掌握在自己的手中"，他们可以通过认真学习，通过就业与努力工作来改变命运，向中上层社会流动。从整个社会来看，不同劳动者人力资本投资的竞争，推动国民素质的提高和社会财富的增长。因而，人力资本在大学生就业机制中起主导作用的社会，将是充满生机与活力的社会，也是一个繁荣与进步的社会。政府应该从宏观层面强化人力资本在大学生就业机制中的主导作用。

（3）社会资本起辅助作用。不能排除、也不应排除社会资本对大学生就业的积极作用，但相对人力资本而言，它只能处于从属的地位，发挥着辅助或补充的作用。从影响的力度而言，社会资本的影响力不应该超过人力资本的影响力。从影响的范围而言，社会资本的作用范围仅限于合理性的一面，主要是弥补非完全竞争市场的不足。在完全竞争市场中，人力资本机制单独发挥作用或许就能达到帕累托最优状况。而完全竞争市场在现实中是不存在的，这为社会资本提供了合理的作用空间。通过社会关系可以增加就业信息量，降低交易成本和违约风险。尤其是我国处于经济体制转轨的过程中，劳动力市场不完善，就业信息不充分，社会资本发挥作用的空间较大。政府应认可社会资本在大学生就业机制中的作用，并创造条件发挥其合理性的作用，但不允许社会资本成为是否录用大学生的依据。

2. 具体措施

人力资本为主、社会资本为辅的大学生就业机制，最终还是要通过众多用人单位的招聘录用制度来实现。政府要通过制度设计，改变微观经济主体的成本—收益方程式，激励用人单位回到合理、高效的大学生就业机制上来。

（1）树立人力资本至上的人才观。相对于自然资源和物质资源，人力资源之所以被称为第一资源，是因为劳动者在生产经营和财富创造中具有主动性和创造性。而这种主动性和创造性的大小从根本上源于人力资本的多少。要形成正确的人才观和良好的社会风气，为人力资本为主、社会资本为辅的大学生就业机制的运行创造基础条件。国家应倡导树立人力资本至上的人才观，即谁拥有更多的人力资本，谁就是更高层次的人才，谁就应该获得更好的工作岗位；谁获取人力资本较多的员工，谁就是"伯乐"，谁就拥有了长期可持续发展的战略资源。相反，在大学生求职的过程中，"潜规则"不光明，"走后门"不光彩，"拼爹"不光荣。

（2）强化公共部门的经济硬约束。用人单位的招聘录用制度如何，直接关系到大学生就业机制能否运行。如果用人单位更看重人力资本，拥有较多人力资本的大学生将拥有较大的就业优势，人力资本机制就起到主要作用；如果用人单位更看重社会资本，拥有较多社会资本的大学生将拥有更大的就业优势，社会资本机制就起主要作用。经济软约束，导致有些人为了经营自己的"圈子"而牺牲公共部门用人单位的利益。加强经济硬约束，强化公共部门用人单位相关负责人的权利与义务的对等，完善量化管理和绩效考核，建立与业绩挂钩的薪酬管理制度，建立个人利益与单位利益更为紧密的联系机制，加强上级主管部门和普通员工的监督管理，提高运用社会关系而损害单位利益的机会成本。这样迫使公共部门，尤其是广大国有企业，慎重考虑社会资本的作用，从而将社会资本的作用边界限制在合理的范围之内，以保证人力资本为主、社会资本为辅的大学生就业机制的正常运行。

（3）强化用人单位的法律硬约束。公共部门的目标一般是提供更多、更优的公共服务，其业绩量化比较繁杂，故强化经济硬约束有一定的操作难度。我们的政策重点应该放在强化法律硬约束方面。一方面，要规范用人单位的招聘录用制度，使用人单位招聘时，以大学生的人力资本为主要依据，可以适当考虑社会资本状况。要规范招聘录用的流程，规范信息发布、简历收集与筛选、笔试、面试、技能考核等程序，加强监管，确保招聘过程的公开、公平、公正，避免"暗箱操作"和不正当竞争，让拥有真才实学的优秀大学生脱颖而出。另一方面，完善大学生就业的相关法规制度，简化司法程度，提高违法成本、降低维权成本，以促使社会资本的作用不超越界线。一旦有大学生举报或起诉，行政部门或司法部门要及时认真调查，违法的用人单位要依法惩罚；如果达不到违法的程度，实施"黑名单警示"制度是一个不错的选择。

（4）改善我国劳动力市场的环境。劳动力市场分割，严重阻碍毕业生的配置和自由流动，加剧了自愿性失业，高等教育的人力资本配置能力受到抑制。要完善我国的劳动力市场环境，缩小社会资本发挥作用的空间，并为人力资本功能的充分发挥创造条件。第一，完善全国统一的大学生就业信息系统，规制社会就业中介组织，加强就业指导与服务，降低搜寻成本和交易成本，促进大学生与用人单位顺利实现匹配。第二，取消对户籍和地区生源的限制，并建立全国统一的社会保障体系，消除体制内单位和体制外单位的差异，破除劳动力市场上的人为壁垒，创造一个完整、竞争的就业环境，促进大学毕业生的合理流动。第三，加大对"西部大开发"战略和"中部崛起"战略的支持力度，促进我国地区经济的均衡发展和大学生就业结构的相对均衡。第四，鼓励创新与创业，促进产业结构和经济形态的升级，提供更多的高质量的就业岗位，降低大学生就业竞争的激烈程度，以缩小社会资本的作用空间。

第二节　大力积累人力资本

人力资本是推动大学生就业的重要力量，其影响的合理性也得到了证实。有必要积累更多的人力资本，以争取在劳动力市场上获得更强的就业竞争优势。

一　大学生：积累更多的人力资本

失业或者就业质量较差，直接影响到大学生的收入水平和生活质量。作为最直接的当事人，大学生应更主动地提升人力资本存量，构建自己的就业竞争力。

1. 提高综合素质

政治面貌、学习成绩、英语等级、计算机等级、其他证书、发表论文、学生干部、实习经历和奖学金对大学生就业的不同层面都有一定的正面影响，尤其是学习成绩、英语等级和实习经历。这意味着大学生要在高校四年期间，认真学习，全面提升。

第一，形成端正的就业观和职业道德。积极向上、乐观豁达是每个大学生应该具有的思想品质，要形成"未来前程主要依靠自己的努力来创造"、"在为别人创造价值的过程中获得收益"、"个人的行为必须遵守一定的社会规则"的基本观念，构建大学生的就业软实力。尤其是在就业形势严峻时，竞争对手的硬件条件都很强，就业软实力可能会发挥意想不到的效果。

第二，认真学习功课，获得优秀的学习成绩。这构成了大学生的就业硬实力。基础知识和技能是大学生胜任工作的基本前提。现代的大学生必须具有"说"、"写"和"办公"三种基本的工作能力。"说"主要指普通话和英语水平，不仅要获得一定的普通话和英语等级证书，更重要的是要具有使用汉语和英语流利表达的能力；"写"主要指大学生能够撰写计划方案、工作总结等文书；"办公"主要是指能熟练利用电脑、网络等基本办公工具，实现办公的自动化与电子化。专业知识是专有人力资本的基础[1]，不仅要学好作为必修课的专业核心知识，还要学好作为选修课的专业拓展知识，构建一个完整的专业理论体系。知识积累是一个潜移默化的过程，大学生应该认真、系统地学习每一门课程，以获得优异的专业成绩。很多专业都有对应的从业资格考试，如会计学专业对应的有会计证、注册会计师证；金融学专业对应的证券从业资格证；法学专业对应的司法考试证；人力资源管理专业对应的人力资源管理师证等。大学生要在学好专业知识的基础上，补充相关资格考试的内容，争取获得更多的从业资格证，以增强与用人单位的对接性。如果学有余力，还应该开展一些科研性学习[2]，通过实地调查和解决现实问题来提升综合素养，并争取发表一些具有创新性的调查报告和研究成果。

第三，积极担任学生干部，锻炼组织协调能力。不论是班干部，还是院系干部或者学校干部，在组织具体的学生活动中，都会遇见计划、

---

① 赖德胜、孟大虎：《专用性人力资本、劳动力转移与区域经济发展》，《中国人口科学》2006 年第 1 期，第 60—68 页。

② 黄敬宝：《科研性学习——提高大学生就业能力的重要方法》，《太原师范学院学报》2008 年第 5 期，第 141—143 页。

组织、领导和控制等基本的管理问题。在不断的摸索和改进之中，体会大局意识和团队合作精神，并提升自己的组织、协调与管理能力。

第四，积极参与社会实习与实践。用人单位一般都看重动手和实际操作能力，加强社会实践是提高大学生实际工作能力的重要途径。很多理论知识都是在既定的假设前提下提出的，与现实存在着一定的差距。现实到底是什么样？理论对现实有多大的解释力度？如何更好地解决现实问题？都需要大学生走进社会去寻找答案。社会实习实践是高校教育的重要环节，大学生要严格按照高校培养方案的规定，积极参加实习实践，并利用所学的理论知识观察与思考一些现实问题，再通过调查报告或论文的方式将实践成果体现出来。同时，还要利用寒暑假的宝贵时间，主动出击，找一些相关的实习或兼职工作，在实践中洗礼自己，尤其要提高分析问题和解决问题的能力。

第五，积极参加高校的就业指导与培训。这是专门针对就业环节、提高大学生的就业能力而开展的教育形式，便于大学生做好职业生涯规划，并更好地展示人力资本的价值。大学生要认识到就业指导课程和相关活动的重要意义，积极参与，不断完善职业生涯规划，并掌握必要的求职技能技巧。

由于学习时间和精力有限，大学生应该根据自己所注重的就业结果层面，做出有针对性的学习和就业准备。根据本书的研究，如果想提高就业的概率，应该更注重英语等级、学习成绩和实习经历；要想获得更多的接收单位和就业机会，应该更注重发表论文、学习成绩和实习经历；要想在北京地区实现就业，应该更注重学习成绩、学生干部和政治面貌；要想在高工资行业就业，应更注重计算机等级其他证书和政治面貌；要想在体制内单位就业，应更注重发表论文、英语等级和其他证书；要想获取高月薪单位，应更注重实习经历、发表论文和英语等级。

2. 调整就业意愿

虽然总体上，就业意愿没有显示出明显的正面影响，但这并不意味着就业意愿对大学生个体的就业不重要。在劳动力市场上找工作时，我们需要在众多的用人单位中圈定一个职业搜寻范围，从而增强找工作的针对性，以便实现理想的职业目标。而这个范围的大小及其层次是由就业意愿决定的。就业意愿是否适当，大学生的就业结果自然会不同。关于"适当"，具体包括以下几层含义。

第一，判断标准是否适当。判断就业意愿是否适当有两个标准。一个是自身标准，即就业意愿与大学生的兴趣爱好和知识结构是否相符。另一个是市场标准，即就业意愿与用人单位的工作要求是否相符。如果不满足第一个标准，即使找到了工作，但并不是自己喜欢或擅长的。如果不满足第二个标准，可能没有接收单位。这两个标准都很重要，但如果无法同时得到满足，则应该偏重于市场标准。可以先找一份"次优"的工作干着，通过"干中学"积累一定的工作经验，为以后的跳槽做准备，即所谓的"骑驴找马"的就业方式。

第二，搜寻范围是否适当。如果期望过高，搜寻的范围就会缩小，就业机会减少；如果期望过低，搜寻的范围扩大，搜寻成本也相应增加，会降低搜寻的效率，因而，应确定一个适当的搜寻范围。多大的搜寻范围才算适当，不能一概而论，要具体情况具体分析。当前，我国劳动力市场不完善，就业信息也不透明，求职者面临着较大的不确定性。大学生应该在一定程度上扩大职业搜寻的范围。

第三，意愿调整是否适当。"高也成、低也就"是当前大学生的合乎理性的就业意愿的特征。最初的就业意愿与现实往往是有差距的，要在找工作的过程中不断做出修正。尤其是当就业预期过高时，要能及时、恰当地下调。

值得注意的是，侧重于就业结果的某层面特征的大学生，要形成有针对性的就业意愿。经验表明，适当降低地区期望和行业期望，可以提高就业的概率；降低性质期望，可以获得更多的接收单位；降低城乡期望行业期望和性质期望，可以提高在北京地区实现就业的概率；降低性质期望和城乡期望，可以提高在高工资行业就业的概率；降低地区期望，可以提高在体制内单位就业的概率；降低地区期望和性质期望，可以提高获取高月薪单位的概率。

3. 调整就业行为

人力资本存量较高的大学生未必能被用人单位了解并录用，这如同商品一样，往往需要开展一些"营销活动"。实证研究表明，在我国劳动力市场不完善的情况下，就业行为是影响大学生就业的重要因素。大学生要注重通过自己的求职行为改善就业结果。

第一，收集信息。只有获取就业信息，才能与招聘单位取得联系，获得就业机会。不同用人单位的招聘方式和信息发布渠道不同，大学生必须花较多的时间和精力来收集就业信息。一方面，大学生要确保一定的就业信息的量。另一方面，还要注重收集就业信息的渠道和方式的选择和适当搭配。一般来说，校园招聘会具有较强的专业针对性，有些高校与用人单位有一定的合作关系，提供的就业信息含金量较高；学校就业指导中心日常收集并汇总的招聘信息，也具有重要的参考价值。人力资源和社会保障部门以及教育部门举办的社会招聘会一般规模较大，招聘职位较多，也是获取就业信息的重要渠道。随着现代科技和互联网的发展，越来越多的用人单位会在自己的网站上发布招聘信息，网络就成为一种新兴、低成本的就业信息获取方式。通过社会实践建立起来的联系以及老师、同学的推荐，虽然不是一种主流的信息获取方式，但一旦获取，则成功率较高。

第二，投递简历。简历制作不仅要突出自己的优势，还要简洁、别致，有一定的吸引力。要根据自己的就业目标和市场行情，有选择地投简历。同时，还要保证投递简历的数量和范围。尤其在就业形势严峻时，由于信息不对称和不确定性因素增加，要适当扩大投简历的数量和范围，以免"还可以的单位"成为漏网之鱼。

第三，主动联系。投简历一段时间之后，可以通过电子邮件或电话主动联系招聘单位，表明你想进入这家单位的愿望和诚意，增加自己的印象分。即使没有被录用，早点知道结果也可以节省等待时间，尽早另做打算；如果能从用人单位得知自己某些方面的不足，并加以弥补，则可以增强竞争优势。

第四，参加面试。接到面试通知后，要做大量的功课，了解用人单位的业务范围、文化理念和管理风格；并设想一下面试的问题以及如何回答，尤其是如何突出自己的竞争优势。参加面试时，要注重仪表仪态，一般要穿正装；同时注重语言表达的技巧，既要突出自己的优势，又不要贬低他人。

值得注意的是，侧重于就业结果的某方面特征的大学生，要采取有针对性的就业行为。如果想提高就业的概率，应该更注重收集信息、投递简历和主动联系；要想获得更多的接收单位，应该更注重主动联系和面试准备；要想在北京地区实现就业，应该更注重收集信息、投递简历和主动联系；要想在高工资行业就业，应该更注重收集信息和准备求职费用；要想在体制内单位就业，应更注重求职费用和面试准备；要想获取高月薪单位，应更注重求职费用、收集信息和主动联系。

二 高校：提高教育的人力资本含量

高校是大学生接受高等教育的场所，高校教育状况会影响大学生的学习效果。2011 年笔者对北京某高校 814 名大学生的调查，也证实了这一点。从到课率来看，全勤的大学生仅占 9%，偶尔逃课占 71.5%，经常逃课占 16.5%；从课堂表现来看，75.2% 的学生曾在课堂上学习其他功课，65.6% 的曾看手机、听 MP3、玩游戏，56.4% 的曾睡觉，54.7% 的曾闲聊，2.5% 的曾看闲书、画画、吃零食、发呆等。很多大学生将他们不认真学习归因于高校教学存在问题，其中，认为教学内容没意思或没用的占 73.7%，认为教学方法不能调动积极性的占 61.2%，认为教育管理不完善而无学习压力的占 11.9%。[①]

高校应推动就业能力为导向的教育改革，即根据社会需要和大学生的就业能力来调整高校教育的制度及其规范，以提高高等教育的人力资本含量，为大学生积累更多的人力资本提供条件。这与蔡昉提出的建立需求导向型的教育供给体制，在本质上是一致的。[②]

推动就业能力导向的高校教育改革要遵循四大原则。第一，全面性原则。高校不仅要传授更多的知识和技能，而且要传授一些学习方法、以及分析问题和解决问题的方法，还要传授更多的价值观和做人的道理，提升大学生的综合素质，造就复合型人才。第二，实效性原则。高校传授给大学生的知识和技能要具有实用性，从而使高等教育服务更多地转化为现实的生产力。第三，灵活性原则。反映社会需求的变化和大学生的偏好，高校提供的教育服务具有一定的灵活性，强调大学生的主体参与和选择空间，以提高实际的学习效果。[③] 第四，严格性原则。高校从严要求，增加拿学分的难度，严把"毕业关"。学习不认真或学习

---

① 黄敬宝：《以就业能力为导向的高校教学内容改革》，《高等农业教育》2013 年第 3 期，第 99—102 页。

② 蔡昉：《中国人口与劳动问题报告：提升人力资本的教育改革》，社会科学文献出版社 2009 年版，第 24—25 页。建立需求导向型的教育供给体制，就是把政府角色从过去以供给导向为主的教育管理方式，转变为以需求导向的教育管理方式，发挥劳动力市场的引导作用，把教育部门追求效益的动机发挥出来，提高教育产出的效果，满足多样化的教育需求。

③ 黄敬宝：《试析就业能力导向的高校教育体制改革》，《黑龙江高教研究》2012 年第 6 期，第 130—132 页。

效果不佳的大学生，不给学分或不准毕业，以保证高校教育的质量和毕业生的含金量。

推行就业能力导向的高等教育改革，具体通过教学内容、教学方法和教育管理三个方面来实施。

1. 改革教学内容

改革教学内容，保证高校传授的知识和技能的数量和质量，提高大学生的就业能力和实际工作能力。

（1）课堂教学。课堂教学是高校传授知识的主渠道，也是教育改革的主战场。

第一，调整课程体系。通过严格的论证制度调整课程体系，强化知识体系的系统性。强调大学生的语言表达能力、写作能力、沟通与组织协调能力，强调文、理科的知识渗透，强调专业课程的应用价值。那些对于大学生的长远发展是必需的，作为必修课开设；那些较为重要的，作为公共选修课或专业选修课开设；那些开课的意义不大或者已经过时的，可以停开。根据调查，随着社会发展和时代变迁，大学生需要增开或者加强以下几类课程。第一类是有助于解决大学生的现实生活问题的课程，如心理健康、社交礼仪、恋爱教育等。第二类是有助于实现就业的课程，如职业生涯规划、职业能力培训、面试技巧等。第三类是影响思维发展和方法论的课程，如哲学、逻辑学、统计学等。第四类是人文素修和兴趣爱好的相关课程，包括文学、艺术欣赏、国学等。可见，大学生并非完全是功利性的，也需要文史哲知识；只是这些课程要赋予有更多的现实社会内容，并有助于陶冶大学生的情操，培养思维方式，促进个人成长与发展。①

第二，调整课程结构。应适当降低理论课的学分，提高实践课程的学分，以增加课程的现实性和实效性；适当降低必修课的学分，提高选修课的学分，以扩大学生学习的自主权。打破传统的课程结构、进行模块化重组，大学生根据自身情况和职业生涯规划，自由选择与搭配，使学习具有鲜明的个性和方向性。

第三，更新教学内容。现实的变化和理论的发展很快，教师要尽快

---

① 黄敬宝：《以就业能力为导向的高校教学内容改革》，《高等农业教育》2013年第3期，第99—102页。

更新教材，尽量采用最近三年出版的教材，并将学术前沿和最新研究成果随时补充到教案中去，以提高课程教学的实用性。

（2）实践教学。很多高校并不重视实践教学环节，实践时间较短，而且疏于监督与管理，很多大学生的社会实践流于形式，需要加强。第一，将实践课作为必修课，并提高其学分。第二，积极与企业等单位合作，走产学研相结合的道路，建立更多的就业实习或创业实践基地，有条件的高校开设校办工厂，为大学生创造更好的实践条件。第三，保持与实习单位老师的及时沟通，加强监管与考核，切实提高实践教学的效果。

2. 创新教育方法

创新教育方法，增加教学内容的吸引力，促进大学生更好地消化、吸收并运用所学的知识与技能。

目前高校的教学方法主要是讲授法，其优势在于短时间内传授大量的信息；但学生处于被动接受的地位，容易产生疲劳感，可以通过语言表达增加讲授的感染力。一方面，强化语言的逻辑性，使教学内容扣人心弦，引人入胜；另一方面，通过语言的音量、音调、节奏、停顿的变化，让教学进程跌宕起伏、张弛有度。另外，还可以巧妙运用手势、目光接触、改变与学生之间的空间距离，以增强信息传达的效果。

现代的大学生都是"90后"，更强调自我和个性，高校要注重因材施教，发挥大学生学习的主动性。实践表明，通过学生主动参与、亲身体会来获得知识的参与式教学方法非常有效，应该更多地引入课堂教学。第一，提问法。它是教师提问题、学生回答的一种简单的参与式方法，可以随时穿插于讲授的过程中，启发学生的思考，并锻炼他们的逻辑思维和语言表达能力。第二，角色扮演法。它是利用不同角色对现实场景进行戏剧化演绎以展示问题的方法，更直观生动，有较强的吸引力。第三，讨论法。它是在教师控制下由学生自由发表意见、交流观点的方法，能检验对所学知识的理解深度和分析问题的能力，但可能偏离主题，需要教师的引导和控制。第四，案例分析法。它是让学生利用所学的知识分析现实或模拟的事件，以寻找解决方案的方法，能检验、强化理解和运用所学的知识，并提高运用理论解决实际问题的能力，但活动时间较长。教师应灵活选择参与式方法，并与讲授法有机结合，以提高课堂教学的效果。

3. 优化教育管理

优化教育管理，既赋予大学生更多的主动性和选择权，也要严格要求，增加大学生学习的压力。

（1）调整专业制度。专业是专有人力资本的基础，在很大程度上决定着大学生的未来职业发展方向，而很多学生在高考填报志愿时具有一定的盲目性。目前很多高校转专业的条件过于严格，如某高校规定只有第三学期可以转专业，且大一学分的绩点必须在 2.5 以上，一些不喜欢本专业但没能提高大一学习成绩的学生就被拒之门外。高校应适当降低门槛，赋予大学生更大的专业调整权，让他们结合自己的偏好、能力和就业形势更改专业，以避免专业性的结构性失业或就业困难。

（2）完善学分制度。扩大开课规模，尤其是选修课的课程总量，给大学生更大的选课空间。同时，实行弹性学制，允许学生根据自己的时间和精力跨学期、跨专业选课，允许学生中途实习、暂缓就业等。

（3）改革考核制度。考试是检验大学生所学知识和技能的重要环节，也是严格性原则的集中体现。高校要改革考核制度，提高其效度和信度。第一，根据课程的性质和特点选择适当的考核形式，如闭卷考试、开卷考试、课下作业、答辩、操作活动演示等多种形式。第二，加大对平时学习过程的考核，以调动大学生学习的积极性，避免平时不学习、考前突击的现象。第三，加大对知识理解和知识应用的考核。考试内容适当弱化识记型知识，而强化对理解型知识和应用型知识的考核，提高大学生对知识的消化、吸收、应用和创新能力。第四，规范判卷，科学打分。同时考查学生答卷的知识点、逻辑性和创新性，科学打分，严禁随意提分，不及格的拿不到学分，他们可以重修或选修其他课程。

（4）健全就业指导制度。就业指导是高校教育的重要环节。要实行全程式的就业指导模式，提供就业意识和职业价值观教育、职业适应性测试、个性化的职业辅导、求职技能技巧、组织校园招聘会、协助材料评审与签约等一条龙服务。推动大学生创业不仅是解决我国失业问题的权宜之计，也是建立创业型经济、促进我国持久高速发展的根基，[①]高校要加强创业教育，为大学生创业提供智力支持与服务。

我国的大多数高校都是公立的，出于保证生源和获得更多的财政支

---

① 黄敬宝：《如何认识创业型经济》，《人民日报》2010 年 8 月 30 日第 7 版。

持，很多高校把工作的重心放在硬件建设方面，软件建设相对不足。各级教育主管部门要加大监管力度，推动高校开展就业能力导向的教育改革，改善高等教育的条件和质量，以提高大学生的学习效果和就业能力。

第三节　合理开发社会资本

社会资本的作用具有两面性，我们一方面应限制社会资本的负面影响；另一方面，还要合理开发社会资本，并发挥它对大学生就业的积极影响。换句话说，作为微观主体的大学生和高校，应该开发更多的社会资本，以推动大学生就业，但这种开发不得以损害大学生群体的利益为底线。

一　大学生：合理开发社会资本

1. 建立自己的社会关系网络

社会性是人与其他生物的重要区别，人们在日常生活和工作中都需要与他人交往，离不开社会关系或者人际关系。社会人假设认为，工业革命使工作变得单调、没意思，必须从社会关系中寻求工作的意义，员工的最大期望是满足其社会需要，而非正式组织能更好地满足社会需要。[①] 社会关系是社会资本的基础，并非所有的人际关系都能带来收益，故不能全部归入社会资本的范畴；同时，社会关系何时会转化为社会资本也具有很大的不确定性。事实上，受网络多元文化的影响，有些大学生成为"宅男"或"宅女"；有些大学生不愿意参加集体活动或者只是被动地跟随；有些学生在课堂上从不发言，也不与师生交流。显然，他们将来很难适应社会。因而，大学生在高校学习期间，必须认识到人际交往的重要意义，并重视人际交往能力的培养。在日常学习和生活中，积极融入集体，并力所能及地为老师和其他同学做点小贡献，比如，为老师擦擦黑板，帮忙收集和发放作业，积极为集体活动出一份力量，营造良好的人际关系网络。

与就业相联系，大学生应该特别注重保持以下三个方面的关系。

---

① 董克用：《人力资源管理概论》，中国人民大学出版社 2011 年版，第 53 页。

（1）保持与实习单位的关系。实习是大学生走向社会、熟悉工作、提升技能的重要渠道。大学生要珍惜这一宝贵的实习机会，尽量利用自己所学的知识和技能，同时，还要在工作中学会如何协调不同角色的关系。比如，如何与相关部门的同事相处，如何协调与上下游客户的关系，如何处理顾客投诉等。通过实习建立的社会关系，可能带来一些直接或间接的就业机会。如果实习单位招人，而且对该实习生的印象很好，就可能优先录用他。因而，大学生要认真实习，虚心请教，深刻反省，充分表现自己的就业优势。实习期满后，还要通过邮件、短信或电话保持联系，以强化这种关系，增进双方的了解和信任，以争取可能的就业机会。

（2）保持与师兄师姐的关系。师兄师姐尤其是本系的师兄师姐，与自己的专业相同或相近，他们的学习和求职经验具有重要的参考价值。大学生就业存在着"蝴蝶效应"，即当某大学生作为新员工表现较好时，单位领导更倾向于从该大学生的母校招聘员工。这时，师兄师姐就可能拥有一定的信息提供权或人选推荐权。大学生应保持与师兄师姐的联系，争取更多的潜在就业机会。当进入招聘程序之后，也应该多向师兄师姐请教应聘经验，以避免走弯路。

（3）保持与老师同学的关系。很多老师与用人单位有一定的联系或者合作关系，可能拥有一些就业信息或推荐权，他们一般会把它介绍给最熟悉、最了解、最信任的学生。显然，与老师建立良好的关系，可以优先获得这些就业机会。同时，大学生在找工作时，往往是多家单位同时联系的，有些大学生可能有多家接收单位，而最终他只能选择一个；其他单位可以推荐给其他同学。对于未找到工作的大学生来说，只有与他们保持较好的关系，才能获得这些就业信息。

2. 充分利用家庭的社会资源

大学生的活动主要集中于高校，通过自身努力建立的社会关系网络极为有限；而工作多年的父母和家庭成员拥有的社会关系网络则更为强大。这个关系网络是分圈层的，最核心层是父母；第二层是兄弟姐妹、叔叔、阿姨、爷爷、奶奶等家庭成员；第三层是父母和家庭成员所认识的亲戚朋友。显然，最核心的圈层的关系最强，越往外围、关系越弱。他们都可能提供一些就业信息，甚至拥有一些推荐权。大学生要注重家庭社会关系网络的运用，扩大信息来源和工作搜寻范围，增加信用得

245

分，以提高被录用的概率。

二 高校：合理开发社会资源

大学生就业状况会影响高校的声誉和生源，高校有必要推动大学生就业。优化高等教育服务，为大学生积累人力资本提供更好的条件，是主要方面，但合理地开发社会资本也是不容忽视的重要方面。高校应该尽量开发与利用更多的社会资源，为大学生积累社会资本创造条件。

1. 发掘合作单位的就业需求

服务社会是高校的一大基本职能，产学研相结合往往是很多高校常见的人才培养模式。这些单位与高校有一定的合作关系，甚至还是高校的实习基地，对该校的人才培养和大学生质量有较深入的了解；如果有劳动力需求，从该高校招聘员工则是一件双赢的事。当有些单位与多家高校都建立了合作关系，不同高校之间就产生了一定的竞争关系。高校应主动出击，认真经营，将这种科研或生产经营领域的合作延伸到人才培养与就业领域，为大学生就业提供更多的社会资源。

2. 整合校友资源的就业机会

高校每年都有很多的毕业生，往届毕业生就成了现在的校友，有些已经功成名就，担任着重要的领导职务。把这些校友资源整合起来，将会带来很多的潜在就业岗位。遗憾的是，很多高校与校友的联系并不多。随着手机、网络等新兴通信工具的普及，高校收集、整合与运用校友资源的条件更为优越。高校应成立校友办公室，专门负责校友工作，其中的一项重要职能就是开发大学生就业的社会资源。

（1）聘请校友导师。校友都曾有找工作的经历，而且经过一段时间的职场历练，对于如何择业、如何找工作都有自己的经验和独特见解。聘请近几年毕业的校友作为在校生的就业导师，可以帮助大学生做好职业生涯规划并提高求职技能，如果有可能，他们还会提供一些就业信息。

（2）重视校友聚会。校友一般都会在毕业十年、二十年、三十年举行较大规模的同学聚会，校友办公室要为校友聚会提供便利，并注重收集校友的就业状况、通讯地址等信息，号召校友为师弟师妹的就业工作作出力所能及的贡献。校庆又是一个集中校友的好机会，而且返校校友较多，要注意开发与大学生就业相关的社会资源。

（3）走访外地校友。通过校友聚会开发大学生就业资源，是一种"守株待兔"的被动方式，由于工作或生活的原因，并非所有的毕业生都参加。可以主动出击，走访一些校友集中的地区或单位。一方面，了解毕业生对于在校学习的一些意见反馈，促进高校教育改革；另一方面，了解当地的就业市场行情，争取获得更多的就业信息和就业机会。

附录 2012 届北京本科大学毕业生就业状况调查

本调查只针对大四毕业生（本科），纯属科研需要。请把您的真实情况和想法告诉我们，以期为解决大学生就业问题提供建议。"＿＿＿"为填空题，"（　　）"为单选题，请将答案填在括号内，其他题直接在答案上划"√"。诚挚感谢您的合作！

北京大学生就业调查课题组

一　基本情况

1. 学校：＿＿＿＿＿＿＿＿　　2. 专业全称：＿＿＿＿＿＿＿＿
3. 地区生源：＿＿＿＿＿省　　4. 来自：A. 农村　　B. 城镇
5. 政治面貌：A. 中共党员（预备）　　B. 其他
6. 性别：A. 男　　B. 女
7. 英语证书：A. 国家四级　　B. 国家六级　　C. 无
8. 计算机证书：A. 国家二级　　B. 国家三级　　C. 无
9. 大学期间担任学生干部：　A. 是　　B. 否
10. 两个月以上的实习经历：A. 有　　B. 无
11. 奖学金：　　A. 获得　　B. 未获得
12. 在公开的刊物上发表学术论文：　　A. 有　　B. 无
13. 其他证书：＿＿＿＿＿＿＿＿＿＿＿＿＿＿＿＿
14. 您在班级的学习成绩排名：A. 前 25%　　B. 前 25%—50%
    C. 前 50%—75%　　D. 前 75%—100%
15. 目前您父母是（多选）：　　A. 党政、事业单位负责人　B. 国有企业负责人　　C. 个体私营企业主　　D. 其他

16. 家庭人均月收入（元）：　　　A. 1000 以下　　　B. 1000—1999

　　　C. 2000—2999　　　D. 3000—4999　　　E. 5000 以上

17. 目前您的就业状态：　　　A. 无接收单位　　　B. 有接收单位，但在寻找更好的　　　C. 已签三方协议　　　D. 已签劳动合同或临时合同　　　E. 考上研究生　　　F. 出国　　　G. 创业或正准备创业　　　H. 继续考研，暂不准备就业

18. 您有找工作的经历吗？　　　A. 有（请填写以下各项）　　　B. 没有（直接跳到第47题）

二　就业意愿（找工作之前的设想）

19. 择业时您最看重的因素是（　　　），其次是（　　　）（单选，填在括号内）

　　　A. 兴趣　　　B. 专业对口　　　C. 单位类型规模　　　D. 就业环境　　　E. 工作稳定性　　　F. 薪酬福利　　　G. 晋升发展机会　　　H. 户口社会保障　　　I. 家庭或恋人　　　J. _____（请具体填写）

20. 您最希望的就业地区是（　　　），其次是（　　　）（单选，填在括号内）

　　　A. 北京　　　B. 上海　　　C. 广东　　　D. 其他沿海地区　　　E. 中部　　　F. 西部　　　G. _____（请填写）

21. 您是否愿意到农村工作：　　　A. 是（跳到第23题）　　　B. 否

22. 不愿去农村工作的最主要原因是（　　　），其次是（　　　）（单选，填在括号内）

　　　A. 收入低　　　B. 发展机会少　　　C. 环境不好　　　D. 户籍、社会保障等因素（去了很难返回）　　　E. _____（请填写）

23. 您最希望的就业单位性质是（　　　），其次是（　　　）（单选，填在括号内）

　　　A. 党政机关　　　B. 学校和科研机构　　　C. 其他事业单位　　　D. 国企　　　E. 外企　　　F. 个体民企　　　G. 军队

24. 您最希望的就业行业是（　　　），其次是（　　　）（单选，填在括号内）

A. 农业　　B. 采掘　　C. 制造　　D. 电煤水供应　　E. 建筑

F. 地质水利　　G. 贸易和餐饮　　H. 交通运输、仓储邮电通信

I. 金融保险　J. 房地产　　K. 社会服务　　L. 卫生体育社会福利

M. 教育文化和传媒　　N. 科研和技术服务

O. 党政机关和社团　　P. 军人

25. 您期望的月薪（千元）：A. 2 以下　　B. 2—2.9　　C. 3—3.9

D. 4—4.9　　E. 5—5.9　　F. 6—6.9　　G. 7 以上

26. 您可以接受的最低月薪为_____元

三　求职行为

27. 就业信息来源（多选）：　　A. 校内招聘会　　B. 社会招聘会

C. 学校就业指导中心　　D. 网络　　E. 老师　　F. 亲朋　　G.

社会实践　　H. _____

28. 收集就业信息总共花费大约（小时）：

A. 10 以下　　B. 10—19　　C. 20—29　　D. 30—39

E. 40—49　　F. 50—59　　G. 60 以上

29. 投递出的求职简历大约（份）：

A. 10 以下　　B. 10—19　　C. 20—29　　D. 30—39

E. 40—49　　F. 50—59　　G. 60 以上

30. 主动与用人单位联系（次）：A. 0　　B. 1—4　　C. 5—9

D. 10—14　　E. 15—19　　F. 20 以上

31. 参加的面试有（次）：　　A. 0　　B. 1—4　　C. 5—9

D. 10—14　　E. 15—19　　F. 20 以上

32. 求职费用约（元）：A. 500 以下　　B. 500—999　　C. 1000—1999

D. 2000—2999　　E. 3000—3999　　F. 4000 以上

33. 您用过社会关系吗？A. 用过，至关重要　　B. 用过，有些帮助

C. 用过，但没帮助　　D. 没用(跳到第36题)

34. 动用的社会关系包括（多选）：A. 父母　　B. 配偶恋人　　C. 亲戚

朋友　　D. 邻居同乡　　E. 老师同学　　F. _____

35. 他们（多选）：A. 提供信息　　B. 递交申请　　C. 向单位推荐　　D.

说服领导录用您　　E. 直接决定录取您　　F. _____

36. 目前有_____家单位同意录用您。

四 求职结果

（一）请已签三方协议或劳动合同的毕业生填写 （未签约者跳到第43题）

37. 您的就业地区：A. 北京　　B. 上海　　C. 广东　　D. 其他沿海地区　　E. 中部地区　　F. 西部地区

38. 您的就业行业： A. 农业　　B. 采掘　　C. 制造　　D. 电煤水供应　　E. 建筑　　F. 地质水利　　G. 贸易和餐饮　　H. 交通运输、仓储邮电通信　　I. 金融保险　　J. 房地产　　K. 社会服务　　L. 卫生体育社会福利　　M. 教育文化和传媒　　N. 科研和技术服务　　O. 党政机关和社团　　P. 军人

39. 就业单位性质： A. 党政机关　　B. 学校和科研机构　　C. 其他事业单位　　D. 国企　　E. 外企　　F. 个体民企　　G. 军队

40. 单位承诺的月薪（千元）：A. 2以下　　B. 2—2.9　　C. 3—3.9　　D. 4—4.9　　E. 5—5.9　　F. 6以上

41. 您找到的工作岗位与专业对口吗： A. 不对口　　B. 基本对口　　C. 对口

42. 就业满意度：A. 20%以下　　B. 20%—40%　　C. 40%—60%　　D. 60%—80%　　E. 80%以上 *（跳到第47题）*

（二）请尚未签约的毕业生填写

43. 对于您没能找到工作，最主要的影响因素是（　），其次是（　）（单选，填括号内）
A. 政治面貌　B. 性别　C. 身高相貌　　D. 专业　　E. 学习成绩　F. 英语计算机　G. 工作经验　　H. 组织协调能力　I. 求职技巧　J. 预期高（有业不就）　　K. 信息不畅　　L. 就业形势　M. 户籍制度　　N. 社会关系　　O. _____

44. 若您知识不足，因为（多选）：A. 认为学习没用，不重视　　B. 不喜欢该专业　C. 学生干部工作多　　D. 打工时间长　　E. 准备出国考研　F. 课程陈旧　G. 教学方法单调　　H. 教学管理不严

251

格，无压力　I. _____

45. 若您组织或沟通能力不强，原因（多选）：A. 不重视　B. 专注于专业学习　C. 缺乏锻炼机会　D. ____

46. 毕业后，您希望母校提供的服务（多选）：A. 就业信息　B. 技能培训　C. 档案管理　D. _____

五　创业

47. 您认为大学生创业：　A. 不现实　　B. 走投无路的选择　　C. 实现自身价值的一种就业形式　　D. 推动社会发展的动力

48. 您认为大学生创业的优势（多选）：A. 年轻有活力、勇于拼搏　B. 知识和技能多　　C. 学习能力强　　D. 创新能力强　E. 家庭负担轻　　F. _____

49. 目前大学生创业的障碍（多选）：　A. 缺乏勇气和意识　　B. 缺乏知识和技能　　C. 缺乏项目　　D. 缺乏工作经验　　E. 缺乏资金　F. 缺乏团队　G. 缺乏社会关系　H. 创业环境差　I. 不解决户口社保　　J. 家人反对　　K. _____

50. 您会创业吗？A. 绝对不会　B. 找不到工作才会考虑　C. 会，暂未实施　D. 会，正在筹办　E. 会，已创业

51. 您接受过创业教育或培训吗？　A. 是　　B. 否

52. 您掌握的创业知识和技能：　A. 无　　B. 有一些　　C. 很多

53. 您缺乏的创业知识和技能（多选）：　A. 基础知识（语言、计算机等）　B. 专业技术　　C. 企业管理　　D. 组织沟通合作　E. 如何创办企业　　F. 创业程序与手续　　G. 创业政策与环境　H. _____

54. 高校应如何加强创业教育（多选）：　　A. 加大宣传　　B. 扩大教育规模　　C. 完善教育内容　　D. 改善课堂教学　　E. 改善实践指导　　F. 促进与创业者的交流　　G. 提供创业资金　H. 提供创业活动场地　　I. _____

55. 最有效的创业教育形式是（　　），其次是（　　）（单选，填括号内）　A. 创业学或创业指导课　B. KAB课、ERP沙盘　C. 创业实验室　D. 企业家讲座、创业大讲堂　E. 电视节目

《生财有道》、《致富经》等　　F. 学校创业社团或俱乐部　　G. 学校创业园或科技园实训　　H. 创业大赛　　I. 去企业实习实践 J. _____

56. 政府应该（多选）：　　A. 加大创业宣传　　B. 设立大学生创业基金　　C. 搭建创业信息平台　　D. 组建创业科技园　　E. 建立创业的专业化服务机构　　F. 解决户口和社会保障问题 G. 提供创业优惠政策　　H. _____

57. 若您已创业或正在创业，产品或服务为_____，经营地址为_____市_____区，投资_____元，筹资途径_____ _____，形式_____（个体、合伙、公司），已经营_____个月，员工_____人，盈利_____ _____元

遇到的问题或困难：_____

若愿意进一步联系，Email： _____　　*QQ：* _____ *电话：* _____

调查结束，再次感谢您的配合！

参考文献

［1］科尔曼：《社会理论的基础》，社会科学文献出版社 1992
年版。

［2］林南：《社会资本：关于社会结构与行动的理论》，世纪出版
集团、上海人民出版社 2005 年版。

［3］伊兰伯格、史密斯：《现代劳动经济学》，中国人民大学出版
社 2012 年版。

［4］明塞尔：《人力资本研究》，中国经济出版社 2001 年版。

［5］蔡昉：《中国人口与劳动问题报告：提升人力资本的教育改
革》，社会科学文献出版社 2009 年版。

［6］蔡昉、高文书：《中国劳动与社会保障体制完善与发展道路》，
经济管理出版社 2013 年版。

［7］黄敬宝：《就业能力与大学生就业——人力资本理论的视角》，
经济管理出版社 2008 年版。

［8］黄敬宝：《2008—2010 年北京大学生就业与创业调查报告》，
中国社会科学出版社 2012 年版。

［9］康小明：《人力资本、社会资本与职业发展成就》，北京大学
出版社 2009 年版。

［10］赖德胜：《2012 中国劳动力市场报告：高等教育扩展背景下
的劳动力市场变革》，北京师范大学出版社 2012 年版。

［11］赖德胜、孟大虎：《中国大学毕业生失业问题研究》，中国劳
动社会保障出版社 2008 年版。

［12］李宝元：《人力资源强国之路——中国人本发展战略研究报
告》，经济科学出版社 2011 年版。

［13］李宝元：《企业用工之困：2012 中国人本发展报告》，经济科

学出版社 2012 年版。

[14] 刘帆：《中国高校毕业生失业研究——劳动力市场分割的视角》，知识产权出版社 2011 年版。

[15] 刘泽云、萧今：《教育投资收益分析——基于多层模型方法的研究》，北京师范大学出版社 2009 年版。

[16] 麦可思研究院：《2010 年中国大学生就业报告》，社会科学文献出版社 2010 年版。

[17] 全国高等学校学生信息咨询与就业指导中心、北京大学教育学院：《全国高校毕业生就业状况（2004—2008）》，北京大学出版社 2009 年版。

[18] 王善迈：《公共财政框架下公共教育财政制度研究》，经济科学出版社 2012 年版。

[19] 武毅英：《转型期的大学生就业问题与对策》，广东高等教育出版社 2009 年版。

[20] 薛在兴：《打开大学生就业之门的钥匙——社会资本、人力资本与大学生就业》，中国社会科学出版社 2011 年版。

[21] 曾湘泉：《变革中的就业环境与中国大学生就业》，中国人民大学出版社 2004 年版。

[22] 曾湘泉：《"双转型"背景下的就业能力提升战略研究》，中国人民大学出版社 2010 年版。

[23] 边燕杰、张文宏：《经济体制、社会网络与职业流动》，《中国社会科学》2001 年第 2 期。

[24] 蔡小慎、刘存亮：《对大学生就业的正负效应及对策》，《现代教育管理》2012 年第 2 期。

[25] 陈成文、邝小军：《就业制度改革过程中社会资本与大学生地位获得研究》，《黑龙江高教研究》2004 年第 10 期。

[26] 陈成文、汪希：《就业储备对大学毕业生就业的影响——基于 2009 届大学毕业生的实证研究》，《高等教育研究》2009 年第 10 期。

[27] 陈成文、谭日辉：《社会资本与大学生就业关系研究》，《高等教育研究》2004 年第 4 期。

[28] 陈海平：《人力资本、社会资本与高校毕业生就业——对高校毕业生就业影响因素的研究》，《青年研究》2005 年第 11 期。

[29] 陈宏军、李传荣、陈洪安：《社会资本与大学毕业生就业绩效关系研究》，《教育研究》2011 年第 10 期。

[30] 陈永杰：《大学生就业能力与社会不流动》，《武汉大学学报》（哲学社会科学版）2011 年第 3 期。

[31] 陈卓：《教育对社会分层的影响——基于职业获求的视角》，《教育发展研究》2009 年第 19 期。

[32] 邓光平：《大学生薪酬预期与实际支付的对接》，《江苏高教》2010 年第 1 期。

[33] 杜桂英、岳昌君：《高校毕业生就业机会的影响因素研究》，《中国高教研究》2010 年第 11 期。

[34] 杜育红、孙志军：《中国欠发达地区的教育，收入与劳动力市场经历》，《管理世界》2003 年第 9 期。

[35] 段敏芳、田恩舜：《我国高校毕业生待就业调查分析》，《统计研究》2010 年第 6 期。

[36] 风笑天：《城市在职青年的就业途径及相关因素分析》，《南京师大学报》（社会科学版）2012 年第 5 期。

[37] 付嫦娥：《基于社会资本增值的高校毕业生就业服务模式构建——以长沙理工大学的实践探索为例》，《中国高教研究》2009 年第 8 期。

[38] 高耀、刘志民、方鹏：《人力资本对高校学生初次就业质量的影响——基于 2010 年网络调查数据的实证研究》，《教育科学》2012 年第 2 期。

[39] 高玉峰、刘泽义：《地方高校本科毕业生择业趋向调查分析》，《国家教育行政学院学报》2010 年第 4 期。

[40] 葛建纲、涂明峰：《金融危机下的大学生就业力调查》，《中国青年研究》2010 年第 6 期。

[41] 韩恒：《知识能否改变命运——从硕士农民谈起》，《中国青年研究》2010 年第 12 期。

[42] 胡杨、陈兆仓：《金融危机下大学生的择业取向与政策认知分析——基于高校学生的问卷调查》，《湖北社会科学》2009 年第 10 期。

[43] 胡永远、马霖、刘智勇：《个人社会资本对大学生就业市场

的影响》，《中国人口科学》2007 年第 6 期。

　　［44］胡永远、邱丹：《个性特征对高校毕业生就业的影响分析》，《中国人口科学》2011 年第 2 期。

　　［45］黄敬宝：《教育扩展中大学生就业行业的变化》，《经济管理》2007 年第 13 期。

　　［46］黄敬宝：《人力资本、社会资本对大学生就业质量的影响》，《北京社会科学》2012 年第 3 期。

　　［47］黄敬宝：《人力资本和社会资本：大学生就业地区分布的双重驱动》，《青年研究》2008 年第 10 期。

　　［48］黄敬宝：《人力资本与大学生就业——基于 2010 年对北京 18 所高校毕业生的调查》，《中国流通经济》2012 年第 1 期。

　　［49］黄敬宝：《如何认识创业型经济》，《人民日报》2010 年 8 月 30 日第 7 版。

　　［50］黄敬宝：《社会资本对大学生就业的影响：假设与检验》，《企业经济》2012 年第 9 期。

　　［51］黄敬宝：《什么样的大学生具有就业竞争优势?》，《学术论坛》2010 年第 10 期。

　　［52］黄敬宝：《试析就业能力导向的高校教育体制改革》，《黑龙江高教研究》2012 年第 6 期。

　　［53］黄敬宝：《我国大学生就业的影响因素探究——对人力资本和社会资本作用的考察》，《中国人力资源开发》2009 年第 12 期。

　　［54］黄敬宝：《我国大学生就业政策的演变及评价》，《中国劳动》2013 年第 3 期。

　　［55］姜继红、汪庆尧：《社会资本与就业行为的实证研究》，《扬州大学学报》（人文社会科学版）2007 年第 6 期。

　　［56］蒋瑞格、田立法：《大学生解决就业问题的自身途径研究》，《华中师范大学学报》（人文社会科学版）2012 年第 2 期。

　　［57］赖德胜：《大学毕业生就业难的人力资本投资效应》，《北京大学教育评论》2004 年第 4 期。

　　［58］赖德胜：《高等教育扩张背景下的劳动力市场变革》，《中国高等教育》2013 年第 1 期。

　　［59］赖德胜：《教育、劳动力市场与创新型人才的涌现》，《教育

研究》2011 年第 9 期。

[60] 赖德胜:《劳动力市场分割与大学毕业生失业》,《北京师范大学学报》2001 年第 4 期。

[61] 赖德胜:《论教育优先发展与就业优先战略的关系》,《中国人口科学》2012 年第 6 期。

[62] 赖德胜、孟大虎:《专用性人力资本、劳动力转移与区域经济发展》,《中国人口科学》2006 年第 1 期。

[63] 赖德胜、孟大虎、苏丽锋:《替代还是互补——大学生就业中的人力资本和社会资本联合作用机制研究》,《北京大学教育评论》2012 年第 1 期。

[64] 赖德胜、田永坡:《对中国"知识失业"成因的一个解释》,《经济研究》2005 年第 11 期。

[65] 李宝元:《高等教育大众化背景下的大学生职业生涯管理对策》,《湖南社会科学》2009 年第 3 期。

[66] 李瑾、彭建章:《女大学生就业难影响因素及对策研究》,《河北师范大学学报》(教育科学版)2011 年第 2 期。

[67] 李家华、卢旭东:《把创新创业教育融入高校人才培养体系》,《中国高等教育》2010 年第 12 期。

[68] 李家华、吴庆:《2000 年北京地区大学生就业状况调查报告》,《青年研究》2001 年第 3 期。

[69] 李玉峰:《大学生职业寻获中社会资本的三维向开发》,《黑龙江高教研究》2011 年第 2 期。

[70] 李泽彧、谭净:《人力资本和社会资本双重作用下的研究生就业分析》,《现代大学教育》2011 年第 2 期。

[71] 梁红梅、汤黎明:《大学生就业的市场机制缺陷及其财税政策调节》,《财会研究》2010 年第 9 期。

[72] 梁妙荣:《对大学生就业软实力问题的探讨》,《前沿》2010 年第 12 期。

[73] 刘宏伟、王晓璐:《社会分层视角下社会资本对大学生就业的影响》,《现代教育管理》2010 年第 12 期。

[74] 刘丽玲、吴娇:《大学毕业生就业能力研究——基于对管理类和经济类大学毕业生的调查》,《教育研究》2010 年第 3 期。

［75］刘新华、杨艳：《家庭社会资本与大学生差序就业》，《教育学术月刊》2013 年第 5 期。

［76］刘亚辉、刘翔：《从高校社会资本的视角探求大学生就业工作新思路》，《中国成人教育》2010 年第 16 期。

［77］刘泽云：《教育对工资不平等的影响：结构效应和价格效应》，《北京师范大学学报》2009 年第 5 期。

［78］刘泽云、邱牧远：《高等教育质量收益的估计：基于倾向指数匹配法的研究》，《中国人口科学》2011 年第 5 期。

［79］马莉萍、丁小浩：《高校毕业生求职中人力资本与社会关系作用感知的研究》，《清华大学教育研究》2010 年第 1 期。

［80］马莉萍、岳昌君：《我国劳动力市场分割与高校毕业生就业流向研究》，《教育发展研究》2011 年第 3 期。

［81］孟大虎、苏丽锋、李璐：《人力资本与大学生的就业实现和就业质量——基于问卷数据的实证分析》，《人口与经济》2012 年第 3 期。

［82］孟大虎、苏丽锋、施璐璐：《人力资本、社会资本与大学生就业研究综述》，《经济学动态》2012 年第 1 期。

［83］孟大虎、曾凤婵、杨娟：《人力资本、社会资本与大学毕业生求职渠道的选择》，《中南财经政法大学学报》2011 年第 6 期。

［84］苗国：《生育率下降背景下高等教育扩张与大学生就业困难——从"98 亚洲金融危机"到"2008 次贷金融危机"》，《人口与发展》2010 年第 4 期。

［85］莫税英：《从社会性别视角分析女大学生就业问题》，《广西社会科学》2010 年第 7 期。

［86］牛亚楠、彭勃：《教育公平视角下高考弃考原因探析》，《现代教育科学》2013 年第 2 期。

［87］乔志宏、宋慧婷、冯明礼、邵燕萍：《人力资本和社会资本与中国大学生就业的相关研究》，《中国青年研究》2011 年第 4 期。

［88］石永昌、林玳玳：《对用人单位选择偏好的调查与分析——一个大学生就业难问题的另解》，《生产力研究》2010 年第 3 期。

［89］孙志军：《高校扩招使得个体就业状况更糟糕吗?》，《北京师范大学学报》（社会科学版）2013 年第 2 期。

［90］宋国学：《基于可雇佣性视角的大学生职业能力匹配性分析》，《现代教育科学》2011 年第 3 期。

［91］宋洁：《90 后大学生就业意识的调查分析》，《高等工程教育研究》2012 年第 2 期。

［92］宋严、宋月萍、李龙：《高等教育与社会资本：性别视角下的审视》，《人口与发展》2012 年第 6 期。

［93］宋志海、李鹏：《高校毕业生校园就业市场运行现状、存在问题及对策》，《现代教育管理》2009 年第 7 期。

［94］谭净：《从毕业生视角审视高校就业指导工作——基于福建省 5 所地方本科院校 2009 届毕业生的调查》，《国家教育行政学院学报》2010 年第 4 期。

［95］田虎、姬建锋、贾玉霞：《学业与就业强相关：高校教育质量的给力保障》，《现代教育科学》2011 年第 3 期。

［96］王保义：《宏观经济政策视角下的大学生就业难问题研究》，《教育探索》2010 年第 10 期。

［97］王革、景琴玲、陶艳梅：《社会资本与大学生就业》，《中国高教研究》2007 年第 9 期。

［98］王国枫：《社会资本理论视野下的大学生就业研究》，《黑龙江高教研究》2005 年第 6 期。

［99］王善迈：《中国教育发展与改革中面临的若干教育经济理论与方法问题》，《北京师范大学学报》（社会科学版）2011 年第 5 期。

［100］王石川：《清除"萝卜招聘"更要清污泥》，《人民日报》2012 年 1 月 17 日第 9 版。

［101］魏欣、潘勇慧、王立东：《高校职业辅导改革与发展若干问题及思路》，《教育学术月刊》2010 年第 7 期。

［102］吴慧芳、佘成：《中国高等教育发展与就业增长相关性的实证分析》，《中国劳动关系学院学报》2010 年第 5 期。

［103］吴克明、凌媛：《教育与被解雇的关系》，《财经科学》2010 年第 8 期。

［104］吴克明、王平杰：《大学毕业生与农民工工资趋同的经济学分析》，《中国人口科学》2010 年第 3 期。

［105］吴克明、肖聪：《论行业垄断对大学生就业的影响》，《教育

发展研究》2012 年第 17 期。

[106] 吴立保、乐青：《大学生就业中社会排斥的影响因素及矫正策略》，《江苏高教》2012 年第 3 期。

[107] 吴庆：《大学生就业政策过程与大学生参与》，《教育与职业》2008 年第 8 期。

[108] 武向荣：《西方过度教育的理论综述》，《外国教育研究》2006 年第 5 期。

[109] 夏仕武：《民族院校大学生就业资本与就业效果的实证分析》，《民族教育研究》2012 年第 3 期。

[110] 肖鹏燕：《建立大学毕业生失业群体就业能力保险的思考》，《中国人力资源开发》2010 年第 1 期。

[111] 肖云、邹力：《大学生就业社会排斥问题研究》，《中国青年研究》2009 年第 7 期。

[112] 徐莉、郭砚君：《大学生就业质量与社会资本关系研究——以武汉高校为例》，《中南民族大学学报》2010 年第 5 期。

[113] 徐敏：《上海大学生就业呈现新特点》，《中国人才》2010 年第 5 期。

[114] 徐晓军：《大学生就业过程中的双重机制：人力资本与社会资本》，《青年研究》2002 年第 6 期。

[115] 许秀群：《优化制度安排破解大学生就业困局》，《改革与战略》2010 年第 6 期。

[116] 修晶、杜东、刘凯：《促进青年就业的国别政策》，《中国青年政治学院学报》2009 年第 5 期。

[117] 薛泉、刘园园：《从我国经济发展的阶段性特征看大学生就业难问题》，《教育发展研究》2010 年第 13、14 期。

[118] 薛在兴：《就业排斥还是就业歧视——大学毕业生就业制度障碍分析》，《中国青年研究》2007 年第 12 期。

[119] 杨观来：《收入分配失衡对分工演进和就业增长的影响——对我国大学生就业难的新解释》，《生产力研究》2010 年第 5 期。

[120] 易世志：《大学生运用市场营销理论进行就业营销的策略探析》，《江苏商论》2010 年第 4 期。

[121] 袁霓：《用工荒与就业难并存的经济学分析》，《改革与战

略》2011 年第 1 期。

　　[122] 岳昌君:《中国高校毕业生就业满意度的影响因素分析》,《北京大学教育评论》2013 年第 2 期。

　　[123] 岳昌君、丁小浩:《2005 年高校毕业生就业情况的调查分析》,《高等教育研究》2006 年第 1 期。

　　[124] 岳昌君、丁小浩:《影响高校毕业生就业的因素分析》,《国家教育行政学院学报》2004 年第 2 期。

　　[125] 岳昌君、文东茅、丁小浩:《求职与起薪:高校毕业生就业竞争力的实证分析》,《管理世界》2004 年第 11 期。

　　[126] 岳昌君、杨中超:《我国高校毕业生的就业结果及其影响因素研究》,《高等教育研究》2012 年第 4 期。

　　[127] 岳瑞凤:《大学生职业体验行为示范式教学探索——以"低年级大学生求职体验"案例教学为例》,《教育探索》2010 年第 5 期。

　　[128] 张凤林:《大学生就业问题研究——基于辽宁数据的理论分析与政策论证》,《财经问题研究》2010 年第 9 期。

　　[129] 张晓满、汪贤裕:《大学生就业行为对就业影响的实证分析》,《社会科学家》2010 年第 5 期。

　　[130] 张育广:《就业创业见习基地服务——大学生就业的现状与对策》,《中国青年研究》2010 年第 8 期。

　　[131] 张源源、刘善槐:《大学生就业不公平问题探析》,《教育研究》2011 年第 9 期。

　　[132] 郑洁:《家庭社会经济地位与大学生就业——一个社会资本的视角》,《北京师范大学学报》(社会科学版) 2004 年第 3 期。

　　[133] 郑茂雄:《家庭社会资本与大学生就业满意度关系研究》,《高教探索》2012 年第 2 期。

　　[134] 郑美群、于卓、刘大维:《大学生就业社会资本的开发与利用》,《东北师大学报》(哲学社会科学版) 2005 年第 3 期。

　　[135] 郑晓涛、李旭旦、相正求:《社会资本和人力资本对大学生就业的影响》,《高等教育研究》2006 年第 8 期。

　　[136] 钟云华:《人力资本、社会资本与大学毕业生求职》,《高教探索》2011 年第 3 期。

　　[137] 周必彧、翁杰:《大学生所学专业与工作岗位的匹配度及其

对工资水平的影响》,《教育发展研究》2010 年第 13、14 期。

[138] 周必彧、翁杰、韩翼祥:《大学生就业和劳动力市场效率研究》,《高等工程教育研究》2010 年第 1 期。

[139] 周晓桂:《基于经济学视角对社会资本在社会流动中的作用的分析——以职业流动为例》,《经济问题》2009 年第 12 期。

[140] 朱新秤:《论大学生就业能力培养》,《高教探索》2009 年第 4 期。

[141] 宗晓武、周春平:《人力资本对大学生就业能力的影响》,《江苏高教》2012 年第 1 期。

[142] 邹治、陈万明:《非营利组织:政府应对高校毕业生就业困境的路径选择》,《中国行政管理》2010 年第 3 期。

[143] Becker G. S., "Investment in Human Capital: A Theoretical Analysis", *Journal of Political Economy*, Vol. 70, 1962, pp. 9—49.

[144] Bian Yanjie, "Bringing Strong Ties Back: Indirect Tie, Network Bridges, and Job Searches in China", *American Sociological Review*, Vol. 62, 1997, pp. 366—385.

[145] Blaug M., Layard R. and Woodhall M., *The Causes of Graduate Unemployment in India*, Allen Lane: The Penguin Press, 1969, pp. 10—312.

[146] Bourdieu, P., "Le Capital Social: Notes Provisioires", *Actes de la Recherche en Sciences Sociales*, Vol. 3, 1980, pp. 2—3.

[147] Bowles S. and Gintis H., "Schooling in Capitalist America: Educational Reform and the Contradictions of Economic Life", New York: *Basic Books*, 1976, pp. 10—340.

[148] Carnoy C., "Education and Employment: A Critical Appraisal", Unesco: *International Institute for Educational Planning*, 1977.

[149] Coleman, James S., *Foundations of Social Theory*, Cambridge: Harvard University Press, 1990, pp. 302.

[150] Coleman, James S., "Social Capital in the Creation fo Human Capital", *American Journal of Sociology*, Vol. 94, No. 1, 1988, pp. 95—120.

[151] Doeringer P. and Piore M., "Internal Labor Markets and Man-

power Analysis ", Lexington, Massachusetts: *D. C. Health*, 1971, pp. 163—184.

[152] Fernandez R. M. , E. Castilla and P. Moore, "Social Capital at Work: Networks and Hiring at a Phone Center", *American Journal of Sociology*, Vol. 105, 2000, pp. 1288—1356.

[153] Freeman R. , "The Facts about the Declining Economic Value of College", *Journal of Human Resources*, Vol. 15, 1980, pp. 124—142.

[154] Granovetter M. , *Getting a Job, A Study of Contacts and Careers*, Chicago: University of Chicago Press, 1995, pp. 10—20.

[155] Granovetter M. , "The Strength of Weak Ties", *American journal of sociology*, Vol. 78, 1973, pp. 1360—1380.

[156] Holzer, Harry J. , "Informal Job Search and Black Youth Unemployment", *American Economic Review*, Vol. 77, 1997, pp. 446—452.

[157] Holzer, Harry J. , "Search Methods Use by Unemployed Youth", *Journal of Labor Economics*, Vol. 6, 1988, pp. 1—20.

[158] Julian R. Betts, "What Do Student Know about Wages? Evidences from a Survey of Undergraduates", *Journal of Human Resouces*, Vol. 7, 1995, pp. 1—42.

[159] Lin Nan, W. N. Vaughn and J. C. Ensel, "Social Resources and Strength of Ties", *American Sociological Review*, Vol. 46, 1981, pp. 393—405.

[160] Manson G. , Williams G. and Cranmer S. , "Employability Skills Initiatives in Higher Education: What Effects do They Have on Graduate Labour Market Outcomes?", *Education Economics*, Vol. 17, No. 1, 2009, pp. 1—30.

[161] Mincer J. , "Schooling, Experience and Earnings", New York: *National Bureau of Economic Research*, 1974.

[162] Montgomery, James D. , "Social Networks and Labor—market Outcomes: Toward an Economic Analysis", *American Economic Review*, Vol. 5, 1991, pp. 1408—1418.

[163] Mortensen D. , "Job Search and Labor Market Analysis, in A shenfelter and Layard (eds), Handbook of Labor Economics", Amsterdam:

North—Holland, 1986, pp. 849—920.

［164］ Portes A. , "Social Capital, Its Origins and Application in Modern Sociology", *Annual Review of Sociology*, Vol. 24, 1998, pp. 1—24.

［165］ Rumberger R. W. , "The Impact of Surplus Schooling on Productivity and Earnings", *Journal of Human Resources*, Vol. 22, No. 1, 1987, pp. 24—50.

［166］ Schultz T. W. , "Investment in Human Capital", *American Economic Review*, Vol. 51, 1961, pp. 1—17.

［167］ Spence M. , "Job Market Signaling", *Quarterly Journal of Economics*, Vol. 87, 1973, pp. 355—374.

［168］ Stigler G. , "Information in the Labor Market", *Journal of Political Economy*, Vol. 70, October 1962, pp. 94—105.

［169］ Stiglitz J. E. , "The Theory of 'Screening', Education, and the Distribution of Income", *American Economic Review*, Vol. 65, 1975, pp. 283—300.

［170］ Teulings C. N. , "The Wage Distribution in a Model of the Assignment of Skills to Jobs", *Journal of Political Economy*, Vol. 103, No. 2, 1995, pp. 280—315.

［171］ Thurow L. C. and Lucas R. E. B. , The American Distribution of Income: A Structural Problem, Washington, DC: *Joint Economic Committee of the United States Congress*, 1972, pp. 1—50.

［172］ Tinbergen J. , "On the Theory of Income Distribution", *Weltwirtchaftliches Archiv*, Vol. 77, 1956, pp. 156—175.

［173］ Wendlandt M. N. and Rochlen B. A. , "Addressing the College—to—work Transition: Implications for University Career Counselors", *Journal of Career Development*, Vol. 35, No. 2, 2008, pp. 151—165.

后　记

　　经过近两年马不停蹄的工作，书稿基本完成。蓦然回首，我在大学生就业领域已走过 10 年。2003 年我有幸考入北京师范大学读博士，正是这一年，一直作为"天之骄子"的大学生出现了就业困难，引起了广泛的社会关注，也引起了我的研究兴趣。我国大学生就业到底有多难？为何会出现就业困难？经探索，我认为，在高等教育大众化阶段，传统的人力资本变量学历不足以反映就业的竞争力，于是提出了就业能力假设，即就业能力决定了就业结果，而就业能力的大小受大学生的综合素质、就业意愿和就业行为的共同影响；2005 年北京某高校的典型调查基本证实了就业能力假说。这便是我的毕业论文《就业能力与大学生就业——人力资本理论的视角》。基于典型调查的研究结论是否具有代表性？2008 年 6 月，我对北京 12 所高校展开抽样调查，2009 年调查对象扩大到 18 所高校，至今已连续做了六年。《2008—2010 年北京大学生就业与创业调查报告》已出版，《2011—2013 年北京大学生就业与创业调查报告》尚未出炉。大学生就业难是一个不争的事实，究竟是什么样的就业机制把不同的大学生配置到不同的岗位上去？这就是本书研究的初衷。

　　每年大约有 2000 名北京高校应届毕业生参与了调研。清华大学刘金玲老师和北京建筑工程学院朱俊玲老师提供了大力帮助。罗智、李梦、文敬荣、杨同梅、张帆、郭学进、陈诗佳、舒美琳、岳远博等学生协助了调研和问卷录入工作。在数据处理和模型构建方面，经济管理学院袁霓老师、赵坚毅老师给予了指导和帮助。北京师范大学经管学院院长赖德胜教授提出了宝贵建议，并在百忙之中为本书作序。在此均深表谢意。

　　本书得到"中国青年政治学院学术著作出版基金资助"，科研处的多位老师为书稿出版做出了大量的协调工作，非常感谢。同时，中国社会科学出版社相关的编辑、校对人员付出了很多的心血和汗水，尤其是责任编辑李炳青女士，也致以敬意。

感谢在学业和学术生涯中所有帮助过我的老师。博士生导师王善迈教授，治学态度严谨，学术思想深邃，为人严慈相济，一直为我所崇敬和向往。赖德胜教授、李宝元教授、林勇教授、袁连生教授、杜育红教授、白暴力教授、刘泽云副教授等悉心指教，一直激励着我前行。

感谢中国青年政治学院的诸多领导和同事长期对我的指导和帮助。感谢所有关心过我的老师、同学和朋友。感谢我的父母、兄弟多年来一直对我的培养和鼓励。妻子莫晓红女士承担大量家务劳动，并协助处理一些数据，使我得以长期耕耘、潜心探索，感激无以言表。

由于时间和水平所限，可能存在一些遗漏和错误。欢迎广大读者提出批评和建议，多谢。我的联系邮箱是 hjbao2008@163.com。

黄敬宝
2014 年 1 月 14 日于
中国青年政治学院经济管理学院